はじめて学ぶ人のための 経営学

ver.4

片岡信之
齊藤毅憲
佐々木恒男
高橋由明
渡辺　峻

〔著〕

文眞堂

　本書の初版が2000年に出版されてから、早くも20年余の時が経過した。この間に幸いにも多くの読者と巡り合い、版を重ねることができたことを感謝したい。本書が、はじめて経営学を学ぶ人のための学習支援に少しでも役立ったとすれば望外の喜びである。

　このたび第4版（バージョン4）を公刊することにした。第3版（2015年）を出してから、企業の経営（マネジメント）ととりまく環境が大きく激変したという認識が改訂の理由である。

　周知のように、AIなどのICT（情報通信技術）が大規模に進展し、国内外の政治・経済・企業・産業・社会の活動をはじめ、個人の生活までもが、いまきわめて大きな変化の波のなかにある。脱炭素化への対応などの環境問題のグローバル化、新型コロナウイルス（COVID-19）の感染やウクライナ侵攻、グローバル・サウスの台頭、国際関係の悪化などは、地球上の生活者を不安と混乱におとし入れてしまった。そして、経営学も変化をもとめられている。

　本書は、このような動向を考慮して大幅に改訂することにした。

　本書の全14章の構成は変えてはいないが、いくつかの章については見直しが行われ、大幅に加筆・修正し、第7章の場合、全面的に書きかえている。さらにコラムである「トレンド：新しい経営」と「クローズアップ」の書き換えも大幅に行っている。

　そこでの視点は、変化する経営を把握するとともに、日本企業の現在の経営を改善したいという執筆者一同の思いであり、とくに、

おおよそ40項目のコラムは、そのようなもので占められている。そこで、是非ともコラムも学習してほしい。

　各章末の「おさらい（Review and Challenge）」もまた書き換えた。これらが本文の読後のまとめとして役立てば幸いである。

　さて、本書のコンサイス（要約）版『はじめて学ぶ人のための経営学入門』（バージョン２、2018年）の改訂作業中に、執筆者の一人である高橋由明先生を失った。教育の実践と改革に熱心で、学生を愛していた先生の深い思いを引きついで、今回の改訂作業も行った。

　終わりになるが、文眞堂の前野隆社長、前野眞司専務、編集部の山崎勝徳さんに心から謝意を述べたい。

2023年11月

執筆者一同

はじめに――ver.3によせて――

　本書を改め、ver.3にすることにした。企業をとり巻く環境が大きく変化し、その経営も新たなものに変えていかなければならなくなっている。グローバル化や情報化のいっそうの進展、企業の社会的責任（CSR）への要請の高まり、技術の進歩などによるイノベーション（革新）のインパクト、巨大なダメージを与えた東日本大震災（2011.3.11）を契機とするリスクへの対応など、経営をつくり直していくことが今日強く求められている。そこで、14章からなる構成と主な体系は基本的に維持されているものの、そのような視点を十分とり入れることにした。

　また、本文部分の内容的な充実やわかりやすさへの配慮をはかるとともに、〈トレンド：新しい経営〉というコラムや〈クローズ・アップ〉については、さらにいま述べた視点のものを大幅に増加させている。これにより、本書は経営学の基本を大切にしながらも、アップ・ツー・デイトなものになったと思っている。

　本書が出版されてから15年の時間が経過した。そしてニュー・バージョン（第2版）から数えても10年がたっている。この間、本書は多くの人びとの学習に役立ってきたと思っているが、再度新たなものにし、時代の状況にマッチさせることにした。読者の皆様には、本書を通じて現代の経営と経営学への学習に進んでほしいと考えている。経営学は現代を生きる人間のための「一般教養」になっており、本書での学習を是非とも期待している。

　終わりになるが、改訂作業にあたっては、文眞堂のスタッフにお世話になった。ニュー・バージョンよりもはるかに多いつくり直しになったが、心からのお礼を申し上げたい。

2015年１月

執筆者一同

はじめに――ニュー・バージョンによせて――

　本書をニュー・バージョン（改訂）にすることにした。本書の旧版は、多くの読者を得たことに感謝しているが、さらに充実したいと考えている。今回充実した主なポイントは、以下のとおりである。

　①　旧版では「経営戦略論」の記述が少ないので、新たに第9章でこの分野をとり扱うことにした。そこで、従来からの第9章以下を1章づつずらしている。

　②　「コラム」よりも少し長めの説明を行なう「クローズ・アップ」を設けることにした。補論とまではいかないものの、現在の時点における筆者たちの思いや問題意識を盛りこむことにしている。

　③　本書をさらに学習しやすいものにするために、本文をできるだけ読みやすく、理解できる工夫を行なっている。もっとも、本文の内容自体は基本的には変えていない。

　さて、本書をつくってから、ほぼ5年がたち、日本企業の動きと、そのおかれている環境も変化しているが、本書で示した方向性と内容は依然として有効であると考えている。読者の皆様には、本書を通じて現代の企業経営と経営学への理解を深めてほしいと期待している。なお、ニュー・バージョンにあたって、執筆陣に新たに佐々木恒男がくわわり、①の「経営戦略論」を担当したが、この点も付記しておく必要がある。

2006年1月

執筆者一同

　「けさのごはんは、なにを食べましたか」。こんな質問に対して、あなたはなんと答えるであろうか。

　ある人は、「そうですネ、けさは、母親のつくった丸大ハムの目玉焼き、それにネッスル社のインスタントコーヒーに明治乳業の牛乳をいれたカフェオーレ、それに、森永バターをつけた山崎パンのトースト、それに少々の野菜サラダを食べました」と、いうかもしれない。どこにでもある朝の食卓の風景であろう。

　このように、私たちの毎日の生活を少しふり返ってみると、朝起きてから夜寝るまでの間に、「企業」とのかかわりなくしては、ほとんどなにもできないことにすぐに気づくだろう。さしあたり「企業」は、私たちの暮らしの営みを支えるモノ（物的財貨）を提供してくれる存在であるといえよう。

　しかも、この暮らしの営みが、もしトヨタ自動車で働く父親の収入と、近くのジャスコでパートをする母親の収入で成り立っているとすれば、その場合の「企業」は働く場（労働力を提供する先）であり、それと引きかえに、生活に必要なモノを購入できるおカネ（給料・賃金）をくれる存在でもある。

　さらに、父親がいうように「新車の開発はおもしろい。会社の仕事は楽しい」のであれば、「企業」は働く人びとに「生きがい」を提供する存在でもある。そして、音楽好きの姉は、ソニーのウォークマンを聞きながら自転車通学しているが、こんな新しい生活文化

を提案したのも、実は「企業」であることがわかる。また祖父は、退職金の一部で購入した某社の株と社債を少しばかりもっているが、『日本経済新聞』をみながら、株価の値上がりと配当の増えることを楽しみに毎日をすごしている。

　このように、「企業」はさまざまな顔をもち、私たちの日々の暮らしと深く結びついている社会的な存在であることがわかる。したがって、「企業」のちょっとしたトラブルも、私たちの日々の暮らしに大きな影響をもたらすことになる。近年の一連の企業の「不祥事」は、私たちにそのことを教えてくれた。その意味では、私たちの暮らしを豊かにするのも、しないのも、「企業」のあり方が大いに関係してくる、といってもよい。

　とするならば、そこに「企業」のあり様を正しく認識するとともに、私たちの暮らしを豊かにする「企業」のあり方を展望するための学問があってもおかしくない。それは一般に「経営学」と呼ばれており、すでに100年の歴史をもち、その内容を豊かにして、今日に至っている。

　このような「経営学」を、初めて大学や短大で学ぶ人、さらに若いビジネスパーソンのために書かれた入門書が、本書である。本書の内容は、大きく3つに分かれる。Part Ⅰでは、私たちの暮らしと企業のかかわり合いを考え、Part Ⅱでは、企業経営の仕組みを考える。そしてPart Ⅲでは、ヒト、モノ、カネ、情報、文化などの経営資源をどのように運営しているかを考える。

　本書を通じて、初めて経営学を学ぶ読者の皆さんが「経営学はひょっとしておもしろいかもしれない」と、すこしでも思っていただけるのであれば、執筆者としてはこれ以上のよろこびはない。

　本書は、4人の執筆者による数カ年にわたる共同討議を経て完成したものである。「わかりやすく読みやすいテキストが必要であ

る」という問題意識のもとに取り組んだが、まだまだ「わかりにくくて読みにくい」ところもあろうかと思う。読者の皆さんのご意見とご感想をいただければ、幸いである。改定を重ねるなかで良いものにしていきたいと思っている。

　本書の執筆にあたり、経営学関係の諸学会での友人・諸兄の貴重なご教示に感謝したい。とくに、執筆者4人の所属する全国四系列（経営学・会計学・商学・情報科学）教育会議（2012年に「全国ビジネス系大学教育会議」と名称変更）での議論からは、実に多くのご示唆を得ている。

　本書の刊行に際して、文眞堂の前野弘さんおよび前野隆さんには格別のお世話になった。感謝したい。記して厚く御礼を申し上げたい。

2000年　夏

執筆者一同

第3章　現代の企業社会と経営学を学ぶ意義

Part Ⅱ　企業経営のしくみ

第4章　企業はだれが経営し、動かしているのか

第7章　企業はどのように組織づくりを行い、存続・発展するのか ……………………… 127

第8章　企業の組織はどのように動いているのか ······· 153

第9章　企業はどのように競争し、また協力しあっているのか …………………………… 171

第14章　企業はどのようにして文化をはぐくむのか

目　次

《**クローズ・アップ**》

私たちの暮らしと企業

Part
I

生活を豊かにする企業

──企業の提供する製品やサービスの
おかげで、われわれの生活は豊か
で便利になりました。──

1

SDGs に配慮した経営の創造を！

「SDGs」（Sustainable Development Goals（持続可能な開発目標）は、2015年に国連で採択された国際社会における開発目標です。

2015年から2030年までの世界を変えるための長期的な開発目標であり、具体的には、❶貧困をなくそう、❷飢餓をゼロに、❸すべての人に健康と福祉を、❹質の高い教育をみんなに、❺ジェンダー平等を実現しよう、❻安全な水とトイレを世界中に、❼エネルギーをみんなにそしてクリーンに、❽働きがいも経済成長も、❾産業と技術革新の基盤をつくろう、❿人や国の不平等をなくそう、⓫住みつづけられるまちづくりを、⓬つくる責任・つかう責任、⓭気候変動に具体的な対策を、⓮海の豊かさを守ろう、⓯陸の豊かさを守ろう、⓰平和と公正をすべての人に、⓱パートナーシップで目標を達成しよう、の17項目をあげてます。

企業は、SDGsを自社の経営に活かして活動するようになっています。自社は、SDGsのどの項目を行うことができるかと考え、行動する時代になっています。

ESG重視の経営も現代の企業にもとめられています。それは、企業は「環境」（E）を大切にし、「社会全体」（S）に奉仕するとともに、「経営を公正に行うというガバナンス」（G）を示しています。業績のいい企業は、この「ESG」を重視しています。

（齊藤毅憲）

生活を支える企業

第1章

《本章のねらい》

　経営学が主に研究の対象とするのは、企業（ビジネス）とその経営（「マネジメント」や「経営管理」ともいう）である。本章は、本書の最初の章であり、企業が社会において果たしている役割を考えてみたい。本章を学習すると、以下のことが理解できるようになる。

① 企業が消費者の生活を支えていること

② ビジネスとその活動が発展したことの意味

③ デジタル化のインパクト

④ 企業で働くことの意味と仕事の多様性

⑤ ビジネス化によって発生した問題と対策

1 　豊かな生活と企業

⑴ 「生活者のサポーター」になった企業

　企業はどのような役割を果たしているのであろうか。企業は行政やNPO（非営利組織）などとともに、生活者のグッド・ライフ（いい生活）づくりに役立っている。私たち生活者は主に「消費者」と「生産者」からなっているが、企業は消費者としての私たちの生活（ライフ）を支え、豊かにしている。つまり、企業は「生活者のサポーター」として私たちの暮らしを良くするように活動することがもとめられている。

　企業というシステムは、とくに20世紀になって発展してきた。工業先進国といわれる地域を中心にして、生活者はこの企業がつくりだす製品やサービスの購入と消費によって、豊かで便利な日常生活を送っている。衣、食、住に、「生活インフラ」（上下水道、電気、交通、報道・出版、病院など）や「余暇」を加えた生活の多くの分野が、企業の活動によって支えられている。

　長い人類史のなかで、衣、食、住などの生活の主な分野は、個人や家族などがそのほとんどを自分でまかなうという、いわゆる「自給自足」で行ってきた。しかし、企業というシステムが発達した今日では、それらの分野は企業のつくりだす製品やサービスによって充足されている。朝起きてからの生活にどのくらいの企業がかかわっているかを具体的に考えてみると、それは、わかるであろう。

　自給自足の時代であれば、「物々交換」によって不足するものを他者から調達しつつも、みずからも多大な犠牲や労力を払わなければ、生活のための資材を得ることはできなかった。しかしながら、現在では企業が発展しており、安価だけでなく、良質な商品づくり

を実現してきた。そこで、消費者はお金を支出すれば、容易に製品やサービスを購入して、豊かで便利な生活ができることになった。

⑵　生産的なシステムとしての企業

　工業化が大きく進展し、企業が発展することで、良質で安価な製品とサービスが「市場」に提供されてきた。要するに、企業は私たち生活者が消費する製品やサービスをきわめて能率的に生産するためのシステムなのである（図表1‐1）。

　企業は、製品やサービスを能率的につくりだすために必要となる「経営資源」（第6章で述べる資本、機械・設備（技術）、原材料、人間、情報、知識、文化など）を合理的に組みあわせたり、結合するためのシステムであり、自給自足とは比較にならないほどのきわめて高い生産力を発揮してきた。つまり、企業には「生産性」が重要である。

図表1‐1　企業というシステム

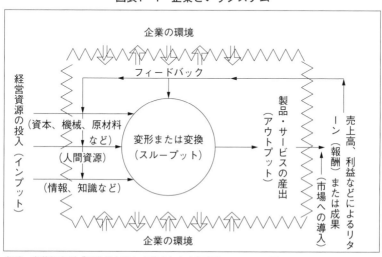

出所：齊藤毅憲編『経営学を楽しく学ぶ』中央経済社、1990、33頁。

⑶ 創造的なシステムとしての性格

20世紀の後半以降、企業は生活者がもとめる製品やサービスを大量につくりだすことに成功するだけでなく、他の企業と競争しながら新たな製品やサービスを開発するというイノベーションを続けてきた。つまり、企業には「創造性」も重要なのである。

このようにして企業は、大量に製造し、「生活者のニーズ」（欲求）を満たしつつ、他方で多様かつ高度化した生活者のニーズにも対応できるように、多種多様な製品やサービスを開発・製造し、販売してきた。つまり、現代の企業は、消費者の新たなニーズを創造する活動をも展開している。

そして、消費者のニーズに対応しうる製品やサービスを提供し、実際に購入してもらえば、企業には「リターン」（報酬）として、売上高や利益などがもたらされる（図表１−１）。逆にいえば、ニーズに対応できないならば、企業は報酬を得ることができず、少ない場合には企業としての存続もむずかしくなる。そうなると、株主になったり、出資者になろうという生活者も減少する。

⑷ 「出資者」としての側面

生活者のなかには企業に資本を提供して、出資者になっている人たちがいる。規模の小さい企業では経営者とその家族は自分たちのもっている資本をだして経営を行っており、オーナー（持ち主）であるとともに経営者でもある。それは「所有と経営の一致（とか結合）」といわれる。

それは、生業（なりあい）とか、個人経営であり、同族企業といわれる。これに対して、大企業や第４章でとりあげる巨大株式会社の場合には、きわめて多くの人びとが出資者（株主）になっている。このように、生活者のなかには、消費者や生産者だけでなく、

資本の提供によって企業の経営にかかわっている人たちがいる。

(5) リスク対応型の企業経営

　企業は存続可能（サステナブル）になるために、リスクに対応しなければならない。2011年3月11日に、東日本大震災が発生し、地震と津波により、きわめて大きな被害をうけている。くわえて、東京電力の福島原子力発電所の事故も起こり、放射能汚染はとくに周辺に住む人びとの生活を困難なものにしてきた。

　その後も自然災害や異常気象、新型コロナウイルスのパンデミックス、武力紛争や戦争、情報漏洩、サイバー攻撃、偽情報の拡散などのリスクも生じており、企業は損害を少なくするように、予防策を講じることが必要になっている。要するに、現代の企業には「リスク対応型の企業経営」がもとめられている。

　これ以外にもリスクには、急速な円高、国際関係の変化、国際的な経済環境の悪化、技術革新、企業間競争の激化など、多様なものがあり、それへの対応も必要となっている。

2　ビジネス化のグローバルな進展

(1) "ビジネス化"の意味

　企業とその行う活動は、ビジネス（事業）化ともいわれる。したがって、"ビジネス化"とは、社会のなかで企業の果たしている位置と役割が大きくなっていくことである。現代の私たちの社会は、まさにこのビジネス化がグローバルに進展している。そして、工業先進国だけでなく、中進国とか発展途上国をもこのビジネス化が進展し、豊かな社会づくりがつづけられている。

　企業の数、生産量や製品の種類も多くなく、物質的にはそれほど

豊かでなかった時代の企業は、生活者に対して比較的強い立場にあった。この時代の企業は、生活者にとって最低限必要であるとか、基本的に必要であると思われるニーズを満足させるものにすぎなかった。

　しかしながら、現状は大きく変化し、豊かになった生活者のニーズは、生活にどうしても必要な基本的なニーズからより高次のニーズ（特色や魅力があるもの、付加価値の高いもの、多機能のもの）を求めるようになっている。企業はそのようなニーズに対応しなければならず、ビジネス化はグローバル化するとともに、大きな拡がりと質的な発展をみせつつ、生活者のサポーターになってきた。

⑵　サービス業の発展

　以上のようにして、企業は生活者の多様かつ高度化したニーズに対応できるような体制をつくりあげている。その結果として、工業先進国を中心にして物質的な豊かさ、つまり"モノ"の充定は、はかられてきており、生活者は豊かさと便利さを享受している。それは、製造業からサービス業への重点移行を意味するとともに、まさに「成熟社会の到来」でもある。

　このようななかでは、家のなかは"モノ"であふれており、むしろ"モノ離れ"の現象も生じており、質の高いサービス、つまり無形の"コト"を体験しようとするニーズが生活者の間で強くなっている。そして、このようなニーズをビジネスの「種子（シーズ）」と考えるサービス業が発展してきた。

　このサービスのビジネス化は、きわめて広い範囲で進行している。リース、調査やコンサルティング、人材派遣、情報サービスなどは企業むけのサービス業である。そして、生活者を対象としたサービス業は外食や旅行、宿泊、パーティ、娯楽などのレジャーや

レクリエーション、健康、医療・介護などの福祉、法律、教育・カルチャー、子育て支援、家事代行、クリーニング、造園などのように生活の広い分野に及んでおり、豊かな生活づくりを支えている。

⑶ 企業によるライフスタイルの革新

　以上のような活動を通して、企業は生活者のライフスタイル（生活の様式）に影響を与え、それを変えてきた。別の言葉でいうと、企業は、そのつくりだす製品やサービスが多くの生活者に購入されることで、新しいファッションをつくっている。

　ファッションとは、辞書をみると、「流行（の服装）」とか「型」などと訳され、流行している生活の様式を意味している。そして、このような流行が習慣化してくると、一定のライフスタイルができあがることになる（齊藤毅憲編『経営学を楽しく学ぶ』中央経済社）。

　要するに、企業は製品やサービスの提供によって、ファッションをつくり、それが生活のなかに定着することで、ある一定のライフスタイルが生みだされる。そして、別のファッションを新たに創造し、それによって既存のライフスタイルを衰退させていく。このようにして、企業は生活者の環境（生活環境）を変え、そのライフスタイルを新しくするという、イノベーションの役割を果たしている。

　スマホは、固定電話の利用を大幅に減少させるとともに、生活に必要な情報の収集と自由な通話を可能にした。それだけでなく、ネット販売やネット金融などに代表されるネット取引が大幅に浸透したことで、"リアル"な店舗での製品購入から買い物（ショッピング）行動を大きく変えてきた。これは、生活者のライフスタイルだけでなく、企業経営をも革新させてきたことを示している。

　そして、Nintendo（任天堂）をはじめとするゲーム機メー

カーの発展は、日本だけでなく、世界の子どもの遊び文化を大きく変えてきた。また、わが国のコミック、アニメーション、キャラクター人形（フィギュア）は若者の生活に入りこんでいるだけでなく、海外にも波及し、若者世代の間で多くの熱烈なファンを獲得している。

⑷　デジタル化によるビジネス・モデルの創造

　現在はデジタル化やDX（デジタル・トランスフォーメーション）、そして情報という経営資源が重視されており企業の経営に影響を与え、それによって新しいビジネス・モデル（経営のやり方）が創造されてきた。その典型は、GAFAM（ガーファムといい、グーグル（アルファベット傘下）、アップル、メタ（旧フェイスブック）、アマゾン、マイクロソフト）などのアメリカ企業やアリババ集団、テンセント、ファーウェイ（華為技術）などの中国企業であり、このような「プラットフォーマー」といわれる巨大ICT（情報通信技術）企業を中心にして、その動きが急速に進んでいる。

　具体的には、現在では生産に関する膨大なビックデータを収集し、AI（人工知能、artificial intelligence）で分析すれば、製造工程のロスや不具合を減らすことができ、作業時間の短縮化と製品の品質維持を可能にした。かつて日本企業のモノづくりの強みであった技術者や生産現場の優秀さは価値を低下しつつある。

　そして、生成系AIその典型となるオープンAI社（マイクロソフトの出資会社）の「Chat（チャット）GPT」は、利用者が問いかけると、人間どうしの会話のように応えるので、「対話型AI」ともいわれる。これは、要望に応じてメール文、文書、画像をきわめて迅速に作成してくれるので、企業の経営に大いに貢献しうるのである。つまり、人間であればかなりの時間を必要とする作業の省力化

をはかることができる。そして、広告コピーのようなクリエイティブ活動にもこれは利用できる。さらに、社外の顧客からの問いあわせにも当然のことながら回答してくれる。

また、３Ｄプリンターなどの技術とそのデータさえあれば、生活者や企業などがもとめる製品をなんでも開発、設計し、製造工程に組みこんでいける時代が到来している。

他方で、ネット販売や電子決済が普及してきたので、売りや買いのデータを一瞬のうちに収集できるようになった。モノごとに関するあらゆる情報がネットにつながるというIoT（Internet of Things）の時代になり、生産の情報だけでなく、購買や消費つまり取引に関する情報が瞬時に集まるようになっている。

このような状況のもとでは、製品のサプライ・チェーン（製品の開発、設計、製造、販売、物流などの一連の活動）は別個のものでなく、一体のものとなり、これまでのようにメーカーであるから、モノづくりだけに専念するということができなくなり、サプライ・チェーンの他の分野にも参入・関与しなければならなくなっている。かくして、いろいろな業種の企業がこのネットワークのプレイヤーとなり、これまであった業種のかき根は低くなっている。

3　生産者としての側面

(1)　企業で働く

生活者が企業とのつながりを明確に意識するのは、これまでに述べてきたように、消費者として企業がつくる製品やサービスを購入・消費するときである。しかし、生活者のもうひとつの顔は、企業で働く（ワークする）「生産者」である。

　雇う側になるか、雇われる側になるのか、のいずれに関係なく、企業で働くならば、「労働力」の提供が行われる。また、働く場が企業内のオフィス、工場、店舗など、であれ、あるいは顧客と接触するなどのために、外へ出向く場合であれ、労働力が提供されている。

　そして、ICTの普及と新型コロナウイルスの世界的な感染によって、在宅やオフィスから遠距離のところでもオンラインを利用して勤務（リモート・ワーク）できる「テレワーク」、「在宅勤務」、「テレビ会議」を急速に加速させてきた。

⑵　貢献と報酬の関係

　要するに、生産者として、労働力の提供で企業に「貢献」している。そして、この貢献に対して企業は、「報酬」を支払う。別のいい方をすると、企業は、働く人びとを仕事に動機づけ、貢献を引きだすために、相当の報酬を支払う必要がある。報酬が少ないと、どうしても貢献する意欲は低くなってしまうのである。

　貢献に対して企業が支払う報酬のなかで、とくに経済的なもの（賃金、俸給など）は、企業がつくりだす製品やサービスを購入するための原資になり、豊かな生活を生みだす基盤になる。さらに、生産者にとっては働きがいや人間関係の良さなどの心理的、社会的な報酬も重要である（第13章も参照）。

⑶　多様性（ダイバーシティ）に富む仕事と人材

　企業のなかでの仕事は、現在、デジタル化の影響をうけているが、さらに多様に行われている。企業では主製品やサービスの開発・製造と販売が行われており、製品やサービスの開発という仕事を統合的にとり扱っている部門（「職能部門」ともいう）は、研究開発部門である。それは、直接製造にかかわっている生産部門（工

場）やセールスを担当している販売部門の仕事とは明らかにちがっている（第10章、第11章、第14章の３参照）。

　しかしながら、同じ職能部門のなかでも、各種の仕事は細分化されて遂行されている。たとえば、研究開発部門といっても基礎研究を行う仕事もあり、他方で具体的な製品にむけて開発したり、設計する仕事もある。また、それらの仕事の円滑な遂行を支援したり、サービスを行う仕事もある。

　これと同じように、生産部門も各種の仕事からなっている。ある製品がいくつかの製造工程から成り立っているとすれば、それぞれに細分化されたちがった仕事が行われていることになる。

　企業には、これ以外にも人事、財務、広報、情報システム、総務などの職能部門がある。それらは、ちがった仕事を行っている。しかも、それらの内部でも、さらに異なった仕事が行われている。

　このようにみてくると、企業はいろいろな仕事が組みあわさってつくられており、それぞれの仕事に対応できる多様な人材が企業では必要なのである。

⑷ 「自己啓発」への絶えざる努力

　かつて企業の働く現場で利用されていた電卓やワードプロセッサーは、パソコン、スマホなどのICTの登場により姿を消し、オフィスや在宅で働く人たちの仕事は大きく変化してきた。そして、これは企業のあらゆる現場で発生している（第８章の５）。さらに、AI化は省力化に役立ち、人間の労働に代わりうるものになっている。

　また、グローバル化の進展によって、「グローバル人材」へのニーズが高まっている。そして、海外勤務だけでなく、国内にいても文化や言語を異にする外国人と一緒に仕事をする機会が格段にふ

えている。

　そして、環境の変化が激しいために、経営戦略が変更され、これまで自分が行っていた仕事だけでなく、組織もなくなり新たなものに変ってしまい、この新たな仕事を対応できない「陳腐化」現象が発生してくる。したがって、働く人びとはそのような不幸な事態におちいらないように、みずから気づき、「自己啓発」に努めなければならない（第3章も参照）。

⑸　企業の社会的責任（CSR）と地域社会の発展

　生活者は、企業の活動に参加するだけでなく、「地域社会」（コミュニティ）のなかで日々生活を送っている。したがって、地域社会は私たちの生活のベースである。そして、企業もこの地域社会と密接に結びついて活動している。

　企業がある地域——国内だけでなく、海外をも含む——で製品を製造しているとすれば、その地域の環境にマッチした工場にしたり、地域住民に迷惑をかけないようにしなければならない。また、地域住民を雇用し、地域社会の発展と繁栄に貢献することが期待されている。

　また、小売業やサービス業の場合には、店舗やオフィスを設置している地域に住む生活者の信用と支持をとくに得ることが大切になる。信用と支持が得られれば、企業は発展のチャンスを得ることになる。そこで企業には「社会的責任」（Corporate Social Responsibility, CSR）を遂行することがもとめられている。

4　企業のもたらすマイナスの作用の克服

　企業は生活者に豊かさをもたらしており、企業なくして日々の生

活を送ることはできなくなっている。しかしながら、企業の活動はすべてが「善」であるわけではない。また、意図的に「悪」を行おうと思わなくても、マイナスの作用（「逆機能」という）を発生させることがある。

⑴ 「働き方」の反省とスタート・アップ型人材への期待

わが国では、企業が発展してきたので学校教育を終ると、「企業に雇用されて働く」という慣行が一般化してきた。そして終身雇用的な意識は確実に低下してきたが、企業に雇われて働くのが、ごく普通の働き方になっている。

しかし、大企業も経営を続けることが困難な時代が到来し、このような企業に依存するような働き方も自分のキャリアやライフ（人生）はみずからつくるという意識の高まりのなかで反省が生じている。また、日本の経済や産業の発展を考えると、ビジネス・チャンスを生かして起業できるスタート・アップ型の人材がとくに若い人びとに期待されている。

⑵ 生活者としての主体性の低下

企業の提供する製品やサービスの質量が向上してくるなかで、生活者は便益をうけるものの、他方で人間として本来もっていた能力を低下させたり、自分の個人情報を企業側に一方的に利用されてしまったりして、自分の主体性や責任を失ってしまうおそれがある。

一例をあげると、スマホで確かに便利になったが、それに毎日多くの時間を浪費しているライフスタイルにもそれを感じる。

⑶ 企業中心主義の克服

企業は生産的かつ創造的なシステムであるだけでなく、きびしく

競争しながら活動しているために、「生き残る（存続する、サバイブ）」ことが重要となる。

　しかしながら、それが徹底しすぎると、企業中心的な考え方が強くなり、労働条件や地域住民の生活環境が悪化することになりかねない。また、「人権無視」の各種のハラスメントが横行したり、さらには「不正な行為」をしてまでも売上高や利益を伸ばそうとする企業もあらわれる。

　また、生活者の豊かさや便利さを追求するといってもウクライナ侵攻などの国債紛争も深刻になっており、「平和」の維持に企業もかかわることがもとめられている。

⑷　環境問題のグローバル化

　生活者は企業のつくりだしたものによって、日常生活の快適さや利便性を得ているが、大量に発生する廃棄物は、資源の浪費だけでなく、環境の悪化をいやがうえにももたらしており、企業も、行政も、そして生活者もゴミの削減や資源の再利用などを実践しつつある。

　環境問題は、工業先進国だけではなく、グローバルなものになっている。プラスチックごみによる海洋汚染などに代表される、世界的な規模での深刻な「環境悪化」（温暖化などの異常気象や空気、水、土壌の汚染や悪化、緑の減少、感染症の流行など）が進行し、人類の生存がおびやかされており、それへの対応は世界的な喫緊（きっきん）の課題となっている。

⑸　農山漁村地域の再生

　わが国では企業は大都市圏を中心にして発展し、とくに第２次世界大戦後の高度成長以降、農山漁村地域から若い労働力を大量に

吸収してきた。これによって、農山漁村地域は人口減の過疎と空き家の増加となり、若い人びとが少なく、高齢化比率が高くなっている。主力の第 1 次産業の担い手も減少し、メイン・ストリートの商店街もシャッター通りになっているところが多い。くわえて、近年では異常気象による自然災害が頻発し、衰退に追いうちをかけてきた。

　長い歴史のなかで、農山漁村地域は、日本の誇りうる独特の文化をはぐくむとともに、生活のベースとなる日本人の食生活などを現在も支えている。そこで、経営学も前述の環境問題への対応とともにこの地域の再生を検討する必要がある。

　働く場がないとか、不便といわれたが、現在はICT（情報通信技術）を利用できれば、そこでも仕事ができる。また、車があれば、自然豊かな環境のなかで生活できる時代なのである。

　そして、人口の集中した大都市での生活は、大震災の発生が予測されるなかで、その危険性が指摘されている。さらに、新型コロナウイルスのまん延によっても、巨大な都市は安心や安全性の面で、深刻な弱点を露呈した。

《おさらい（Review and Challenge）コーナー》

1. 企業の機能と逆機能を自分の生活に近いところで、具体的に調査してみてください。
2. デジタル化とは、どのようなことを意味しているのでしょうか。
3. あなたが企業をつくり、起業するとすれば、どのようなものになりますか。「ビジネス・プラン」（事業計画書、起業計画書）を考えてみてください。

4 海洋でのプラスチックごみや利用ずみのペットボトルを、現在の時点で、あなたはどのように考えていますか。

5 あなたの周辺で、スタート・アップ型の起業家とか、中小企業（スモール・ビジネス）の経営者を調べてみてください。

・・・・・・・・・・・ トレンド：新しい経営 ・・・・・・・・・・・

スマホ文化の定着──新しいライフスタイル！

　スマホ全盛の時代が定着しているようです。大都市圏で電車に乗り、座席に座っている人を見ると、ほとんどの人がスマホをさわっています。また、やはりスマホを見ながら歩行中の人もいます。であるから在宅中もスマホは持ち主のそばにいることでしょう。そして、ベッドのそばにもスマホは置かれていると思っています。

　いろいろな情報を教えてくれるスマホは、便利であり、親しい友人以上の関係であるかもしれません。反面で、こんなにスマホに依存されているのは本当にいいのかと思うこともあるかもしれません。

　スマホは、現在のライフスタイルのひとつになっています。新型コロナウイルスのパンデミックスは終わり、マスクをつけるというライフスタイルは減少しましたが、スマホ文化はまだまだつづきそうです。

(齊藤毅憲)

クローズ・アップ

「ワーク・ファースト・スタイル」から「ライフ・ファースト・スタイル」へ

　仕事（ワーク）を中心にしたライフスタイルから生活を大切にするライフ・ファースト・スタイルへの転換がもとめられています。それは会社での仕事を重視して、個人生活を二次的に考えるものから、これを上位におき、仕事はこの生活の一部として位置づけるものに変えることを意味しています。

　それは自分が住みたいという場所に住む、たとえば自然のなかで生活したい、子どもの教育のために海外で生活したい、など、生活者としての自分の考えをまずもって大切にして、仕事をする生き方です。当然ながら生活の場所だけでなく、勤務時間も比較的に自由にしたいと思っています。そして、実際に働く場所も自宅などでのオンラインも認めるものです。それは仲間とコミュニケーションがとれるオフィスへの出勤とオンラインとの併用というハイブリッド（折衷）型もよしとする働き方です。

　このようなライフ・ファースト・スタイルを選択する働く人びとや起業家たちが登場しています。これに対して、ワーク・ファースト・スタイルの場合、都市部に住み、勤務時間中、オフィスで拘束されたかたちで働くのが通常であり、これまでの日本人の働き方です。

　あなたはどのような生き方や働き方をしようと思っていますか。これをヒントに考えてみてください。

（齊藤毅憲）

クローズ・アップ

つづくリスキリングの時代！

　本文の「自己啓発」の重要性に関連して、「リスキリング」という言葉が使われるようになりました。仕事上の能力、技術、技能、熟練などを意味する「スキル」が原型であり、新たにスキルのつくり直しを行うことがリスキリングです。つまり、それは仕事上の能力を再開発することといってよいでしょう。

　とくに中高年の勤労者やビジネスパーソンの行ってきた仕事が、ICT化などの技術革新のなかで喪失してしまい、失業するケースも発生しています。しかし、それは別の言葉でいうと、技術革新によって新しい仕事が登場していることです。そして、この新しい仕事を担当しうる人材へのニーズ（需要）は高まっています。したがって、新しい仕事が遂行できるように、リスキリングすれば、チャンス到来で失業することがなくなるわけです。

　変化の時代には既存の仕事がなくなったり、これまで思いもよらなかったような新規の仕事が誕生します。そこでは、仕事上の能力をみずから維持し、さらに発展させていくという考え方が大切になります。また、現代はキャリアの長くなった時代でもありますから、長期に働きつづけられるように仕事上の能力を管理し、リスキリングをつづけることがもとめられています。

（齊藤毅憲）

環境の変化と企業経営

第2章

《本章のねらい》

　企業はたえず変化する環境のなかで経営活動を行っている。そして、環境に適応できない企業は存続することができない。そこで、環境の把握と対応は、きわめて重要である。

　また、環境といっても、企業に直接関係するものから大きな時代的背景といったものまで、さまざまである。ここでは、時代的な変化をふまえて、両方の視点から見ていく。

　本章を学習すると、以下のことが理解できるようになる。

① 第2次世界大戦後の日本企業が置かれた国内の経済環境の変遷と現状

② 20世紀末から21世紀初期にかけて起こっているマクロ環境の激変と企業経営

③ 資本主義社会の大きな変化の方向性と企業経営

④ 企業経営の今後の方向性

1　戦後日本経済の発展と企業経営環境の変化

(1)　経済の復興と新規設備投資による高度成長

　第2次世界大戦の敗戦（1945年）後、日本の企業には、「経済の民主化政策」が実施された。三井・三菱・住友・安田などの主要財閥は、解体された。その他の巨大企業も、分割されることになった。財閥オーナーなどの追放によって、大企業では「所有と経営の分離」や出資を背景としない経営者が登場した。

　1950年から53年に勃発した朝鮮戦争の特需景気は、在日米軍の特別調達によるものであったが、日本の経済と企業は、これで息を吹き返した。そして、長期の第1次高度経済成長期（1963年頃まで）に突入する。神武景気、岩戸景気、オリンピック景気とあいついだ好況は、戦後の復興や発展のために行われた民間設備投資によるもので、内需中心の経済成長であった。「投資が投資をよぶ」といわれ、「アメリカ経営学」と科学技術が導入され、技術革新と工場近代化が進んだ高度経済成長の時期であった。

　この時期の通商産業政策では、欧米の先進諸国（とくにアメリカ）に追いつく（キャッチ・アップする）こと、輸出競争力をつけること、が目標とされ、徹底した「国内企業の育成強化政策」がとられたのである。こうした過程でつくられた政府と経済界との密接な協調関係は、のちに官民一体の「日本株式会社」や「株式会社・日本」と皮肉られることになった。

(2)　輸出による高成長、海外直接投資および不況の長期化

　1964から65年の短い「証券不況」をはさんで、その後の約

８年間は、「第２次高度経済成長期」と呼ばれ、輸出による成長に重心が移っていく。日本企業は、第１次高度経済成長期に行った設備投資と安い人件費を武器に、「輸出による成長」へ、と方向を転換しはじめている。

しかしながら、１９７３年秋に端を発する２度の「石油（オイル）ショック」は、約１０年間にわたる長期の低成長期をもたらしている。日本企業は、コスト削減のための合理化、エネルギー効率の向上に猛烈な努力をした。

これは、のちに海外への大量輸出と膨大な外貨（ドル）獲得をもたらす強い競争力を生みだすとともに、外国からは内需中心型の政策への転換を強くもとめられる原因となった。国内にたまりすぎ、しかも投資の場のない外貨（ドル）を、企業が海外直接投資にふり向けて多国籍企業化していくのも、この時期の終わり頃からである。

しかし、１９８５年のプラザ合意後に生じた急速な円高によって、製造業の国際競争力は大きく低下し、輸出減少と不況が続いた。これは「円高不況」といわれた。しかし、政府の不況対策と過剰外貨の両方によるカネ余りから平成景気（８０年代後半―９０年代初頭）、「バブル経済」を引き起こすことになる。

過剰資本処理と海外での低コスト生産・市場確保を狙った海外進出が急速に進み、企業の国際化・グローバル化が形成される。また、この時期に株式や土地などへの投機活動にのめり込んでいった企業は、やがて訪れた「バブル崩壊」（９２―９３年頃）後の長期的な不況のなかで、破綻や不振の憂き目をみることになる。それは「失われた１０年とか２０年」といわれた。

その後、再生の足どりをたどりつつあるかにみえたが、２００８年秋のリーマンショック以後、世界経済の深刻な不況のなかで日本

図表2-1 日本企業の環境条件の変化と企業の対応

	従来の環境条件	現在の環境条件
①	欧米先進企業へのキャッチアップ	欧米企業と互角な地位に到達、国際的大競争、追われる立場
②	物質的豊かさをもとめるのが共通目標	豊かな社会の到来、CSR重視、価値の多元化
③	豊富な若年者の存在、都会への労働力移動	少子高齢化、過疎過密化、都市問題、地方の衰退
④	大量生産・大量販売・大量消費・大量廃棄	多品種少量生産、フレキシブル生産、資源の回収・再利用
⑤	資源浪費、廃棄物処理、環境問題は意識されない	廃棄物、地球環境、地球資源問題、感染症拡大の深刻化
⑥	終身雇用・年功賃金・年功昇進・企業別組合、長時間労働、会社忠誠心、会社人間	終身雇用・年功制などの崩壊、労働時間の短縮、雇用の流動化、非正規労働の増加と格差社会、働き方改革
⑦	補助労働者としての女性	女性の本格的職場進出、男女共同参画社会化
⑧	国内での生産・販売中心、外国人を雇用しない	国内外で活動し、外国人を雇用する
⑨	会社第一主義、資本蓄積偏重	人間尊重、生活の質重視
⑩	重化学工業中心の工業化社会、ハード中心	情報・知識・ICT・AI中心の情報資本主義、ソフト・サービス中心

の企業は再び苦しむことになった。2009年初頭から景気底入れ感もあったものの、それ以後に浮上した欧州債務危機による輸出減少、2011年の東日本大震災などで再び低迷し、2013年頃からやっと持ち直しに向かい、消費税率引上げによる2014年度のマイナス成長を除き、以後、緩やかな回復基調が続いていた。しかし2020年初めから世界を襲った新型コロナウイルスのパンデミック（感染症の大流行）による社会的・経済的惨事によって、デフレ基調を脱しきれていない。

　以上でみてきたように、日本企業は第2次世界大戦の敗戦による焼け跡から立ちあがり、政府の保護育成政策に守られながら成長した。そして、強い国際競争力を持つところにまで成長し、いまでは、世界各地に海外進出をしたグローバル企業にまで発展しているのである。図表2-1は、そうした日本企業の環境条件の主な変化をキーワードを中心に示している。

2　激変する国際環境と企業経営

(1)　冷戦構造の崩壊による新たな国際状況の出現

　20世紀はどんな時代であったのだろうか。それは、資本主義経済の発展、工業化の進展と技術革新、恐慌ときわめて多くの人命を失った戦争、社会主義思想の普及と挫折、植民地体制の崩壊、大衆民主主義の発展などの言葉でいわれてきた。しかも、それらは、21世紀の現在もなお、余韻を引き継ぎながらたえず大きく変化している。

　1917年のロシア革命から始まった世界初の社会主義国ソ連は、政治的・経済的な内部矛盾によって1991年末に自壊した。そして、ソ連圏に組み込まれていた東欧諸国はソ連よりも一足先に崩壊

し、資本主義に復帰した。そして、社会主義体制や植民地体制の崩壊によって、代わりにそれまでは表面化しなかった民族間紛争・地域紛争や資本主義諸国間の利害対立が新たに浮上した。

社会主義体制とそのイデオロギーの崩壊は、資本主義と市場経済体制に自信を与え、資本主義各国の労働運動や反体制運動は弱体化し、「市場原理万能主義」の考え方が強まっていった。他方、20世紀後半に社会主義国のバックアップを得ながら独立していったアジア、アフリカ、ラテンアメリカなどの地域では、植民地支配こそ終りを告げたものの、独立後の内戦、貧困や経済発展の問題が、依然として多く残されている。

ただ、そのうちの一部の国は、先進資本主義国の過剰資本の輸出・コスト削減狙いなどの投資によって、NIEs（韓国、台湾、香港、シンガポール）、BRICs（ブラジル、ロシア、インド、中国）、NEXT11（イラン、インドネシア、エジプト、韓国、トルコ、ナイジェリア、パキスタン、バングラデシュ、フィリピン、ベトナム、メキシコ）、VISTA（ベトナム、インドネシア、南アフリカ、トルコ、アルゼンチン）などのように、新興工業諸国として注目されるところも出てくるに至った。

それらのなかには、中国、韓国、台湾を中心にして、先進資本主義諸国の企業を脅かすような競争力をつけた企業も現れてきた。

(2) 単一の国際市場と「国際的大競争時代」への転換

社会主義体制の崩壊、資本主義市場経済体制の継続とともに、「資本主義対資本主義」の競争問題が顕在化し、資本主義諸国間の摩擦・対立も激化している。かつて東西2大経済圏に分かれて断絶していた世界経済は、いまやひとつのより大きな市場経済圏へと変貌した。

　そして、北アメリカ、西ヨーロッパ、日本だけでなく、アジア諸国、中南米、東ヨーロッパ（旧社会主義圏）、さらには開放的市場経済化した社会主義諸国（中国、ベトナム）など新興工業諸国をもまき込んだ地球規模での市場競争化、製造・流通ネットワークの世界規模化と競争激化が進んでいる。まさにそれは「国際的大競争（メガ・コンペティション）時代」の到来である。そして、急速に経済大国になった中国は、巨大な「一帯一路」の覇権主義的戦略で中国中心の一人経済圏を展開しようとしている。

　国際的大競争時代には、国内レベルの競争はもとより、それをこえたレベルでの企業間や国家間・地域間のサバイバル（生き残り）競争が重要になる。「ボーダーレス・エコノミー（国境なき経済）」という全地球規模での経済関係が進む反面、もう一方では地域経済圏の形成によって地域優位性を追求する動きも盛んである。

　欧州連合（EU）、北米自由貿易協定（NAFTA）、東南アジア諸国連合（ASEAN）、アジア太平洋経済協力会議（APEC）、アセアン自由貿易地域（AFTA）、経済協力機構（ECO）ほか、地域、二国間、多国間の経済・貿易発展を目指す動きが重層的に絡み合った関係をつくりあげてきている。

⑶　市場原理主義にもとづく規制緩和への転換と修正

　資本主義経済は、20世紀に高度に発展し、そのなかで、修正資本主義政策の採用によって、企業や産業へ「公的介入」をして、貧困、失業や大恐慌に対応してきた。また、資産格差や所得格差の不平等を緩和し、「福祉国家」への方向を歩んできた。

　しかし、赤字財政対策・経済再建・インフレ克服などを目指して、経済政策の方向性は、1980年代のレーガン政権以来一転して、物価安定のための通貨量の抑制、企業設備投資への大幅減税に

27

よる生産力増強、規制緩和と市場原理重視、「小さな政府」といった政策で展開されるようになった。この新たなアメリカ流の経済政策が、その後の世界各国の経済政策に対して強く影響を与えている。

　日本でも、国家財政の危機や経済成長の低迷とからんで、従来の規制型・福祉国家指向型の政治経済システムが「制度疲労」になったと批判され、改革の対象となった。政府による経済規制と指導体制、大企業育成政策、政・官・財の協調構造などは、かつては日本経済を発展させてきたものの、時代的な意義を失ったとみられるようになった。具体的には、規制緩和、公企業の民営化、民間活力や競争原理の導入、国際化やICT革命への対応により、従来の日本的経営からの転換などが指向され、状況は急変した。

　しかし、世界的に影響を与えた市場原理主義の熱狂的流行も、2008年のリーマンショック、2009年のオバマ政権誕生の頃から、ひとつの転機をむかえ、行きすぎた規制緩和路線に対する批判・修正の動きが見られるようになった。

　さらに、時代を現在に近づけると、トランプ政権（2017～21年）による強引な規制緩和路線、米国第一主義政策は、国内的・国際的な分裂と分断を拡大させるとともに、覇権主義的傾向を急速に強めつつある中国との冷戦的関係をもたらした。また、中近東の不安定さ、EUの動揺、さらにはロシアのウクライナ侵攻、台湾危機など、世界全体が揺れ動く情勢となり、まさに先が見透しがたい時代になっている。

⑷　ICT（情報通信技術）革新のインパクト

　1980年代以降の世界は、コンピュータ、電子メール、パソコン通信、インターネット、IoTなど、ICTの急速な普及やデジタル

化、AI化によって、大きな変貌をとげてきた。このインパクトが、経済や社会全体に変革のうねりをもたらし、「コンピュータ資本主義」とか「情報資本主義」といわれるほどになっており、第1章でも述べた「プラットフォーマー」という巨大なICT企業を生みだしている。

さて、コンピュータは、生産や流通におけるサプライ・チェーンだけでなく、組織、そして社会や経済の全体を大きく変えている。生産現場では、1980年代から高度なオートメーション段階に入っている。生産現場の情報化についてはファクトリー・オートメーション（FA）、フレキシブル生産システム（FMS）、コンピュータ統合生産（CIM）などが登場し、デザインや設計の情報化ではコンピュータ・グラフィックス（CG）、コンピュータ援用設計（CAD）などが続出した。

流通においても、1980年代以降消費者の好みの多様化、商品の「ライフサイクル」（寿命期間）の短縮化、価格破壊などにすばやく対応するために、コンピュータがフルに利用されるようになった。販売・物流とデータ通信の情報化については、販売時点情報管理システム（POS）、電子決済（ES）、電子マネーなどが登場した。また、電子カタログ、バーチャルモール（仮想商店街）なども、急速に普及した。

さらに、流通と生産とを統合する情報ネットワーク構築の動きも、見られた。今日の工場は、前述のCIMとなり、研究開発（R&D）から設計、生産、販売、原価計算などに至るまでのすべてを統合した自動化・省力化の構造となった。しかし、これをさらに拡げ、企業外の供給業者・流通業者たちとの情報共有化（共通データベース化）によってサプライ・チェーンを構築して、統合的な物流システムを構築するとか、製品の共同開発（製販統合）とかにま

で進んだ（第1章の2の（4）も参照）。

　また、生産現場と同じ時期からオフィスの現場も、一変した。コンピュータ、コピー機、FAXなどのオンライン連結によるオフィスオートメーション化、事務の電子処理、電子ファイル、ペーパレス・オフィス化などが行われるようになった。さらにまた、経営情報システム（MIS）、意思決定支援システム（デシジョン・サポート・システム、DSS）、戦略的情報システム（SIS）などへと発展し、単なる現場業務の効率化をはるかに超えるものになった。

　電子メール、電子会議システムなどの発展によって、取引関係、製販の統合関係、企業間関係での協業上の制約が、時間的にも空間的にも大きく取り払われた。そして、企業間ネットワークが進み、「バーチャル・コーポレーション」（仮想的企業体）づくりさえも行われるようになった。自社内で設計、生産、販売、サービスのすべてを取りそろえることがベストなのではなく、コスト・品質・信頼性・迅速性の面で他企業に任せたほうがよいとなれば、「アウトソーシング」（外部からの調達）することがむしろ重視され、独立した企業どうしの協力で単一企業であるかのような効果を生むことになった。ICTやIoTの発展がそれを可能にしたのである。

　このような変化は、企業の組織をも根本的に変えている。それは、階層数の多い（背の高い）組織からネットワーク型や階層数の少ない水平型（背の低い）組織への転換であり、上層にいるマネジャーたちによる情報のひとりじめは、いまや意義を失いつつある。情報の共有や可視化が重要になったのである。

⑸　アメリカ的な生産・生活様式の限界と「持続可能な発展」

　工業化と発明・技術革新（生産工程革新と製品革新）が進み、長い間「大量生産→大量販売→大量消費→大量廃棄」というアメリカ

的な生産・生活様式が理想とされ、工業先進国を中心にして世界中に普及してきた。それは、たしかにかつてないほどの物質的な豊かさを生活者に与えてくれた。

しかし、それは、有限な地球資源の浪費、廃棄物処理、環境破壊などの深刻な問題を生み、もはやこれまでどおりの生産や生活の様式を続けていくことが不可能になりつつある。地球と将来の人類が永続していけるような「持続可能な発展」（サステナブル・ディベロップメント、地球環境保全型の経済発展）、SDGsへの配慮が不可欠となってきた（第１章の４の（４）なども参照）。

このように、工業化、大量生産と発明・技術革新をただひたすら「進歩」や「善」であると信じて邁進（まいしん）する価値観は、もはや楽天的すぎるという反省の時代になっている。

(6) 工業化社会から成熟社会への移行

工業化の帰結として、工業先進国を中心にモノのあふれる豊かな成熟社会が生みだされた。しかし、そこでは、これまでにない新たな問題が浮上している。成熟社会に移行した日本では、少子・高齢化と人口減少、高学歴化、価値観の多元化、組織忠誠心の希薄化、女性の社会進出、働きがいへの関心の高まり、労働組合運動の停滞など、人びとの生活と意識に大きな変化が生じている。

さらに、経済成長率鈍化のなかでの福祉の充実、都市の過密化や田舎の過疎化、農山漁村地域の衰退、グローバル化する環境問題、情報化・ソフト化・サービス化という産業構造の変化、人生100歳時代と生き方、生涯学習など、新たな社会的課題が生じている。

これらの状況に対応するには、かつての経済成長を促進したのとは異なった新しい政策がもとめられている。解決すべき課題と「小さな政府」の路線とがどのように調和しうるのか、難問が立ちはだ

図表2-2　企業の方向性の変化

これまでの企業経営	これからの企業経営
①利益追求中心	CSRを前提とした利益の追求
②資本蓄積重視型経営	人間尊重型経営
③男性中心型のタテ組織	男女共生の多様なプロが活躍する場
④公害・資源浪費型経営	環境保全型経営
⑤国内活動中心	グローバルな活動へ

かっている。

　このような新しい環境条件のもとで、企業には今後どのような課題や方向性が要請されているであろうか（図表2-2）。以下では、この点を考えていこう。

3　21世紀の企業経営

(1)　CSRを前提にした利益の追求

　企業は生活者や広く社会に対して有用な製品やサービスを提供する経済活動を遂行することで存在意義を認められているので、今後もこの活動を効率的かつ創造的に果たすとともに、企業として生きつづけていくことが要請されている。

　第4章で述べるように、現代の巨大な株式会社は、特定の自然人大資本家や一族の所有物ではなくなり、社会的な存在になっている。企業の獲得した利益は、直接に特定資本家や株主の私的所有物になるというよりも、まずは企業という「社会的存在」に帰属するものとなっている。民間企業は「私企業」にはちがいはないが、「私」の意味が明らかに異なってきている。

　したがって、利益を獲得したり、分配したりする過程において、

企業を取りまく「ステイクホールダー」（利害関係集団）——株主、従業員とその家族、労働組合、消費者、関係会社、取引先企業、債権者、債務者、競争会社、地域社会、政府や地方自治体、一般市民など——との間で、公正良好な関係を保ち、それらに奉仕する必要がある。

　企業は、社会の一員（「企業市民」）として、自社の発展のみならず、社会や環境を支える各方面で活動することがもとめられている。この点からみれば、社会主義崩壊後に勢いを増した「新自由主義」的経済政策や株主価値第一主義にもとづく企業観は、企業の社会的責任（CSR）への認識が薄く、修正がもとめられている。

⑵　資本蓄積重視型から人間尊重型の経営へ

　工業先進国のなかで、日本では、資本蓄積による企業成長が明治維新以後一貫して重要視されてきた。欧米の先進諸国にキャッチ・アップすることを目標としてきた日本にとって、これにはやむをえなかった面があった。しかし、工業先進国になって久しく、資本蓄積重視の経営からの脱却が真剣にもとめられている。

　この点で企業にもとめられるのは、労働者や消費者、つまり生活者の生活の「質」（クオリティ）を大切にする経営へ転換することである。

　それは、働く人びとの健康に配慮する経営を前提に、十分な報酬、安定雇用、ハラスメントの防止、快適な工場やオフィス、自己実現欲求を満たす労働機会の提供などを意味する。それらを提供すること、さらにワーク・ライフ・バランス、個性的なライフやキャリアスタイル、女性経営者の増加と外国人の公正な待遇、雇用延長と人生100年時代の福祉の充実、生涯学習社会づくり、などといった社会の発展に貢献する企業経営が、同時にもとめられている

（第３章の３の「４Lの充実」を参照）。

⑶　男女共生の多様なプロが活躍する場へ

　日本の企業は、長い間、男性を中心とした場であった。女性の活躍は限られ、「男性型の社会」あるいはタテ型組織であった。そして、この企業にとって、生活者に必要な大量の製品をつくることが大切であった。

　しかし、前述のように、企業の環境や現場は大きく変化し、モノをつくる工場も大切であるが、その前に市場の声を聞き、どういうものを開発したり、デザインしたら、もっと生活者に購入してもらえるかについて調査し、アイデアをだすことが大切になっている。

　また、サービスの開発も必要になっている。このような場合、女性従業員のセンスや能力を活かすことがきわめて重要である。他の領域の仕事（経営、人事、営業など）でも、女性のセンスを活かさなければうまくいかないのである。

　このようななかで、女性の社会進出が進み、男女を問わず企業は「多様な専門家（プロ）が集まる場」となる。そして、性差に関係なく対等の関係で、能力や経験などを生かしていくことになる。

　なお、働く場での外国人との共生も日本企業の課題となる。ラグビー・ジャパンが外国人を多くとり入れて、「ワン・チーム」を実現したが、企業はどのようにしていくのであろうか。

⑷　公害・資源浪費型から環境保全型の経営へ

　環境問題については、「特定地域の公害防止の時期」（1960年代）→「地球資源節約の時期」（70年代）→「地球環境に関心が高まった時期」（90年代以降）と、時代とともに焦点が変化してきた。いまや、個々の企業・地域にかかわる直接的公害問題にとど

まらず、グローバル規模での環境保全に関する国際的合意にまで視野を拡げて、緊急に対策をとらねばならない段階になった。

　要するに、21世紀は、上述の3つの時期を包括する「環境の世紀」なのであり、トレンドでも示したSDGsに配慮した経営を展開することがもとめられている。

　オゾン層の破壊、酸性雨、温暖化、熱帯林の減少、野生生物種の減少、海洋汚染、有害廃棄物などの環境問題や異常気象の発生は、すでに国際的な条約や議定書で規制がとりあげられてきている。そして、この潮流は今後ますます大きくなるであろう。

　「グローバル・コモンズ」（地球公共財）の保全という視点からいえば、環境保全と経済成長のトレード・オフ（一方をたてれば、他方がおろそかになる）の調和的解決、成長優先の価値観の見直しと持続可能な開発への切り替え、大量消費・廃棄型経済から資源節約・循環型経済への移行、「アメリカ的生産・生活様式」からの脱却が必要である。

　そのためには、地球環境問題に対する工業先進国企業の責任の遂行、環境ビジネスの育成と促進、国連・各国政府・地方自治体・市民運動・非政府組織（NGO）などとの連携などが、避けられない。このように、企業は、環境保全に積極的に貢献することがもとめられている。

⑸　グローバル企業経営の時代へ

　すでに述べたように、世界は「単一の国際市場」となった。自国中心主義やブロック経済化の台頭などで近年、懸念すべきことも多くなっているが、この基調に変化はない。

　企業はますます多国籍化し、研究開発・生産・販売などの拠点をそれぞれ世界の最適地に配置し、またICTの進展にともなう情報

ネットワークによる統合的管理をあわせて展開してきた。そして、これによって合弁事業、技術協力、「OEM」（相手先ブランドによる製品製造）、共同研究開発などがいっそうやりやすくなり、グローバルな企業間関係が拡大してきている。くわえて、いろいろな言語や文化をもつ人びとの相互交流・往来や協働も増えている。

これらの企業にとっては、もはや国内市場と海外市場とを区別する意義はなくなり、市場は単一国際市場と考えられるようになっていく。そして、「グローバル・スタンダード」（国際標準）という言葉がとびかい、製品開発、規格、管理システムなどの広い範囲で「国際規格」を制した企業のみが、国際競争に勝ち残れるという国際標準経営の時代に入りつつある。

しかし他方で、進出先の地域特性を考慮したビジネスを行うことも、それに劣らず重要である。そこで、グローバル化（グローバリゼーション）と地域化（ローカリゼーション）とを統合した新たな経営戦略（「グローカリゼーション」）が実践されている。そして、どの企業も地域特性と地域貢献に配慮しつつ、他方で国際化や「国際規格」を意識して行動する時代になっている。

⑹　激変する国際環境と予測困難性の増加

以上で述べた21世紀企業の基本的方向性は、長期的・根底的な傾向や特徴として想定されるものである。しかし、それらは必ずしも一直線に、そのように発展するということではない。

市場原理主義や企業価値・株主価値第一主義を下敷きにした猛烈な利益追求の喧噪（けんそう）は下火になったとはいえ、制度的枠組みは残っていて、依然として利益追求型経営も多い。

さらに、新興工業諸国では資本蓄積重視型が圧倒的に多数である。2010年にドル換算の名目GDPで世界第2位の経済大国と

なった中国も例外ではなく、この経営のため大気汚染・水質汚濁・土壌汚染・毒性食物などの公害がひどい。また、過酷な労働諸条件・都市移住労働者の劣悪な生活環境、収入や資産の大きな格差など、環境保護型経営や人間尊重型経営からはほど遠い。

さらに、若年労働力減少による成長鈍化、無理をして調達したインフラや不動産の資金の返済不能危機、基礎研究不足による技術力の脆弱さ、少子高齢社会化による社会保障費増加圧力など、今後の成長を危惧させる要素を多く抱えている。

他の新興諸国も同じような要素がある。しかも先進諸国の過剰資本・遊休資本の流入に支えられた発展であったから、この資本の流れの基調が変化すれば、問題を顕在化させるというもろい要素も抱えている。たとえば、2014年初頭にアメリカの金融における量的緩和縮小の観測によって、投資マネーが新興国から引きあげられ、新興国での通貨安・株安が誘発されたことがある。他方、先進諸国も、深刻な財政問題を抱えている。

このような経済的見通しの不透明さに加えて、国際社会では政治的・宗教的・民族的紛争が諸国内外で相次いで発生している。さらに経済的地殻変動の推移によって生じる諸国間の力のバランスの微妙な変化と多極化傾向は、将来の政治的経済的紛争の大きな種となるおそれを秘めている。

中東の政治情勢、アメリカ・中国・ロシアの自国中心主義や覇権的行動の行方など、今後の国際情勢に影響しかねない政治問題もある。近年のロシアによるウクライナ侵攻はその一例である。国内に深刻な不満・不安・対立を抱えて不安視される国もある。そして、これらは、直接に企業経営のあり方に直結すようになった。

女性の社会進出も、それを支える環境整備の不備や労働条件上で女性に不利な現実が依然として強くある。そこで、アメリカですら

女性が「会社離れ」をおこし、「主婦指向」に回帰しているという（エミリー・マッチャー『ハウスワイフ2.0』文藝春秋、2014）。要するに、一進一退というところであろうか。

　これらがどのように推移するかは、予測がきわめて困難である。しかし長期的には、上述の5つの企業の方向性に収斂^{しゅうれん}するであろう。そして、企業としては5つの長期的・基本的方向性を見据えながら、他方では、予測困難ながらも未来を長短期的に予測して、企業行動をとって行かざるをえないのである。今日、戦略を重視した経営を行うという戦略的経営論が重要であり、注目が集まる理由はここにある。

《おさらい（Review and Challenge）コーナー》

1. 「従来どおりの企業経営のやりかたではもはや通用しない」とよくいわれますが、なぜそうなのでしょうか。国内外の環境変化と照らしあわせて、考えてみてください。
2. これからの企業は、どのようなことを重視して経営していく必要があるでしょうか。
3. 「グローバルな環境保全」のために、企業が行うべき具体的行動として、どのようなものが考えられますか。あなた自身が企業に就職した場合、どのように行動をしていきたいか。列挙してください。
4. 「情報資本主義」を支える具体的な手法として本文中にあげてあるものの内容を、自分でくわしく調べてみてください。

················ **トレンド：新しい経営** ················

だれもがともに働ける「やさしい企業づくり」を！

現代の企業は、いろいろな人びとが自分のもっている個性、能力、経験を生かしながら、「ともに働ける」（working together）共生企業にしていかなければなりません。20世紀には、企業というシステムが工業先進国を中心に発展したが、この企業は、「男性とくにエネルギッシュな若い男性」の活動によって主に支えられてきました。しかし、21世紀の企業は女性、外国人、さらには高齢者、障がい者も一緒になって働けるものにすることがもとめられています。多様性（ダイバーシティ）のある人びとによる企業経営は21世紀の特色であり、相互に認めあいながら働くことが大切です。

（齊藤毅憲）

クローズ・アップ

企業をとりまく環境はどのように分析できるのか

　本章では環境とその変化を日本企業の第2次世界大戦後の日本経済の発展や世界の動向——マクロ的観点ともいう——から具体的にとらえるという方法で検討してきました。これを通じて、これからの企業経営のあり方を明らかにしています。歴史的な主張ともいえるこの方法は、個々の企業よりも全体としての企業経営の展望を考えるときに、有益です。

　もっとも、環境の検討には、これ以外の見方もあります。たとえば、「企業は競争しながら、製品やサービスを開発・生産し、販売している」と定義づけると、主に3つの環境が識別できます。

　ひとつは「競争する」ことに関連して、「競争（きそう）環境」です。これはたとえば競争の激化とか、グローバル競争、業種の垣根を越えた競争などという言葉でいわれています。

　ふたつ目は「製品やサービスを開発・生産する」ことに関連して開発や生産につながる「技術（つくる）環境」があります。これには典型的には、IoT、AI化などのICT、EV（電気自動車）、半導体、バイオ、創薬、医療などの先進的な研究開発や技術進歩の環境があげられます。

　そして、3つ目は、「販売する」ことで、「市場（顧客、売る）環境」です。消費者ニーズの多様化・高度化や、グローバル市場への進出、ネット・ビジネスの急速な台頭などの環境があります。

　この3つは企業の環境にとってきわめて重要なものです。もっとも、"企業はヒトなり"という言葉をこの定義に入れて「企業は競争しながら、働く人びとと協同・協働しつつ、・・・」としますと、人的資源（ヒューマン・リソース）に関する環境がでてきます。

　ここでは、労働力不足、高学歴化、少子高齢化、女性や外国人の雇用などの重要な変化があります。また、企業は法律を守って活動することがもとめられているので、経済法、商法・会社法、労働法などの制約のもとにあります。

　それから、環境の検討は、本章でも記述されているステイクホール

ダー（利害関係集団）をとりあげることでも可能になります。それぞれのステイクホールダーとの関係を吟味することが重要となりますが、出資者（株主）、消費者、従業員、取引業者などがもっとも大切なステイクホールダーで、これに対して地域社会や一般市民、政府や地方自治体、メディアなどはつぎに大切なステイクホールダーであるといえるかもしれません。

さらに、冒頭で述べた経済的環境だけでなく、技術的環境、政治的・法的環境、文化・社会的環境、自然的環境などに分類する、やはりマクロ的な見方もあります。企業の経営はこのなかでは経済的環境や技術的環境に主にかかわることが多く、自然的環境については検討されることが少なかったと思います。

しかし、東日本大震災の被害や自然災害の多発だけでなく、枯渇するエネルギーや天然資源、天候不順などの問題を考えると、経営学も自然的環境との関係を十分にとり扱っていかなければならない。

さらに、新型コロナウイルスの世界的感染やウクライナ侵攻なども、企業の経営にきわめて深刻な影響を与えてきました。人命を守り、人類の生存のために、企業活動に制約を加えられることになり、業種によっては雇用の確保だけでなく、企業の存続さえも困難になりました。

（齊藤毅憲）

・・・・・・・・・・・・・・・・・トレンド：新しい経営・・・・・・・・・・・・・・・

コンビニの経営はどう変わる！

　コンビニ（コンビニエンス・ストア）――30坪程度の広さ、約3,000の商品アイテム、24時間営業、年中無休のビジネス・モデル――は、わが国では1970年代の中頃に誕生して以来、多様なサービスを提供しつつ、発展を遂げ、全国で約5万8000店舗となっています。コンビニ業界は店舗を増やすことで成長を遂げてきましたが、競争もきびしく、「成熟期」に入ってきたように思われます。

　現在では、「成長期」とちがって困難な環境にも直面しています。労働力不足のなかで、24時間営業が困難な店舗も増えているという店舗側の事情が発生しています。そして、人口減や高齢者の比率が高いといった、地域の特性をふまえた経営ももとめられています。店舗数の増加で成長を遂げてきたコンビニは、イノベーションを行いながら今後どのように変わっていくのでしょうか。

（齊藤毅憲）

現代の企業社会と経営学を学ぶ意義

《本章のねらい》

　近年、日本の企業社会は、そのあり方を大きく変えている。これまで日本の企業社会の特徴とされた集団主義的な長期雇用の慣行が崩壊して、人材流動化の時代に移行し、新しい個人主義的な「働き方・働かせ方」が登場している。企業は即戦力型の「自律型人材」をもとめ、働く側には「自由と自己責任」によるキャリア開発・能力開発が重視されている。本章を学習すると、以下のポイントが理解できるようになる。

　① 人材流動化の時代になった理由

　②「自立した個人」や「自律型人材」が求められる理由

　③「自己啓発」としての経営学を学ぶ意義

1 君をとりまく企業社会の動向

⑴ 近年の学生の就学・就職の状況

「本学の卒業生の就職率は97.6％だ」。

こんな説明を受けたら、あなたはどんな印象をもつであろうか。多くの学生は、「大学に入学した100人のうち4年後に就職する者は97人である」、「すばらしい、これで安心だ」と思うかもしれない。だが、決して状況はそのような楽観的なものではない。

厚生労働省の就職状況調査（令和元年5月）によれば、2019年春の大学卒業者のうち、就職を希望した者、すなわち就職希望率は76.0％で、そのうち就職できた者すなわち就職率は約97.6％であった、という。つまり、ここで厚労省がいう「大卒の就職率97.6％」とは、あくまでも「卒業者のなかで就職を希望した者を分母にした就職者の比率」である。

したがって、「希望した者」（分母）が少ないほど就職率は上がる、という計算である。しかも、そこに中途退学率や卒業率さらに非正規雇用率などを考慮すると、状況は決して明るくない。

大学入学者のうち中途退学する者の比率は、一般に約10％前後であるから（旺文社調査）、仮に100人が入学しても4年生の時には約90人程度になっている。また、4年生のうち卒業できた者の比率（卒業率）は、一般に約80％前後であるから（旺文社調査）、仮に4年生の在籍者が約90人であれば、卒業できた者は約72人程度となる。

さらに、卒業した約72人のうち就職を希望した者は、就職希望率を76.0％として、約54人であり、そのうち就職できた者は、就職率を97.6％として、約52人でしかない。つまり、仮に

「100人が入学しても４年後の春に卒業できて就職した学生は、約半分しかいない」のである。もし「大学に入学した者の２人に１人しか卒業・就職していない」といわれれば、状況の厳しさがわかるであろう。

　しかもこの「就職者数」には、長期アルバイト・派遣社員・契約社員などの非正規雇用を含めているから、仮に正規雇用のみに限定すれば、さらに少ない数字になる。

　総務省調査によれば、初就職時の非正規雇用者比率は、約40％であるから、その比率で推計すれば、先にみた就職できた者約52人のうち非正規雇用は約20人であり、正規雇用は約32人程度になる。ということは、仮に「大学に100人が入学したとしても、４年後の春に無事に卒業して、正規雇用で就職できた者は、入学者数の約３分の１程度」ということになろう。すべて平均値による計算とはいえ、もはや状況の厳しさに気づいたであろう。

　かくして、社会全体にパートやアルバイトで働く非正規雇用や、若年無業者（15〜34歳で就学就労も職業訓練もしない者）が増加している。先にみたように、大学卒業者のうち就職希望率は76.0％であったが、残りの24.0％は「就職を希望しない者」となる。そのうち約10％は大学院などへの進学者ではあるが、残りの10数％は進学も就職もしない進路未定の新卒者である。

　その結果、社会全体の若年無業者の総数は約60万人にも達し、また非正規雇用については総数約176万人に達している（総務省「労働力調査」）。これが現代の日本の大学生の眼前に広がる現実であり、もはや他人事ではないであろう。

　以上のように、大学生の就学・就職・進路を巡る全体状況を詳細に分析すれば、決して安心はできないし、すばらしいものでもない。

　このような状況が生じる背景には、長引いた景気の低迷・悪化、企業の厳選選考、雇用形態の多様化、雇用管理の複線化、パート・契約社員・派遣社員など非正規雇用の増加、企業の海外移転などの経済環境・雇用情勢がある。さらに、労働力市場の流動化のなかでの労働力需給のミスマッチも要因であろう。

　要するに、ボンヤリすごしていたら、あなたは「卒業」もむずかしいし、「就職」もできないであろう。

⑵　企業のもとめる人材

　このような雇用情勢・経済環境のなかで、会社側は「意欲と能力」、「自立性・自発性」にあふれる「自律型人材」や「即戦力型人材」をもとめ、個々人の「自由と自己責任」を重視する「新しい働き方・働かせ方」を追求している。つまり、これまでの正規雇用（正社員）を前提にした集団主義的な長期ストック型雇用の慣行は、いまや少数派の人間を除いて崩壊しており、多数派の人間には、個人主義的な短期フロー型雇用が普及している。

　会社側も「定年まで君の面倒をみるつもりはない」、「会社をアテにしないでくれ」、「愛社精神は不要だ」、「自分の将来は自分で決めてくれ」といいだしている。また雇用される個人の側も、「定年まで勤めるつもりはない」、「良いところがあれば、いつでも転職する」という人が増えている。

　このような、「人材流動化の時代」、「労働移動の時代」の到来と、個人主義にシフトした「新しい働き方・働かせ方」の普及は、働く個人の側に新しい対応をもとめている。

　個人が、このような時代を生き残るには、自分の職業意識や価値観を確立して、ライフプランやキャリアプランを明確にし、自己啓発・能力開発によって社会的に通用するなんらかの専門的な職業能

力・エンプロイアビリティ（雇用されうる能力）を修得・取得する
しかない。一言でいえば、「意欲と能力」にあふれる「自律型人
材」、「即戦力型人材」になるしかない。

　いま、日本の企業社会のあり方が大きく変化している時に、いま
だに目が覚めず、「自己啓発や能力開発をしようとしない学生」、
「自分のための勉強をしようとしない学生」は、もはや「卒業」も、
「就職」もあきらめなければならないであろう。

2　「企業がなんとかしてくれる」時代は終わった

　「ひとたび採用したら、定年まで雇用する」、「ひとたび就職した
ら、定年まで勤めあげる」という集団主義的な長期ストック型雇用
の慣行は、すでに大きく崩壊している。ここでは、その生成・発展
と崩壊の動向を概観しておこう。

⑴　集団主義的な長期ストック型雇用の定着

　第２章でも述べたが、1960年代から70年代にかけて、日本
経済は高度成長を享受し、産業の重化学工業化が急速に進展し、大
量生産・大量消費の時代を迎えた。そこでは、労働力が大量にもと
められ、農村から多くの若者たちが、都会に出て、企業で働くよう
になった。

　その結果、"労働力を売る"ことで生計を立てる、いわゆる「賃
金労働者」（サラリーマン）が、日本の企業社会の多数派になり、
全体として都市の過密化と農村の過疎化が進展した。

　かくして、第２次世界大戦前の農村落（ムラ）社会を基礎に形
成された日本的な集団主義（集団の論理に個人を同化させる滅私奉

公の精神と行動）が、都市部の企業組織に引きつがれ、それが組織のなかのヒトを動かす原理のひとつになった。

　高度経済成長の時代において、近代的な大企業では、画一的大量生産システムが確立し、高品質・低コストの製品が大量に生産され、市場に大量に流通し、そして大量に消費された。このような大量生産体制を前提にした大企業の現場組織を基礎にして、日本的な集団主義は拡大再生産され、長期雇用・年功序列という長期ストック型雇用の慣行が定着した。

　すなわち、長期雇用を前提にした職場において、働く人びとは年功序列によって処遇されたので、多数の人にとっては「定年まで大過なく勤めあげることが美徳である」とされた。また働く人の各種の職業能力や技能は、会社主導のOJT（オン・ザ・ジョブ・トレイニング、職場内訓練）を基礎にして修得された。したがって、長期ストック型雇用の前提のもとで、「学生時代は遊んでいてもよい。会社に入ったら定年までにキッチリときたえあげる」ということが当然視された。

　このようにして、1960年代において、集団主義的な長期ストック型雇用の慣行が、広く定着した。それは、企業別労働組合とともに、日本型経営として確立され、長時間労働とあいまって「経済大国・日本」をつくりあげた。

　このプロセスで、日本のサラリーマン（ビジネスパーソン）は、集団主義や会社主義に埋没することになった。そして、「会社のための滅私奉公はあたり前」、「夫は企業戦士、妻は銃後の守り」、「わが人生は、わが社に捧げる」、「リゲイン飲んで24時間闘おう」という「会社人間」であることが要求された。そして企業経営も、責任や権限があいまいな集団主義的な「おみこし型経営」が確立したのである。

⑵　個人主義的な短期フロー型雇用の台頭

　1980年代になり、高度経済成長の時代は終えんし、画一的大量生産から多品種大量生産体制への移行、産業構造の転換やリストラ（事業構造の再構築）の進展、企業の海外移転などにともない、人材の流動化が開始・進展し、集団主義的な長期ストック型雇用の慣行がゆれ動いた。

　そして、個人の価値観や職業意識の多様化などとともに、これまでの集団主義・会社主義や「おみこし型経営」もまた大きく揺らいだ。このプロセスで、日本の企業社会において、個々人の多様な生き方や生きがいを認める「ゆるやかな個人主義」が発芽したが、女性の高学歴化と職場進出、共働きの増加などが、この傾向にさらに拍車をかけた。

　1990年代になり、情報ネットワーク型組織や分社型組織が普及し、バブル経済の崩壊と雇用リストラの広範な展開をきっかけにして、労働力市場は流動化した。そして、個人の側の「自由と自己責任」、「意欲と能力」、「意思と選択」が重視され、これまでの集団主義や会社主義から解放された「個人の自律性」、「自立した個人」が、はじめて問題になった。会社側が、「愛社精神は不要だ」、「会社をアテにしないでくれ」、「会社を棄てよう」という時代が到来した。かくして、「労働移動の時代」、「人材流動化の時代」を迎えたのである。

　このプロセスで、集団主義的な「おみこし型経営」から、多様な個々人の多様な事情・欲求に柔軟に対応する個人主義的な経営（マネジメント）が重視され、普及した。そして、バブル経済崩壊後の長引く不況のなかで、派遣社員・契約社員などの非正規雇用が増加したが、価値観・職業意識の多様化とあいまって、「ゆるやかな個人主義」の傾向に拍車をかけた。そして、企業の中核を担う少数の

コア人材を除いては、集団主義的な長期ストック型雇用の慣行は崩壊した。

　その結果として、個人の側には、他社や他分野でも通用する職業能力（エンプロイアビリティ）の修得が重視され、自己啓発・能力開発が強調されている。そして、個人の「自由と自己責任」、「意思と選択」を媒介にしたライフプランやキャリアプランの確立が重視されている。つまり、個々人は集団主義・会社主義と決別した「自律型人材」、「自立した個人」として生きることがもとめられている。

3　「自立した個人」の「4Lの充実」

⑴　「自立した個人」の誕生

　以上のように、日本の企業社会そのものが、大きく変容し、多数派の働く人びとは個人主義的な短期フロー型雇用に移行し、その結果、そこに多種多様な「自立した個人」を創出しつつある。そして個人の側は、企業への集団主義的な忠誠心・帰属感は確実にうすれている。そして、経営家族主義や企業別労働組合に守られた「会社人間」として、職業生活のみに生きがいを感じて自己を燃焼させるよりも、自分の職業意識や政治哲学を大事にし、家庭生活・社会生活・自分生活を大切にしつつある。

　すでに多くの調査結果が示しているように、働く人に対する「仕事（ワーク）中心か、生活（ライフ）中心か」の問いに対して、「仕事と生活の両立（ワーク・ライフ・バランス）」派が多数派を占めており、「生活中心」派が「仕事中心」派を凌駕していることは注目される。

　つまり、これまでの個人は、職業生活のためには家庭生活を犠牲にするという傾向があったが、これからの個人は、職業生活・家庭

生活・社会生活・自分生活という4つの生活のバランスをとりな
がら、自分の能力を自分で開発し、仕事と暮らしのなかで自己実現
をもとめている。

⑵　新しい人間モデルと「4Lの充実」

　ここでの個人は、もはや企業組織内の狭い人間関係にこだわるこ
となく、広い社会的なヒューマン・ネットワークを媒介することに
よって、職業生活・家庭生活・社会生活・自分生活という4つの
生活に生きがいや満足をもとめている。

　たとえば、「残業するほどヒマじゃありません、個人的にいろい
ろとすることがあるのですから」、「しばらく会社を休みます、ボラ
ンティアに行きますから」などと、職業生活以外の生活を重視する
職業意識・生活意識が、近年において確実に増えている。つまり、
「社会化した自己実現欲求」の充足に動機づけられる人間が登場し
つつある。

　かくして、働く人びとは、職業生活を中心にした企業戦士的な働
き方ではなくて、職業生活・家庭生活・社会生活・自分生活という
4つのライフ（生活）の並立・充実を志向する働き方をもとめて
いる。

　いま、日本の企業社会には、いわゆる「4Lの並立・充実」（社
会化した自己実現欲求）に動機づけられる「社会化した自己実現
人」というべき新しい人間モデルが生まれつつある、といってよい
だろう。

　このような人間モデルは、たとえ多様な個々人をひとつの組織目
標に統合し、個々人に対するモラール・アップ（働く意欲の向上）
を意図したものであるにせよ、現代日本の企業社会そのものが客観
的に創出したものでもある。

4　社会・企業・個人のバランス

⑴　個人を重視した経営

　現代の企業社会において、職業生活・家庭生活・社会生活・自分生活の並立・充実は、労働時間・職業生活時間の短縮とともに、人間らしい「ゆとり」ある生活を願う個人の側の欲求・要求である。

　とすれば、これからの企業活動は、これまでのような企業中心のものから、社会・企業・個人の３者の関係のバランスを考慮し、社会と共生する経営にシフトさせることが必要である。すでに多くの先進企業において、社会との共生を考慮した経営を展開しており、働く人びとに「働きやすさ」、「生きがい」を提供する制度・仕組みが導入されている。

　たとえば、ボランティア休暇制度、リフレッシュ休暇制度、職種別採用制度、フレックスタイム制度、裁量労働制度、複線型雇用管理、地域限定社員制度、選択定年制度、キャリアコース選択制、目標による管理、自己評価制度、キャリア形成支援制度などは、その事例であろう。

　これらの制度や仕組に共通することは、働く人間を「会社人間」、「使い捨て労働力」として扱うのではなくて、「自立した個人」、「社会化した自己実現人」として扱う点である。換言すれば、個人の自律性を尊重し、生きがい・働きがいを重視し、個人・企業・社会のバランスを考慮している点である。

⑵　能力主義的な経営の強化

　個人主義にシフトした「新しい働き方・働かせ方」のもとでは、自分の「働きやすさ」、「生きがい」を自分で自主選択できるが、同

時に結果については、自己責任である。つまり「自由と自己責任」の世界である。

　そこでは、一方では、個人の自立性が重視され、「意欲と能力」、「意思と選択」が尊重されるが、他方では、個人に自己責任がきびしく問われる。つまり、年俸制で高収入を得ることも、失業して生活基盤を失うことも、それは個人の「意思と選択」、「自由と自己責任」の問題にされようとしている。

　このような個人主義的な経営は、一面では、新たに生みだされつつある「社会化した自己実現人」モデルに照応するものではあるが、他面では、コスト削減という経営合理化を強化させている。つまり、それは新しい人間モデルに照応するので、多くの働く人びとに受容される側面を持ちつつも、他面では、経営合理化が強化されて苦汁を強いられる、という矛盾を内包している。

５　個人にもとめられる「４つの能力開発」

　近年の客観的な情勢そのものが、個人・企業・社会とのバランスに考慮しつつ、「社会化した自己実現人」モデルを前提に、「働きやすさ」、「生きがい」を重視した新しい働かせ方を生みだしている。

　個人の側は、流動化した労働力市場を生きぬくために、自分の価値観や職業意識を明確にして、自分の能力を自分で開発するなど、新しい働き方が要求されている。かくして、個人の側に以下のような能力開発が不可欠になっている。

(1)　自分の職業人生を設計できる「キャリアプラニング能力」

　近年の労働力市場の流動化、集団主義的な長期ストック型雇用の崩壊、雇用管理の多様化・複線化、フレキシビリティの進展、非正

規雇用の増加などで、これまでの「大学を出たら、会社に入る」、「ひとたび入社したら、定年まで勤めあげる」という、画一的な会社主義的人生観から解放され、個人の多様な価値観・職業意識に応じた多様な職業や仕事をもとめる人びとが創出されている。

また、「いったん入社した」人間でも、経済情勢の変化や企業の事情により、出向・派遣・肩叩き・解雇などを迫られるが、その一方では、ヘッドハンティングされたり、あるいは、起業、ベンチャー・ビジネス、スモールオフィス・ホームオフィス（SOHO）に挑戦するなど、自発的にスピンアウト（退職）する人びとも創出されている。

また近年、多くの大企業を中心にして、分社化、社内カンパニー制、持株会社制（ホールディング・カンパニー）が登場し、企業グループ内外での人材市場が形成され、そこを基盤に、キャリア人事制度が導入されている。そこでは、個人の「自由と自己責任」にもとづき、自己の職業意識や価値観に応じた主体的なキャリア選択・キャリア開発が求められている。

このような時代では、個々人は「どのように生きたらよいかわからない」、「会社を離れたらなにもできない」ではなくて、自分の価値観や職業意識を明確にして、それにもとづいた自分の働き方（キャリアプラニング）や生き方（ライフプラニング）を、自覚的に選択しうる能力が不可欠である。

つまり、自分の価値観や職業意識にもとづき、自分の欲求や動機を確認し、自分の「意欲と能力」を活かした働き方や生き方を計画・設計できる能力がもとめられている。それには、少なくとも、つぎのようなプロセスが必要である。

　① まず、自分の持っている能力とはなにか、なにをしたいのか（欲求・動機）、なにに価値を認めるか（価値観）、などを明確

にして、「自分はどんなことに生きがいを感じるか」を自覚する。これは、人生の荒波に流されないための碇（いかり、アンカー）であり、「キャリアアンカー」と呼ばれる。

② つぎに、自分のキャリアアンカーの種類はなにか、つまり、どんなタイプの働き方をしたいのかを明確にする。たとえば、プロフェッショナル・専門職としての技術的・職業的な能力を活かすのか、ゼネラリスト的な経営能力・分析能力・対人関係能力などを活かすのか、さらに自己の創造的努力や自由・自立・独立を志向するのか、などのいずれかを選択する。

③ そして、自分のなかに育ちつつある成長の芽をみつけ、新しい自分をつくるための「具体的な目標の設定」と、それを達成するためのキャリア・ビジョンを明確にする。

④ 国内外の経済環境や労働力市場の動向との関連で、キャリア・ビジョンを修正しつつ、さらに能力開発と自己啓発を行う。

以上のように、「自己の能力・才能・性格・価値観の確認」、「欲求・動機の自覚」と「具体的な目標やキャリア・ビジョンの設定」などの「キャリアプランニング能力」なくしては、現在の人材流動化の時代を個人は生き残れない。

もちろん、近年にみられる経済環境の急激な変化、予測しにくい国内外の諸条件を前提にすれば、個々人がキャリア・ビジョンを確定することは困難かもしれない。しかし、先行き不透明な時代だからこそ、キャリアプランニング能力の修得は不可欠である。

⑵　自分のセールスポイントとしての「専門的職業能力」

流動化した労働力市場のなかでは、個人は、各自のライフプランやキャリアプランにもとづいて、自己の職業意識や価値観に応じた仕事（職業）を自分で選択して生きていくしかない。

　その際、みずから会社を起こして事業を始める人、ベンチャー・ビジネスに挑戦する人は、なんらかの専門的な職業能力がなくしてはなにもできない。しかし、企業で働く人やそれを希望する人も、なんらかの専門的な職業能力、すなわち雇用され得る能力（エンプロイアビリティ）の習得が不可欠である。

　なぜならば、多くの企業は、もはや長期ストック型雇用を前提にしないので、従業員の教育訓練費はかぎりなく削減・節約し、「意欲と能力」ある「即戦力型人材」をもとめている。しかも、多くの場合、「必要な質の労働力を、必要なときに、必要な量のみ雇用」しようとしている。

　このような人材流動化の時代を個人が生きぬくためには、中高年も若手も、男性も女性も、なんらかの専門的な職業能力が不可欠である。それなくしては、雇用されることも、失業せずに他社や他分野に転職することもむずかしい。

　ここに近年、「自分の人生は自分で切り開こう」、「自分の幸せは自分で獲得する」という意識と行動が生まれる根拠がある。そして職業能力の開発や自己啓発の志向が強まり、ビジネス系の夜間大学院が注目され、「なにか資格でもとっておくか」という人びとが増加し、ダブル・スクーラーになる理由がある。

　そして、多くの人が、弁護士、公認会計士、不動産鑑定士、税理士、社会保険労務士、中小企業診断士、司法書士、宅地建物取扱主任者などの「資格」の取得に関心を寄せている。もちろん、これらのプロ資格の取得者は、企業組織のなかでも外でも、その専門的な職業能力を発揮して処遇される。

　このように企業に勤めるにせよ、みずから起業するにせよ、なんらかの専門的な職業能力の開発・修得なくしては、個人は生き残れない時代になっている。

(3) 自分の仕事や生活に対する「自己管理能力」

みずから会社を起こして事業を始める人、自発的に会社を辞めてベンチャー・ビジネスに挑戦する人、そんな人には自己管理能力なくしてはなにもできないが、企業組織のなかで働く個人も、自己管理能力なくしては仕事ができない時代になってきた。

現在、多くの企業は、大規模な情報ネットワークシステムを活用して業務遂行することが前提になっている。そこには、複雑で相互依存・協力共存のヒューマン・ネットワークが形成されており、個々人は相互の信頼を前提にして、その一部に組みこまれて全体業務の細分化された部分を遂行している。つまり、「労働の社会化」、「仕事の社会化」というべき状況が進展している。

そこでは、情報を共有するフラット型組織やネットワーク型の民主主義的な組織が支配的になり、そこに組みこまれる個人には、自律的な判断や裁量にもとづく業務・仕事が拡大している。たとえば、非出社労働、在宅勤務、テレワークなどがその典型である。

そこでは、個人の側の自立性・自覚・責任感が必要不可欠の前提になり、個々人の自己管理能力なくしては、業務・仕事が遂行できない。いまや企業組織のなかでは、個々人の自己管理能力が不可欠の前提であるとともに、それに依拠せざるをえない。また、業務全体が情報ネットワークで統制されているから、重要な事項を除けば、具体的な日常業務の遂行は、大幅に個人にまかす方が効率的である。

今後、情報ネットワークのシステムが、ますます大規模に展開されれば、個人の裁量に依存する業務が増加し、個人の自己管理能力はますます重要になる。おそらく、個人の側の責任は増すが、他方では「生きがい」、「やりがい」を感じて、おもしろおかしく楽しく「遊び」のように、働くことができるであろう。

このように個人の側には、自立性・自覚・責任感を前提にした自己管理能力の開発・修得が不可欠になっている。

⑷　自分の労働と生活の権利を守る「政治的能力」

みずからビジネスを行う自営業の人は、自分の労働と生活に関する権利を守るには、みずから自覚的に行動する以外にない。しかし、企業組織に雇用されて働く人びとにも、ひとりでも闘えるような政治的能力が不可欠になっている。なぜなら、自己管理的な裁量労働が増えて、年俸制のような個人主義的な雇用管理が普及すれば、「労使関係の個別化」が進むので、個人に対する権利侵害や不当労働行為などについては、基本的に自分で対峙・処理していくことになる。

これまでの長期ストック型雇用を前提にした協調主義的な企業別労働組合のもとでは、集団主義的な企業文化とあいまって、個人の政治的自由は、形式はともあれ内容的に大幅に制限されていた。もしも、個人が画一的な集団主義や会社主義から自由になり、広い社会的フィールドのなかで「失業なき労働移動」をして、各自の価値観や職業意識に応じた仕事や職業の選択ができるならば、自己の政治哲学や信念に応じた行動をとる政治的自由の内実を獲得する。

そして、集団主義的な長期ストック型雇用を前提にしないとすれば、たとえば管理職ユニオンや銀行産業労働組合のような、個別企業の枠をこえた産業横断的な労働組合が多く生まれ、これまで軽視・無視・放置されていたサービス残業、不当労働行為、パワハラ、セクハラなどの各種ハラスメント、女性差別、人権侵害、労基法違反などは、大きく規制されてこよう。

とすれば、協調主義的な企業別労働組合のあり方や役割も大きく変化するであろう。組合役員選挙の際の組合による組織誘導からも

解放される。また国政選挙・地方自治体選挙においても、人事権を背景にした「会社ぐるみ選挙」、「社宅ぐるみ選挙」、「関係会社ぐるみ選挙」からも自由になれる。個人は、日本国憲法に保障された政治的自由の内実を獲得し、自分の政治哲学や信念にしたがって政治的に自立した自由な行動ができる。

　かくして、自営業に従事するにせよ、企業組織で働くにせよ、自分の労働や生活にかかわる権利を守るためには、仮に弁護士や労働組合の支援を受けるにせよ、ひとりでも闘い交渉できる「政治的能力」は不可欠となる。それは、またひとりひとりが民主主義者として自立・自覚することでもあるが、人材流動化の時代を個人が生きぬくには、そのような政治的能力は不可欠である。

6　21世紀の「経営学のすすめ」

　これまでの集団主義的な長期ストック型雇用の慣行は、現在、一部の少数派を除いて崩壊し、多数派の個人にとっては、個人主義的な短期フロー型雇用へ移行している。一言でいえば、「必要なときに、必要な質の労働力を、必要な量のみ雇用する」制度が、広く社会的に普及しつつある。

　かくして、個人の側には、自分の価値観や職業意識を明確にして、それにもとづいたキャリアプランニングやライフプランニングを自覚的に選択・決定しうる能力が不可欠である。そして、自営業で働くにせよ、企業組織で働くにせよ、いつでもどこでも生きていける、なんらかの専門的な職業的能力の修得も不可欠である。

　また、情報ネットワークのなかで職務遂行するので、個人の裁量にもとづく仕事・業務が増加し、職業生活のみならず家庭生活・社会生活においても、自己管理能力が求められている。それととも

に、働く人びとの権利が守られ、安心して暮らしていける職場づくりや政治実現のために、民主主義者として、自立して行動のできる政治的能力も不可欠である。

ともあれ、これからの時代は、「自立した個人」、「社会化した自己実現人」として、自分のキャリアとライフを自分で切り開いていかなければならない。いまだに「なんとかなるかもしれない」とか、「だれかがなんとかしてくれる」と思っている人、いまだに大学での勉強の意義がわからず、自己啓発・能力開発のできない人、そんな人の未来は、明るくない。

自己啓発・能力開発とは、「自分で自分を改革して、いままでにない新しい自分を生み出す」ことを意味している。

そのためには、（a）これまでの自分の能力・性格についての先入観や固定観念にとらわれない、（b）自分の置かれた社会環境を正確に把握し、自分の位置を直視する、（c）ブレーン・ストーミングなどにより他人の知恵を学び、自分の知識と能力を豊かにする、（d）これまでと異なる方法・見方や考え方に思いめぐらし、視野を拡大する、（e）各種の知識やアイディアをさまざまに組みあわせて、新しい発見をする、（f）失敗をおそれずに、これまでの常識を破り、新しいことに挑戦する、などが必要である。

現代の大学生にもとめられる最低限の「標準装備」能力は、以下のものであろう。

① 特定分野に関する専門的な知識・技能および常識（各人の所属する学部学科で学ぶすべて）

② コミュニケーション能力（傾聴能力、読み・書き・話す能力、プレゼンテーション能力、外国語の活用スキル）

③ パソコンなどICT機器による情報処理能力や操作能力（テクニカル・スキル）

④ 自分の「心と身体」の健康を維持する自己管理能力（第７章
　参照）

⑤ 問題発見・要因分析・問題解決できる能力（問題意識をもっ
　て、全体を見わたせ、将来を展望しつつ当面の問題を具体的
　に解決しうるコンセプチュアル・スキル）

⑥ 人間関係の調整能力（組織間や個人間の対立の調整能力、面
　談・面接、カウンセリングなどのソーシャル・スキル）

　これらは、現代の大卒にもとめられる最低限の「標準装備」能力
であろう。もし不足していると自覚すれば、いまやみずから努力し
て開発するしかない。

　大学で経営学を学ぶのは、現代日本の企業社会のあり様を認識し
て、そこでの自分の置かれた位置をみきわめつつ、キャリア開発能
力、自己管理能力、マネジメント能力などを身につけて、これから
の人材流動化時代を生きぬくためである。

　テストでよい点をとるための勉強は、すでに終わった。これから
は、君の人生を自分の力で切り開くための「本当の勉強」、「生き
学」が始まろうとしている。「生きるために学び、学ぶために生き
よ！」。

《おさらい（Review and Challenge）コーナー》

1　なぜ日本の企業社会は、近年において人材流動化の時代に移
　　行したのでしょうか、その要因を考えてみよう。

2　これからの人材流動化の時代を生きぬくには、個々人にはど
　　んな能力が不可欠なのか、考えてみよう。

3　あなたは、大学を卒業したらどのような人生を歩むつもりで
　　すか。自分のライフプランやキャリアプランを考えてみよう。

61

4　あなたは、大学で学ぶことの意味をどのように考えています
　　か。

5　あなたは、「4つの能力開発」や「標準装備」能力を向上さ
　　せるには、何をするべきだと思っていますか。

・・・・・・・・・・・・・・・・・・・・・ **トレンド：新しい経営** ・・・・・・・・・・・・・・・・・・・

「生き学」経営学のすすめ！

　われわれの考える経営学には、学習者が21世紀のはげしい変化のな
かで、みずからの人生を主体的に生き抜いてほしいという願いもこめら
れています。それは企業などの組織にかかわって働く人びとの「生き学
（いきがく）」としての経営学です。

　すなわち、①これまでのように企業にたよらずにみずからの力でキャ
リアを自分でつくっていくこと、②企業に雇われて働くことだけでな
く、選択肢として起業や自営も考えてみること、③大都市だけでなく、
農山漁村地域にも自分をしっかり活かせる場があること、④大企業だけ
でなく、スモール・ビジネス（中小企業）にも自分を活かせる場がある
こと、を意識して生きてほしいと思っています。

　このようにして、自分の「これから」を考え、自分のライフ（生活や
人生）をマネジメントできる能力を身につけてほしいと思います。

（齊藤毅憲）

クローズ・アップ

コロナ時代の新しい働き方

　2019年に中国から始まった新型コロナウイルスの感染は、約100年前のスペイン風邪以来の地球的規模の惨状であり、事態は深刻である。人類は宇宙に出向く時代になっても、目に見えない地上のウイルスには翻弄されるようだ。感染の猛威は国内外の政治・経済・企業・文化など社会の多方面の諸活動に重大な影響を及ぼしている。そして、私たちの暮らし・生活様式は、多くの困難を伴いつつ、ICT（情報通信技術）の発展とともに、大きく変貌しつつある。

　企業のオフィスで働く人びとは、感染防止のために、在宅勤務・テレワークという新しい働き方に移行している。一部の先進的な企業は、以前よりワーク・ライフ・バランスの視点から、テレワークを導入していたが、多くの企業では、今回のパンデミック（感染症の大流行）を機会に一気に導入している。

　会社に出社することなく自宅で仕事をする、という新しい働き方ができるのは、世界中のパソコンの端末機が情報ネットワークによって結合し、場所と時間を選ばずに情報の伝達・交換・コミュニケーションが可能になったからである。

　したがって、会社の側は、情報ネットワークを通じて業務の遂行状況をつねに監査できるので、従業員が出社しなくてもなんら問題はない。むしろ重要な案件を除けば、日常的な業務の遂行は自宅にいる従業員の自主性・自律性・裁量にまかせたほうが、生産性は向上する。また、出社しなければ、それだけ会社のオフィス空間は縮小でき、光熱水費も節約でき、大幅なコスト削減にもなる。

　働く側からすれば、自宅にて自己管理で職務を遂行できるので、大いにやりがい・働きがいを感じることができる。また、大都市圏では往復2〜3時間の満員電車からも解放される。さらに育児や介護の必要な者は、自宅で柔軟に対応でき、ワーク・ライフ・バランスを確保できる。

　それゆえに、これからの時代は、テレワーク・在宅勤務という新しい働き方が広く普及・定着するにちがいない。しかし、そのためには、個

人の側の「自律性」が不可欠の前提条件である。つまり、個人の側に
職務に対する自覚・責任感・意欲などがなければ、テレワークは一日た
りとも成立しえない。

　このような個人の側の「自律性」は、いまやコロナ時代の企業社会を
生き抜くためにも不可欠の条件になっている。なぜなら、今回のパンデ
ミックを引きがねにして、企業倒産や失業者は増え、経済活動は低迷
し、個々人には、いかに生きるか、いかに働くのか、これまで以上にシ
ビアな意思決定が迫られている。

　すでに日本の働く人の約半数は、近年の経済界の求める規制緩和に
より、パート・契約・派遣などの非正規雇用にされてしまい、共働き世
帯が増加したにもかかわらず、世帯別の収入は一貫して減少している。
しかも、消費税率のアップなどもあって、ワーキング・プアや生活保護
世帯が増えている。これらの結果、社会的な貧富の格差は拡大し、かつ
ての一億総中流意識は消え、国際的にみて日本は相対的貧困率の高い
国になっている。

　そのうえに、今回のパンデミックが事態を全面的な悪化させている。
そして、個々人は眼前に広がる経済的困難（倒産・解雇・失業・貧困）
などに主体的・自律的に対峙して生きてゆかねばならない。

　かくして、このような時代において、個々人が働き・生きてゆくため
には、個人の側の自律性の確立が不可欠である。具体的にはつぎのよう
な自律性である。

1　自分の「心と身体」の健康をみずから維持・管理できる自律性
2　自分の働き方・生き方をみずから計画し実行できる自律性
3　自分の必要な職業的能力をみずから開発・修得する自律性
4　自分の職務目標や達成計画をみずから決定し実行できる自律性
5　自分の人権侵害には自分ひとりでも対抗できる政治的な自律性

　このような「自律性」の修得・練達・研鑽がなければ、個々人は厳し
いコロナ時代の企業社会を生き抜くことができないであろう。

　「経済」とは「経世済民」の略であり、元来その意味は「世の中を良
く治めて人々を苦しみから救う」（三省堂辞典）ことであるが、そのよ
うな日本社会の早期実現を切に望みたい。

（渡辺峻）

企業経営のしくみ

変わる！「オフィス」

—— かつてオフィスは単なる「事務処理の場」
でしたが、現在ではむしろ「情報処理」
を中心に「創造性の発揮」や「戦略作成
の場」にも変わっています。——

BCP の大切さ！

BCP は "Business Continuity Plan" の略称であり、事業継続計画という意味をもっています。それは、わが国ではとくに東日本大震災の発生やその後の自然災害の頻発によって、注目されるようになった経営計画の策定方法です。企業が置かれている環境に「緊急事態」(エマージェンシーやコンティンジェンシー）が発生して、企業活動がつづけられなくなり、長期になると廃業せざるをえなくなることにもなります。工場がこわれてしまった、従業員が出勤できない、原材料を調達できなくなった、逆に製品を輸送できなくなってしまった、などのために企業が活動できなくなるおそれがでています。そこで、緊急事態の発生を想定して、事前に対策を立てておく必要があります。これが BCP です。

そして、BCP は企業だけでなく、行政、学校、その他の団体などにおいても大切になっています。

（齊藤毅憲）

66

企業はだれが経営し、動かしているのか

第4章

《本章のねらい》

　企業は規模の面から小さな企業から大企業、巨大企業などからなっているが、経営学は大きな企業を主に研究してきた。とくに現代の代表的な巨大企業は「株式会社」の形態をとり、小さな企業とちがって所有者と経営者が別の人格になっている。そうであるとすれば、企業を経営し、動かしているのは、いったいだれなのであろうか。

　また、巨大企業は、多くの株主や従業員を抱え、関係会社、消費者、政府や自治体、地域社会の経済などに対して与える影響は、はかりしれない。

　本章を学習すると、以下のことが理解できるようになる。

① 昔の大富豪家族（大資本家）が所有していた会社と現代の巨大株式会社とのちがい

② 巨大株式会社の主な特徴

③ 国際比較からみたトップ・マネジメントの組織構造

④ 企業の社会性とコーポレート・ガバナンスの意味

1　現代巨大企業の主要な特徴

⑴　現代企業の典型としての「巨大株式会社」

「現代企業」という言葉でなにを思い浮かべるであろうか。大都市の都心部にある高層ビルのなかには、ICTによる情報ネットワークを備えた本社オフィスがある。また、全国のあちこちに工場があり、いずれも徹底的に機械化・オートメ化されている会社もある。工場や営業所を国内や海外に多く持った会社がある。

それだけでなく、製品が世界のすみずみまで行きわたっていて、だれもがそのブランドをよく知っている会社や国境を越えて世界中に株主が広がっているグローバルな企業もある。さらに、きわめて巨額な売上高や利益を出している企業もある。このように現代企業にはさまざまな顔がある。

自動車メーカー、化学会社、ICTなどの先端技術のメーカーなどのように、現代の企業は、競争のなかで生き残っていくためには、莫大な設備と資金を必要としている。しかし、どんな「大富豪」といえども、もはや個人や一同族だけでこの巨大設備の資金をまかなうことはできない。そこで、広く資本を他人にもとめるようになっている。

実は、企業をつくる場合に、この他人から出資（資本の提供）をしてもらうという試みは、古くから続けられてきたことであった。個人企業から合名会社、合資会社、そして株式会社へといった企業形態の発展は、出資者の範囲を「広く、もっと広く」拡大していくという工夫の歴史でもあった。

そして、いきついた先が、今日みられるようなきわめて多くの株主の出資による「巨大な株式会社」企業の登場となった。たとえ

図表4-1 大企業の主要（10大）株主

ソフトバンク（2023年3月）	トヨタ自動車（2023年3月）	パナソニック（2023年3月）	日立（2023年3月）	キリンホールディングス（2022年12月）
ソフトバンクグループジャパン(株) 191,485 (40.0)	自社（自己株口） 274,980 (16.8)	日本マスター信託口 38,889 (15.8)	日本マスター信託口 17,061 (18.1)	日本マスター信託口 14,300 (15.6)
日本マスター信託口 48,650 (10.1)	日本マスター信託 190,573 (11.6)	日本カストディ信託口 21,237 (8.6)	日本カストディ信託口 6,253 (6.6)	自社（自己株口） 10,220 (11.1)
日本カストディ信託口 17,390 (3.6)	豊田自動織機 119,233 (7.3)	自社（自己株口） 11,994 (4.8)	ステート・ストリート・バンク＆トラスト 505223 2,476 (2.6)	日本カストディ信託口 5,306 (5.8)
ステートストリートBウエストトリーティ505234 6,167 (1.2)	日本カストディ銀行 90,825 (5.5)	ステートストリートBウエストトリーティ505234 6,590 (2.6)	ノルウェー政府 2,458 (2.6)	明治安田生命保険 3,299 (3.6)
JPMC385632 5,948 (1.2)	日本生命保険 63,348 (3.8)	日本生命保険 4,833 (1.9)	日本生命保険 2,000 (2.1)	SMBC日興証券 2,100 (2.2)
自社（自己株口） 5,559 (1.1)	JPモルガン・チェース・バンク 53,511 (3.2)	モクスレイ＆Co. 4,579 (1.8)	自社グループ社員持株会 1,967 (2.0)	ステート・ストリート・バンク＆トラスト 505001 1,531 (1.6)
SMBC日興証券 4,544 (0.9)	デンソー 44,957 (2.7)	住友生命保険 3,746 (1.5)	SSBTC 1,956 (2.0)	ステート・ストリート・バンク＆トラスト 1,496 (1.6)
JPMC385781 3,650 (0.7)	ステート・ストリート・バンク＆トラスト 33,536 (2.0)	自社従業員持株会 3,605 (1.4)	ナッツ・クムコ 1,733 (1.8)	バンク・オブ・ニューヨーク・メロン140044 1,272 (1.3)
JPモルガン証券 2,959 (0.6)	BNYM デポジタリ RH 29,203 (1.7)	JPモルガン・チェース・バンク385781 3,174 (1.2)	SSB-WT505234 1,714 (1.8)	1,085 (1.1)
三菱UFJモルガン・スタンレー証券 2,900 (0.6)	三井住友海上火災 28,407 (1.7)	松下不動産 2,912 (1.1)	JPMC385632 1,474 (1.5)	SSBTC 1,019 (1.1)

（出典）：『会社四季報（2023年3月3集）』、東洋経済新報社。数字は所有株数（万株）、持株比率（％）。

ば、2023年時点ではトヨタ自動車は約98万人、ソフトバンクの株主は約82万人、日本電信電話（NTT）は約71万人、パナソニックは約39万人、ソニーは約33万人、三井物産は約27万人、である。

　株主には、当然であるが、現在では多くの外国人も含まれている。そして、その大株主には、銀行や保険会社、資産管理特化信託銀行、メーカー、従業員持株会など法人・機関が登場し、「生身の人間」（自然人）がそこにはみられなくなったという点も、特徴である（図表4-1）。

⑵　巨大株式会社の特徴

　巨大株式会社（メガ・コーポレーション）は、つぎのような特徴をもっている。

　①前述の「大富豪」という大資本家個人やその一族が出資者になってきた「個人企業」や「家族企業」（ファミリー・ビジネス）とは対照的に、巨大株式会社では、お互いに会ったこともない多数の人びとや法人・機関が株式を購入することで、ひとつの同じ会社に出資している。そこでは、出資者間の人的な関係は薄らいでいる。

　②会社が返却しなければならないお金（「債務」）を抱えて倒産した場合にも、株主は自分の出資額分の損失を負担するだけですみ、会社の債務を返済する責任は負わない。つまり、会社に対する出資者の責任が出資額までと限りがある（「有限責任」）。

　③「資本金」は多数の価格が同じ（等額）株式に分割され、これを購入する株主の数は前述したように何十万人という多数になっている。そして、持株に応じて、多額の出資者は多数の株式を、少額の出資者は少数の株式数を所有している。そして、「会社への影響

力」（だれが、どの程度もっているか）については、主要な大株主（10大株主）の持株比率を計算することで、ある程度推測することができる（図表４−１）。

④株式は「株式市場」で売買されている。株主は、株式をいつでも自由に売り払って、出資金を回収したり、売買益を得たりすることができる。つまり、株主は、顔ぶれがいつでも入れかわるのである。ただし、「大株主」（たいていは銀行、保険会社、商社、従業員持株会など）のなかには、影響力を保ったり、取引の関係で、株式を持ち続ける場合もある。

⑤株式市場での売買過程においては、「株式市場で売買されている会社株の時価総額」（１株あたりの株価×会社が発行した株式総数）と「現実に会社のなかで運用されている資本額」との間に金額的な不一致が生じる。これは、「資本の２重化現象」の発生といわれている。

⑥かつての富豪家族を中心とした企業（富豪は企業と最後まで無限に運命をともにする）から一変して、現在では株主は出資金の回収が容易になるとともに、無限責任を負う出資者が一人もいないという時代に移っている。これにより、企業に対する信用基盤が「大富豪の人的信用」から「会社自体の財産という物的信用」に変わっている。これは、「人的会社から物的会社への移行」といわれる。

⑦こうして「会社の所有する財産」だけが、会社の存続と倒産などのときに生じる債務弁済（借金を返す）を行うための唯一の財産的な基礎になった。したがって、このような場合の会社財産の確保のために、一定金額の資本金や資本剰余金を維持するよう定められている。

⑧会社は、法律によって「権利能力」（権利や義務の主体となる能力）を与えられた一種の人格（「法人」）とみなされている。会社

財産を所有している所有権者は、もはや特定の資本家個人ではなく、「会社自体」となる。そこで、会社の行う経済活動の責任主体は、この会社自体となってきた。

⑨このようにして、会社は「自然人株主」（生身の人間）とは一応別個の自立したものとなるが、この会社自体はさらに法人として他の企業の株主になることがある。機関株主、法人株主、企業間の「株式相互持ち合い」などは、その例である。

⑩「会社自体」は、自然人とは違って、みずから考えることも行動することもできない。そこで会社は、後述する「会社の機関」を置いてその任にあたらせる。かつての個人企業時代の所有経営者個人が経営にあたったのとは異なり、会社に雇われた「雇用経営者」たちがトップ・マネジメント（最高経営者）組織を構成している。

(3) 巨大株式会社における所有権

大資本家時代とはちがって、現代の巨大株式会社では、どの個々の株主も、自分だけが企業の所有者であるとはいえなくなっている。個々の株主が持っている株式に付与されている権利は、「企業財産の本来的な所有権」（企業財産を自分の意思だけで排他的に自

図表4-2 株主の主な権利

---

1. 会社から経済的利益を受ける諸権利（自益権）
   利益配当請求権、中間配当請求権、残余財産分配請求権、株主名義書換請求権、新株引き受け権
2. 会社の経営に意見を言ったり、監視・監督をする権利（共益権）
   提案権、議決権、株主総会決議取り消し訴権、株主総会決議不存在・無効確認訴権、新株発行無効訴権、取締役の行為差し止め請求権、代表訴訟提起権、議事録・計算書類等閲覧請求権、株主総会召集請求権、取締役・監査役解任請求権、解散請求権

由に使用し、収益をあげ、自由に処分もできる権利）ではない。そこで、ある会社の株式を10％もっている人は、その会社の資産の10％に対する自由な使用・収益・処分の権利、回収の請求権などを主張しうるかというと、そのようなことはない。

　株主の権利とは、新株引受権、提案権、議決権、代表訴訟提起権、株主総会召集請求権、取締役・監査役解任請求権などにすぎない。それは、「社員権・株主権」と呼ばれており（図表４‐２）、本来的な所有権の一部にすぎない「派生的な所有権」となっている。

　大部分の株主にとっては、いま株式を持っている会社の利益配当に不満があれば、株式市場で所有株を自由に売却して他の会社の株に乗りかえればよいのであって、かつての大富豪一族のように最後まで会社と運命をともにする必要は、まったくない。

　このように身軽になった「所有者」の関心は、会社財産の日常的な運営自体から離れていく。そして、さまざまな会社の株式につぎつぎと乗りかえながら、より高い「投資収益率」を追いもとめる単なる投資家になっていく。これについては、第５章の２.も参照されたい。

　「派生的な所有権」のかたちで残された所有者の諸権利すらも、その大部分が彼らの関心からはずれていき、名目的なものになっていく。そして、会社資産の維持・発展という現実の資本運用は、会社が雇った「専門経営者」（プロフェッショナル・マネジャー、プロの経営者）に集中していく。

　以上で述べてきたのは、あくまでも現代の巨大な株式会社についてである。今日でももちろん、個人企業、合名会社、合資会社、合同会社、中小株式会社などの中小・零細企業の形態があり、個人や一族の出資に依存する企業も多く、会社数ではそのような企業のほうがむしろ圧倒的な多数派になっている。それにもかかわらず、巨

大な株式会社の議論に焦点をしぼったのは、現代社会における影響力と経済に占める地位が圧倒的なパワーをもっているからである。

2 巨大株式会社の経営

⑴ 巨大株式会社のトップ・マネジメント構造

　図表４-３にあるように、株式会社の最高意思決定機関とトップ・マネジメントの組織は、①株主総会、②取締役会、③代表取締役（会）、④全般的経営層からなっている。国によって異なるところがあるが、ここでは主に日本の場合を想定して説明する。

　①株主総会——会社の「最高意思決定機関」であり、「１単元株」以上の株式の時価分を払いこんだ人が株主になれる。（株式を1000株、100株などにまとめたものを１単元と呼ぶ。）株主総会の決定にあたって与えられる投票権は、１人１票の方法でなく、所有単元株式数に応じて与えられる。そこで、株式総数の51パーセント以上を所有している者（人、法人）は、会社を支配し、経営することができるとされる。

　②取締役会——株主総会で選出された者で構成され、株主総会の方針に沿って、株主などのステイクホールダー（利害関係集団）のために、会社財産を効率的に運営するための基本方針を決定する。

　さらに、社長などの代表取締役が、この基本方針に沿って業務執行を公正かつ効率的に行っているかどうかを監督する。この役割を十分果たしうるように、アメリカでは、取締役のなかに他の会社の役員や公衆の代表である大学教授、弁護士などの社外取締役・独立取締役が置かれることが多くなった。

　③「代表取締役」（アメリカでは最高経営責任者（CEO、チーフ・エグゼクティブ・オフィサー）がほぼこれに相当する）は、取

締役会で選出される。代表取締役社長、代表取締役専務などの執行役は、取締役会を代表するとともに全般的経営層の中心ともなる者であり、具体的には取締役会から委託された日常業務を行う責任を負う。

　④「全般経営層」とは、社長や専務のほかに必ずしも取締役ではない役員（執行役員）をも含んだ執行役会を意味する。その役割は、取締役会の基本方針にそって、生産、販売、財務などの担当業務の分担によって、基本的な日常業務を行うことである。

　このほかに、監査役（会）がある。「業務監査」と「会計監査」によって、取締役の職務執行が不適当ないし法律に違反していないかどうか、を監査している。

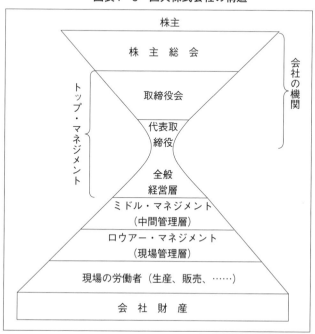

図表4‐3　巨大株式会社の構造

⑵ 国際比較からみたトップ・マネジメントの構造

　日本のトップ・マネジメントの構造は、アメリカやドイツの企業と比較すると、つぎの点で異なっている。すでに述べたように、トップ・マネジメントは、大きく取締役会と、社長を含む全般経営層からなる。そして、ふたつの機関のメンバーが別人で、兼任することを禁止している場合（二層制）と、一部の取締役が執行役会のメンバーを兼ねることのできる場合（一層制）との違いがある。

　アメリカや日本は、後者の一層制である。これにたいして、ドイツは、両者を兼ねられない二層制の例である。アメリカや日本の「取締役会―執行役会」という仕組みは、ドイツでは「監査役会―取締役会」に相当している。しかし、ドイツでは監査役会と取締役会はメンバーを兼任できない。しかも、監査役会メンバーのほぼ半数ないし３分の１が、従業員や労働組合の代表から選出されている。

⑶ 二層制と一層制の比較

　二層制のドイツのほうが、社長や最高経営責任者の専断や暴走をより良くチェックする体制になっている。ドイツの監査役会のメンバーは取締役会のメンバーとは別の人間で、その会長と取締役会の長（社長）は別人格であるから、それぞれの機関の機能が果たしやすいからである。

　これにたいして、一層制では、最高経営責任者、社長などの複数の人間が、監督・統制の機関である取締役会のメンバーであるとともに業務執行機関の執行役会のメンバーであり、取締役会の会長が執行役会の長も兼ねるケースが多い。このような場合には、残りの取締役会メンバーが、よほどしっかりチェックしなければ執行役会を監督することができない。

　日本の取締役会には、代表取締役を兼ねる会長・社長・副社長・

専務・常務などやいわゆる「ヒラ取締役」といった年功的階層が持ち込まれることが多い。しかも、階層の高い取締役が執行役会のメンバーであるとともに、社長は取締役会の議長をも兼務する。

さらに、取締役のほとんどが年功昇進による内部（社内）取締役——はえ抜き経営者ともいう——であることが一般的であった。そのため、階層の低い取締役が高い取締役をチェックする形になるので、事実上チェックがむずかしく、社長らごく少数者の専断や独裁が生じやすいものになっている。

(4) アメリカや日本における取締役会の改善

アメリカでも、大企業の経営者が独走し、環境汚染、欠陥商品の販売、企業内部者（インサイダー）による会社資産や情報の悪用、さらに政府・政治家との癒着などの現象がみられた。このため、1970年代に「ゼネラル・モーターズに責任をもたせる運動」（「キャンペーンGM」といわれた）に代表されるような小株主運動が展開され、取締役会の改善運動が推進された。そして、取締役会の内部に、外部取締役からなる「監査委員会」などが設置され、公益代表などの外部取締役が増加した。

1995年の調査（約850社）結果では、100％近い会社が取締役会の中に「監査委員会」（平均で外部取締役４名で構成、年３回開催）、役員報酬額の適切さを検討する「報酬委員会」（外部取締役４名、年４回開催）を設置している。また、約８割で経営者を指名する「指名委員会」（外部取締役４名、年３回開催）をもっている。そして、外部取締役も増加している。

これをうけて、日本でもその後東証１部上場企業（市場再編で2022年４月以降、大部分はプライム市場上場企業となった）で社外取締役選任企業は確実に増えてきてはいる。しかし、アメリカ

と比較するとまだまだである。

　グローバル化した企業では、外国人投資家の比率が増加しており、こうした改革をしなければ、外国人投資家には魅力を与えず、結果的に株式による資本調達をむずかしくする面もある。プライム市場への再編は、この点を意識したものであった。

(5)　日本で外部取締役の少ない理由と最近の変化

　なぜアメリカで外部取締役が多く、日本では少ないのか。これには、以下の日本特有の状況が関係している。

　これまで長い間、日本企業の取締役会は、①社内での内部昇進者のみから構成され、②人数も多く、③取締役会のなかに年功序列があり、④経営の執行と監督が未分離である、のが特徴であった。

　終身雇用、年功昇進、企業一家主義の慣行のなかで、①取締役会は外部に開かれたものではなく、内向きであり、②昇進ポスト確保のため、取締役の人数が増えがちであり、③取締役会のなかに年功序列の階層関係が持ち込まれ、④取締役メンバーがそのまま全般経営層や中間経営層の業務執行管理者を兼務している。したがって、取締役会のメンバーといっても日常的仕事では、社長・専務などの年功がある上司の部下として命令をうける存在（取締役とは別人格の単なる管理者として働く存在）にすぎなかった。

　このような日本型の取締役会の構造下では、取締役会と執行役会のメンバーがまったく同一に重なっており、したがって取締役会の執行役会にたいする監視機能は形骸化してしまっている。要するに、監視者と執行者が同一人物のときに有効な監視ができるはずがない。しかも執行役会の最高責任者をつとめる社長・専務などは、取締役会においても年功最上位者として代表取締役であり、後輩となるヒラ取締役は批判を行うのがむずかしい。取締役会は実は「取

り締まられ役会」だと揶揄されてきたゆえんである。

　そのうえ、このような社長など一部の人の権威をより強化する仕組みが、株式の相互持ち合いであった。第2次世界大戦後の日本では三菱・三井・住友・芙蓉・一勧・三和の6大企業集団が経済界で大きな位置を占めていたが、これらの同じ企業集団内の企業間で、株式の相互持ち合いが行われてきた。これは企業集団ごとに持ち合いによってお互いに支えあって、集団外株主からの影響力・支配力を及ぼしにくくした。

　もめごとが起らないように株主総会は短時間で終わらせるという「シャンシャン総会」になった。総会屋に不正な大金を供与して協力させたり、多くの会社が同じ日に総会を開いたりして、集団外株主の発言が事実上しにくいようにもなっていた。ただし、相互持ち合いは、90年代のバブル経済崩壊後に解消傾向が見られるようになった。

　このようなところから、もう少しチェック体制をきちんとさせようというのが、後述のコーポレート・ガバナンス（企業統治）の議論である。

　日本の取締役会のあり方については、ソニーがアメリカ流の執行役員制を導入した1997年以降、上場会社でこれを導入する企業が増えてきた。2002年の商法改正により導入されたアメリカ型の委員会等設置会社、2006年5月施行会社法改正によって委員会設置会社になることを選択できること、などもあって、①外部の目の強化をめざす社外取締役の増員とそれによる意思決定・監視の機能強化、②執行役員制の導入による取締役会権限の再配分（意思決定・監督機関としての取締役会と、その意思決定に基づく業務執行機能としての執行会との分離）、③取締役人数の縮小、④それらによる経営の機動性向上、などが進められている。

　執行役員制を採用しない監査役設置会社（従来型）を選択する場合にも、監査役会では3人以上の監査役を置き、その過半数が社外監査役であることがもとめられるようになった。この過半数規定は、2014年の改正会社法でも同じである。

　これらに加えて、グローバル競争の進展、90年代以後のバブル経済崩壊・長期不況のなかで、①終身雇用・年功昇進・企業一家主義的な慣行の希薄化と、これに替わる雇用の流動化、能力主義・成果主義などの導入、②企業集団の再編成（3大集団への再編、相互持ち合いの弛緩化、社長会・集団内取引・系列融資などの機能低下）、③とまらない企業不正の露呈、④「グローバル・スタンダード」の視点からの対応など、ガバナンス問題に取り組むことが緊急な課題となった。

　もっとも、日本よりは決定・監督機能と業務執行機能がしっかり分離されているはずのアメリカやドイツにおいても、まったく問題がないかといえばそうでもなく程度の差はあるものの、取締役会や監査役会が機能しないという形がい化が生じている。アメリカのエンロン事件や類似の多くの事件は、これを明らかに示している。

　以上までのところでは、会社の最高機関である株主総会（そして株主）が、経営を委託した取締役会や執行役会に不正や非効率な経営をさせないための監督の仕組みをどうつくるかという視点から、問題点を見てきた。

　しかしながら、「現代の巨大企業ともなれば、経営者を株主利益の立場だけからしっかり監督すればすむ、というものではないだろう」という異なった視点がもう一方ではある。巨大企業であればあるほど、その欠陥製品の販売、不正、環境破壊、倒産などが社会の各層に与える甚大な影響ははかりしれないから、株主のほうだけに向いているというのでは困るというわけである。

⑹ CSR重視という見方の登場

このような背景のもとで、「企業はだれのものか」という問いが出てくる。巨大な株式会社は、明らかに特定の少数の出資者のものではない。出資者の範囲を拡げ続け、社会的存在としての性格を強めてきたからである。

それでは、株主全体のものかというと、前述のように、それも実態とはちがっている。しかし、「専門経営者」のものかといえば、それは私有財産制の論理と一致しない。専門経営者が自分のものでない会社で権力を行使する正当な理由（支配の正当性）が問われかねないからである。

他方、企業活動の規模拡大によって、一私企業といえども、社会に及ぼす影響はますます大きくなり、ステイクホルダーの範囲は拡がっている。それは株主、従業員とその家族、労働組合、消費者、関係会社、取引先企業、債権者、債務者、競争会社、地域社会、政府、地方自治体、一般市民など、多様になっている（図表4-4）。

かくして、このような株主数の増大と利害関係者の拡大、というふたつの社会性を考慮する必要性がでてきた。そして、現代企業は、少数の大資本家のものではなく、「社会的公器」（社会全体のために奉仕すべきもの）とみる見方が登場してきた。

そして、企業は社会を構成する一員として、自社の利益だけのために活動するのではなく、社会に対する行動に責任を持ち、ステイクホルダーとの調和をはかり、社会に貢献することが要請されている。これがCSR（企業の社会的責任）である。

こうして、ステイクホルダーとの良好な関係を保つための企業活動が必要となり、それらはPR（パブリック・リレーションズ）、企業の社会貢献（フィランソロピー）、情報開示（ディスクロー

図表4 - 4　現代企業のステイクホールダー

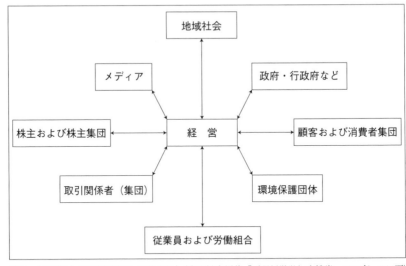

出所：谷口照三「経営の環境と対境関係」（片岡信之編著『要説経営学』文眞堂、1994年、104頁）。

ジャー）などとして行われてきた。

　利益の追求と社会的公器性とは、対立することもある。しかしな
がら、現代企業には、この両者のバランスをとることがむずかしい
とはいえ、日々、企業市民として、CSRを果たすことがもとめられ
ている。

3　コーポレート・ガバナンスの意味

　このようにみてくると、現代企業にとって、「株主や従業員など
のステイクホールダー間で、利益配分などについて利害調整を行う
システムがうまく働いているか」、「CSRをきちんと果たしている
か」、「専門経営者たちの経営の仕方はよいのか」、「ESG（環境、社

会性、コーポレート・ガバナンス）は重視されているか」などについて、外部からきびしくチェックしたり、経営が社会的にみて正しく機能するような評価システムをつくりあげることが大切である。

　このような議論が、「コーポレート・ガバナンス」（企業統治）である。それでは具体的には、いったいどのような方法が考えられるであろうか。

⑴ 「株主の立場」からの狭義のガバナンス論

　「会社が株主のものである」という立場からすれば、専門経営者はなによりも株主に奉仕すべきであり、そのためには、もっと株主によるチェックと評価を強くすべきということになる。

　第１は、専門経営者に対して受け身的になってしまった株主の力を再生させるための一連の工夫である。つまり、株主の権利を利用して、経営者の好ましからぬ行動にもっと積極的にチェックをかけようとするものである。

　これには、①持ち株の一斉大量売却による株価の値下がりで経営者を追い込む（「ウォール・ストリート・ルール」という）、②大量株の長期保有による株主発言権の行使、③悪い経営者のいる会社にM&A（合併・買収）の動きをしかけて追いやる、④「株主代表訴訟」（取締役が会社に損害を与えた場合、株主が「もの言わぬ会社」に代わって会社への賠償をもとめる訴訟を起こす）や少数株主権（少数株主が連携して総会召集をもとめる権利）の利用、⑤企業間の株式持ちあいの解消によって経営者のもたれあいをやめさせる、などがある。

　第２は、すでにアメリカの取締役会の改善のところでみたように、取締役会の改革である。たとえば、①社外取締役を大幅に導入する、②取締役会の長である取締役会長と執行役会の長（代表執行

役）である最高経営責任者（CEO）の兼任を廃止する、などがある。

　第3は、監査制度の改革である。これは国の事情によって異なるが、①アメリカやイギリスのように、取締役会の内部に社外取締役だけからなる「監査委員会」を設置する、②ドイツのように監査役と取締役の兼任を禁止する、などがある、③日本ではアメリカやイギリスのように監査委員会を置くか、監査役会に社外監査役を過半数置く、などがある。

(2)　広義のガバナンス論

　他方、企業は社会的公器であるとするCSRの見方からすれば、経営者に対するチェックや評価は、たんに株主のみの権利ではなく、もっと広いステイクホールダーが当然かかわるべきだということになる。この立場のガバナンス論には、以下のものがある。

　第1は、「労働者の経営参加制度」の充実によるものである。たとえば、ヨーロッパのドイツ、フランス、オランダ、デンマーク、ルクセンブルグ、ノルウェー、スウェーデン、アイルランドなどでは、取締役会や監査役会に労働者代表を参加させている。また、参加者の範囲を消費者、地域住民、マイノリティ・グループ（少数民族など）などにまで拡げていく、公共利益を代表する取締役構想もある。

　第2は、経営内容に関する「情報開示制度」の充実である。企業経営の情報を開示し、社会に開かれた「オープンな経営」にすることである。これは、閉鎖的な経営を脱して、CSRを果たす経営にするように経営者に緊張感をもたせる意味でも重要である。

　3ヵ月ごとの業績開示、連結財務諸表の対象子会社の範囲拡大と開示内容の充実は、もともと投資家・株主を意識して行われた。

しかし、もっと範囲を拡げ、社会的なチェックや評価ができる社会的ディスクロージャーや社会監査にまで発展させることが望まれる。

第３は、企業の自発的努力による経営倫理の制度化である。これも企業ごとに異なるが、①倫理担当の常設機関の設置、②倫理基準ないし行動基準の制定と遵守、③倫理に関する教育・訓練体系の確立、④倫理関係の相談への対応、⑤内部告発の受容と問題解決の保証、などがある。

第４は、政府や地方自治体が公的規制によって企業経営に制約をかけることである。規制緩和や企業の自己責任が強調されている。しかし、それが、弱肉強食、倫理なき戦い、企業エゴの徹底的な追求にならないようにするには、他方で厳しい規制が必要とされる。

たとえば、独占禁止政策、各種の法規制（環境汚染規制、消費者保護、人種差別規制、職場安全、雇用機会均等など）といった面では、しっかりした公的規制が必要である。また、贈賄・詐欺・非合法な選挙寄金、脱税などのさまざまな企業犯罪については、予防・規制の推進も必要である。

《おさらい（Review and Challenge）コーナー》

1. 現代の巨大企業は昔の富豪支配企業とどうちがっているのであろうか。
2. 「専門経営者」や「プロ」の経営者（プロフェッショナル・マネジャー）とはどんな人だろうか。
3. 巨大企業の主要株主の影響力はどのようになっているのか。そして、現代企業の支配者はだれなのだろうか。
4. トップ・マネジメント構造について、①一層制と二層制のちがい、②アメリカと日本のちがいについて、検討してください。

⑤ 外部重役がどのくらい増加しているのか、そして今後の社会において、コーポレート・ガバナンスはどうあるべきだと思いますか。

⑥ あなたが関心のある企業の所有構造とガバナンスはどのようになっていますか。

•••••••••••••••••• トレンド：新しい経営 ••••••••••••••••••

経営者の地位に長くとどまると！

　すぐれた経営者も在籍期間が長くなると、問題がでてきます。すぐれた業績をあげた人間は過信してしまい、失敗することもあります。変化の時代には過去の成功に自信をもちすぎてはいけないわけです。

　そして、長くなるとどうしても独裁的な経営になり、とりまきのような人びとや忠言できないような人びとがあらわれます。経営上必要なイヤなことをいう人間はハズされてしまうことも多くなります。また、経営者自身も部下を公平にとり扱うことができなくなり、いい人材ほど組織から離脱してしまうという傾向もでてきます。そうなると、組織は腐敗し、うまく機能しなくなってきます。経営者だけでなく、"長"につく人間は、みずからをしっかり律することが大切です。

（齊藤毅憲）

クローズ・アップ

CSR重視企業の事例

　規模が大きくない企業でも、CSRを実践しています。CSRでは全国的にも知られている大川印刷（横浜市）の場合には、SDGsだけでなく、ISO（国際標準化機構）の社会的責任に関する「ISO26000」によってつくられている。

大川印刷のCSR

ISO26000
7つの中核主題（社会責任）基本的な考え方

【組織統治】
　基本理念である「情報産業の中核として、信頼に応える技術力と、喜びを分かち合えるものづくりの実現」に基づき、健全かつ公平な経営体制を構築し、経営の透明性・健全性・遵法性の確保、迅速かつ適切な情報開示に努めてまいります。

【人権】
　ステイクホルダーすべての人権と尊厳を尊重すること、また、いかなる差別や嫌がらせも許さず、それらを見過ごすことも許さないことを基本方針とします。

【労働慣行】
　差別のない公平、公正を基本とし、お互いが尊重し合い、差別や嫌がらせのない職場環境を確保することで活力ある企業風土を醸成させます。また、学びあい、成長しあえる組織風土づくりを大切にし、社員の心身のゆとり、豊かさを実現できるように努め、快適、安全で清潔な職場づくりを行うことを基本方針とします。

【環境】
　持続可能な社会・経済の実現のためには、持続可能な環境を維持・向上させていくことが重要であると考えます。そのため、独自の「品

質・環境方針」にて基本方針を示すとともに、今後は国連の提唱する
SDGsの内容も取り入れ活動を推進していきます。
【公正な事業慣行】
　ステイクホルダーに対し、あらゆる法令および規定業務の遵守をお
約束するとともに、取引先に対しては、公正な取引関係のもと、業務を
適正に受託し事業を実施することを基本方針とします。
【消費者に関する課題】
「消費者」は「生活者」と表現します。生活者に直結する課題として、
「化学物質過敏症に関連するVOCの削減」、「3Rを始めとした環境問
題」、「製品における異物・異種混入の防止」、「情報保障としてのメディ
ア・ユニバーサルデザインの推進」を重要課題として取り組みます。
【コミュニティへの参画】
　地域の課題抽出および課題解決のため、企業・行政・市民・NPO・
市民団体などのコミュニティへ積極的に参加していきます。

　社内外通報制度
　弊企業活動に伴うコンプライアンスの遵守、事件や事故に繋がりかね
ない潜在的なリスクの早期発見、早期対応ができるよう通報制度を設け
ています。社内窓口は本社総務部とし、社外窓口は中原総合法律相談
事務所様とさせていただいております。

　（出典）：同社資料から

（齊藤毅憲）

トレンド：新しい経営

機関株主の目はきびしい！

　株主総会における取締役の選任にあたって、投資などを目的とする機関株主の目はきびしくなっています。多くの個人（大衆）株主は株主総会の議案に反対することはほとんどないでしょう。しかし、個人株主とちがって持株比率の多い機関株主のなかには会社側の提案する取締役選任の議案に反対し、経営者への不信任を表明する場合が見られるようになっています。そして、近年では反対票が30％を超える会社もあります。

　たとえば、自己資本利益率が低い企業の取締役は、利益を獲得できないとか、資本を効率的に運用していない、ということで不信任をうけています。

　そして、企業統治（ガバナンス）の現実もきびしくなり、女性の取締役が現在も依然としてゼロになっている企業も不信任が高まっています。実際のところ女性取締役をとり入れたことで、社長の信任率が高まった企業もあるようです。

　また、ガバナンスの観点から社外取締役の採用が問題になりますが、在任期間があまりにも長くなりすぎているとか、公正な判断がもとめられる社外取締役の独立性が疑われているような場合には、やはり不信任が高まるようです。社外取締役がその役割を果たしていないように見られているとすれば、これも当然のことでしょう。

（齊藤毅憲）

クローズ・アップ

「ワンマン経営」とは?

　現在ではあまり言われなくなりましたが、「ワンマン経営」という言葉がありました。とくにワンマン（型の）経営者というと、自分ですべてを決定し、部下に命令をくだす強力なパワーをもった経営者のイメージであったと思います。そして、少しこわい感じを与えていたかもしれません。

　この経営者は、当該企業のオーナー（出資者、所有者）であり、この所有を背景として経営している経営者のことです。これは、いわゆる「所有と経営の結合」といわれています。この結合は資本金の金額が少なく、従業員数も少数の「小さな企業」（スモール・ビジネス）の特徴です。従業員には家族などもおり、「ファミリー・ビジネス」（同族企業）とも言われるものです。

　ところで、本章の本文で対象としているのは、このような小さな企業ではなく、「巨大株式会社」であり、図表4-1であげたのはソフトバンク、トヨタ自動車、パナソニック、日立、キリンホールディングスでした。ここでは「所有と経営の分離」となり、オーナーと経営者は別の人格になっています。ただし、巨大株式会社にも、わずかですがワンマン型の経営者がいることはいます。

　巨大株式会社の構造は、図表4-3のように複雑になっていますが、スモール・ビジネスのほうは株式会社のかたちをとっていても単純であり、管理階層も少なく、経営者は従業員と直接接触して仕事をしています。巨大株式会社のように組織や制度、標準運営手続をつくり、それに従って活動するよりも経営者個人の判断によるところが多く、まさにワンマン経営なのです。

　小さな企業は企業の原型であるとともに、企業総数は巨大株式会社に比較にならないほどの多さになっていますので、ワンマン経営の小さな企業の経営にも注意をむけてほしいと思っています。

（齊藤毅憲）

第5章

企業はなにをめざして活動しているのか

《本章のねらい》

　企業は活動を行う際に、なにをめざしているのであろうか。企業は「利益」をめざすと主張されてきた。そこで、本章は、この利益から解説したい。そして、企業が目標とか、目的をどのようにつくり、どのように実現していくのかを経営理念、経営戦略、経営計画というキーワードを使って明らかにしたい。

　本章を学習すると、以下のポイントが理解できるようになる。

　① 経営学が利益にまつわる悪い企業イメージを改善してきたこと
　② 経営学における利益の意味
　③ ステイクホールダー（利害関係集団）への奉仕が大切であること
　④ 経営理念と経営戦略の意味と特徴
　⑤ 経営戦略や経営計画が実施されるプロセス

1 活動目標としての利益の追求

(1) 「利益」にまつわる悪いイメージ

　企業はなにをもとめて活動しているのであろうか。これについて
は、長い期間にわたって、企業は「利益」（プロフィット、「利潤」
ともいう）をめざすと考えられてきた。

　しかも、利益そのものや利益を得る活動、つまり「ビジネス」に
ついては、消極的なイメージがもたれてきた。利益獲得を重視する
企業や自己の利益のみをめざすとみられる資本家型の経営者（第
４章の大富豪）の活動には、必ずしもよい評価が行われてこな
かったのである。

　たとえば、シェイクスピアの作品『ヴェニスの商人』は、ビジネ
ス・パーソンを私利私欲のシンボルとし、軽蔑の目でみている。わ
が国でも、江戸時代には、士農工商という身分制度がつくられてお
り、ビジネスに従事する「商や工」の人びとの社会的な位置は低い
ものであった。このため、明治維新後、多くの企業の設立にかかわ
り、「産業界の指導者」（Captain of Industry）となる渋沢栄一
は、経営者のあるべき道徳を前提とした利益の追求を主張した。

　さて、マルクス（K. Marx）の『資本論』では、資本家が支配す
る資本主義の企業は、労働者を搾取するための組織として分析さ
れ、究極的にはそのような企業は廃絶すべきものとして考えられて
いた。そして、労資の階級対立の解消、労働者の解放、人間の平等
を可能にする経済体制の創造がもとめられた。

　“泥棒貴族”（robber baron）とは、巨万の富を生活者から収奪し
た19世紀後半以降のアメリカ企業の経営者のことである。そし
て、この経営者は、まさに自己の利益のみを追求する“資本家”と

して、社会の富を一手にしたということから、きびしい批判を受けている。

(2)　企業像と経営者モデルの転換

経営学は、19世紀末から20世紀初頭に誕生している。そして、経営学をつくりあげた人びとは、このような企業や経営者に対する悪いイメージを改善しようとしている。それは、経営学を創造するという「経営の科学化」と将来の経営者を大学などの高等教育機関で育成するという「経営教育の成立」によって行われてきた。

利益の追求をいかに消極的・否定的に評価しようとも、他方で第1章で述べたように企業の活動はわれわれの生活を支えてきたという現実がある。それだけでなく、社会的不公正の源泉となった巨額の富を手にした経営者は、それによって自分の企業を拡大させ、発展させている。もっとも、企業の成長と拡大は、企業経営をきわめて複雑なものにしてきた。

このような状況のもとで、19世紀末から20世紀に入ると、この企業の経営を「科学」の対象にしようという動きがでてくる。生活者や社会への企業の関与が大きくなるだけでなく、企業の拡大によって経営が複雑化してきたことが、背景にある。

それにともなって、経営学の知識と社会的責任の意識をもった経営者を育成し、その仕事を高い社会的な評価が牧師、医師、弁護士と同じような「専門的な職業」（プロフェッション、プロ）にしようという考え方が強まってくる。

この新しいタイプの経営者は、すでに述べた「専門経営者」といわれる。要するに、かれらは企業経営のプロ集団なのである。この「プロ」の経営者を大学で育成し、これまでの「資本家型の経営者」にかわって、企業の経営にあたらせるべきであるとしてきた。

　このようにして、工業先進国では科学としての経営学と高等教育としての経営教育が成立する。そして、第2次世界大戦後になると、ビジネス化をおしすすめようとする発展途上国においても、経営研究を推進するとともに、経営者を育成するための高等教育が発展する。

2　企業目標の検討

(1)　「利益」の意味

　企業に対する消極的なイメージに関連した、古いイメージに「利益」がある。企業はどのような目標や目的をめざして活動を展開するのか、あるいはどのような動機をもって活動するのか、という企業目標についての経営学の議論は、経済学の影響もあって利益であるという見解が一般的であった。そこで、「企業イコール利益」という考え方が、長い期間にわたって、定着してきた。しかしながら、はたして利益は本当に企業の目標なのであろうか。

　経営学においても、利益については多くの議論が行われてきた。そして、企業は利益をもとめていることが認められており、「企業イコール利益」のイメージをいだいても、間違いにはならない。しかし、それらの議論のなかから、いくつかの要点が明らかになっている。

　ひとつは、企業が利益を得ることは正当であり、悪ではないということである。不正を犯して利益を得たり、暴利を得ることは許されないが、公正に企業活動を行い、それなりの利益をもとめることは決して悪いことではないという。

　また、利益を得ることは、将来の企業活動を行うための原資や動機づけになるともいわれる。そして、このような考え方をとること

で、利益に対するイメージが大きく改善することになった。

　つぎに、利益は企業のめざす目標になるが、企業目標のひとつであるという。企業は、利益のほかに、売上高の上昇、規模の拡大、マーケット・シェア（市場占有率）の上昇、財務上の安全性（流動性、第12章参照）などといった他の経済的な目標をも達成しようとしている。

　これによると、企業は利益という「単一（ひとつ）の目標」ではなく、他の複数の目標をめざしていることになる。そして、企業のおかれている状況によって、重視したり、優先される目標にちがいがでてくる。

　また、経営者は、以上の経済的な目標のほかに、自分の「社会的な名声」や「評判」を高めたり、自己の個人的な関心・信念などを重視して活動している場合がある。高い報酬を得ることをもとめることも多いが、これとはちがって自己の利益を越えて教育や文化事業に寄付したり、慈善団体を設立する経営者もいる。

　第３に、企業の活動が利益をめざして行われるといっても、それだけでは抽象的であり、あまり意味がない。企業経営の場では、それは具体的になにを意味しているのであろうか。

　たんに利益の絶対額を大きくするのが目標なのであろうか。それとも投下した資本に対する利益の比率（「資本利益率」とか「投資収益率」（Return on Investment, ROI）という。第12章参照のこと）を大きくするのが目標なのであろうか（図表５−１）。それとも、その両方なのであろうか。

　あるいは、売上高に対する利益のウェイトを大きくすることなのであろうか。そして、それぞれの場合の理由は、どのようなものであろうか。

　一般の人びとは「企業は利益をもとめる」という。しかし、企業

図表5-1　投下した資本に対する利益の比率（ROI）

$$\text{ROI} = \frac{\text{利益}}{\text{投下した資本}}$$

$$= \frac{\text{利益}}{\text{売上高}} \times \frac{\text{売上高}}{\text{投下した資本}}$$

= 売上高利益率（売上高に対する利益の比率）×資本回転率（資本
の効率を示し、資本に対して一定期間にどの程度の売上高として
回収されたかを示す）

経営の観点でいうと、たんに利益というだけでは抽象的であり、あまり意味をもたない主張なのである。そこで、このことから以下のような議論がでてくる。

⑵　利益の測定と評価

　一般的にいえば、利益は絶対額が多いほうがよい。しかしながら、絶対額といっても他方でその利益を得るための投資額も多いとすれば、ただちに獲得する絶対額が目標になるとはいえない。

　たとえば、1億円の利益は、5,000万円の利益よりも多い。しかし、1億円のために10億円の投資をした場合と、5,000万円のために、1億円をかけた場合とを比較すると、「投資効率」を示すROIつまり利益率は、明らかに5,000万円のほうがよい。

　また、同じ利益額であれば、投資額の少ないほうが望ましいと考えるのが、一般的である。1億の利益のために、10億円かけた場合と5億円かけた場合をみると、明らかに後者のほうがよい。これによると、ROIのほうが、絶対額よりも現実の企業経営では重要となる。

　さらに、利益の絶対額といっても、貸借対照表とならんで「財務

図表5-2　損益計算書と利益のレベル
（令和×年4月1日〜令和×年3月31日）

科　　目	金　　額
Ⅰ　経営損益の部	
営業損益	
売上高	××
売上原価	××
売上総利益	××
販売費・一般管理費	××
営業利益	××
営業外損益	
営業外収益	××
営業外費用	××
経常利益	××
Ⅱ　特別損益の部	
特別利益	××
特別損失	××
税引前当期利益	××
法人税等引当額	××
当期利益	××
前期繰越利益	××
当期未処分利益	××

諸表」の重要な要素である「損益計算書」をみるとわかるように、利益を営業利益のレベルでみるのか、経常利益でとらえるのか、あるいは純利益で考えるのか、でも異なってくる（第12章も参照）。

　売上高から製造コストを差し引いた「売上総利益」と、売上総利益から販売費・一般管理費を引いた「営業利益」、さらにこの営業利益から営業外損益を差し引いた「経常利益」との間では企業によってはかなりの違いがでてくる。また、経常利益がかなりの額であっても、特別損益の金額によっては「純利益」がほとんどなかったり、逆にきわめて多額になることがある。

　どのレベルで利益をとらえるのかは、企業経営を考えるうえでは

重要である（図表5-2および図表12-2）。つまり、それぞれの利益は、ちがった意味をもっている。

(3) 報酬としての利益

利益は企業の「目標」（ゴール）ではなく、むしろ製品やサービスを生活者に購入してもらった見返りとして企業にもたらされる「報酬」（リターン）であるという見解がある。これによると、利益は、企業がもとめて獲得するよりも、企業活動の成果として生じる報酬になる。

この見解によると、利益はめざすべき目標ではなく、むしろ活動の成果であり、報酬なのである。実際のところ経営者のなかには、このような「報酬としての利益」という考え方を信じている人びとがいる。たしかに利益をめざそうとして活動しても、現実に利益を得られる保証はなく、それよりも生活者に購入してもらうようにすることを考えるほうが大切なのである（第10章参照）。

(4) ステイクホールダーへの奉仕とCSR

企業の目標に関連して、第4章でも述べたが企業はだれの利益をもとめており、だれのために奉仕しているのであろうか。企業は、"ストックホールダー（stockholder）" つまり「株主」（投資家）とか、「出資者」のものである。

私有財産制を基本とする経済体制のもとでは、企業は資本の提供者のものである。経営者は投下資本の維持をはかりつつ、十分な配当を支払うことで、株主または出資者の利益を守る必要がある。

アメリカでは明らかに株主のパワーが強かった。そして、かつては株主軽視といわれてきた日本でも株主の利益や主張を重視するようになった。なお、企業数で絶対的に多数を占める小規模の企業で

は、オーナー自身が経営者である「所有と経営の結合」が一般的である。

　「株主利益の重視」は当然のことである。しかし、アメリカでも"ストックホルダーからステイクホルダーへ"という主張に変化してきた。ステイクホルダーとは、株主を含む利害関係集団のことであり、これには多くの異なった集団が含まれている（第4章の図表4 - 4参照）。

　さて、"企業は人なり"といわれるように、企業の活動や発展はなによりも「働く人びと」によって支えられている。したがって、企業は働く人びとを大切にしなければならない。1990年代はじめのバブル経済崩壊後、働く人びとへの配慮が少なくなったが、かつてのわが国の企業は、従業員に配慮する経営を行っていた。やはり企業の活動は、まず"ES"（従業員の満足、エンプロイー・サティスファクション）を充足する必要がある。

　つぎに、企業は製品やサービスの販売を通じて、「顧客や消費者」に奉仕し、かれらの信頼を得ることができるかどうかが、企業の活動と発展を制約している。ESとならんで、顧客への奉仕と"CS"（顧客満足、カスタマー・サティスファクション）という考え方が、大切である。そこで、企業は顧客や消費者の利益を重視しなければならない。

　さらに、企業は自由な競争のもとで活動している。しかし、他方で、「他の企業」と協力して、取引活動を行っている（第9章も参照）。具体的には、(a)必要な原材料や部品を他の企業から購入する、(b)別の企業に自社製品の生産や販売を委託する、(c)子会社や関連会社との間で経営資源を共有したり、融通している、(d)他社と共同で研究開発や事業を行っている。

　資本を調達する場合、規模の大きい企業は、銀行や証券会社など

の金融機関とコンタクトをつけることも必要である。さらに、これからの経営戦略を策定するためには、異業種交流の会合に出席したり、コンサルタント会社の診断と指導をうけることも必要になっている。そこで、他のいろいろな企業とのやりとりのなかで、その関係を維持し、ともに利益を得てwin-winの「共生」（共存共栄）していくことが大切となる。

　企業は「地域社会」や「行政」とも関係をもっており、地域住民の幸福と発展に貢献する必要がある。企業の利益は大切であるが、地域への貢献を忘れたり、住民の生活を犠牲にしてはならない。そして、「ジャーナリズム」（報道・出版関係）のいいニュースは企業のイメージや信用の向上につながっており、重要なステイクホールダーになっている。

　ステイクホールダーは、これ以外にも存在しているが、以上が主なものである。

⑸　環境との関係づくり

　企業の目標として、変化する環境に対して受け身的に対応するだけでなく、主体的かつ創造的に働きかけることが大切になっている。この背景には、企業のおかれている環境の変化が激しくなっており、その変化に対応できなければ、企業は成長どころか、存続さえも困難になるということがある。したがって、ステイクホールダーへの奉仕だけでなく、環境適応が、現代企業の目標であり、「使命」になる。

　第1章ですでに述べたように、現在では環境の変化をうけいれて対応していくだけでなく、生活者の環境を積極的にいい方向に変えていくということも、大切になっている。

　要するに、企業は、環境の変化のなかで、それに受け身的に適応

するだけでなく、主体的に環境に働きかけて、それを変革しようと
することも大切である。そうすることによって、企業は存続・発展
することができるのである。

3　目標志向性とその構造

⑴　目標志向性をもつ企業

　人が目標をもって活動するように企業は目標をつくり、それを達
成しようとするシステムである。これを「目標志向性」という。経
営理念、経営戦略、企業目的、経営計画、企業予算などが、企業全
体の目標を示している。この目標は、環境の変化に対応するように
自社が所有し、蓄積している経営資源の状況を検討しつつ、つくら
れる。

　企業全体の目標、つまり全社的な目的とか方向性は、経営者を中
心にして構想され、策定されている。そして、これを実現するため
には、各種の経営資源の投入だけでなく、多くの人間の協力と貢献
が必要となる。このためには、組織をつくり、組織を構成している
要素（または部門）の活動をこの目標の実現にむけて方向づけると
ともに、活動にバラツキが生じる場合には「調整」（コーディネー
ト）することになる。

⑵　経営理念の意味

　企業は、会社全体の目標をもち、これを達成しようとしている。
そして、このシンボル的なものに、経営理念と経営戦略がある。

　そこで、まず「経営理念」から考えると、それは創立者などの
「創業の精神」に典型的に示されるものである。そして、経営者が
退職や死去によって交替することがあっても、基本的に変更されず

図表5-3　オムロンの経営理念

Our Mission（社憲）
われわれの働きで
われわれの生活を向上し
よりよい社会をつくりましょう

Our Values
　（私たちが大切にする価値観）

・ソーシャルニーズの創造
　私たちは、世に先駆けて
　新たな価値を創造し続けます。

・絶えざるチャレンジ
　私たちは、失敗を恐れず
　情熱をもって挑戦し続けます。

・人間性の尊重
　私たちは、誠実であることを
　誇りとし、人間の可能性を
　信じ続けます。

出所：同社資料から

に継承されることが多いのが、経営理念である。たとえば、インスタント・ラーメンの大量生産を実現し、世界の食生活の革新に貢献した安藤百福は「食創為世」（食の供給を通じて社会に貢献する）を理念とした。それは、経営者の精神とか、心構えを表明している。

　そして、経営理念には全社的な方向性だけでなく、それを実現するための方法や考え方が含まれていることも多い。

　日本企業において作成されてきた"社是"、"社訓"、"信条"、綱領"、"方針"なども、経営理念である。図表5-3と図表5-4はその例である。

　要するに、経営理念とは、企業のあるべき姿や理想像、あるいはビジョンであり、経営者がみずからの企業に対していだく願望である。そして、「こういう会社になりたい」という価値的かつ規範的な表現でもあるために、どちらかというと抽象的な言葉や文章に

図表5-4　ジョンソン・エンド・ジョンソンの経営理念

我が信条

われわれの第一の責任は、われわれの製品およびサービスを使用してくれる医師、看護師、患者、そして母親、父親をはじめとする、すべての顧客に対するものであると確信する。顧客一人一人のニーズに応えるにあたり、われわれの行なうすべての活動は質的に高い水準のものでなければならない。適正な価格を維持するため、われわれはつねに製品原価を引き下げる努力をしなければならない。顧客からの注文には、迅速、かつ正確に応えなければならない。われわれの取引先には、適正な利益をあげる機会を提供しなければならない。

われわれの第二の責任は全社員――世界中で共に働く男性も女性も――に対するものである。社員一人一人は個人として尊重され、その尊厳と価値が認められなければならない。社員は安心して仕事に従事できなければならない。待遇は公正かつ適切でなければならず、働く環境は清潔で、整理整頓され、かつ安全でなければならない。社員が家族に対する責任を十分果たすことができるよう、配慮しなければならない。社員の提案、苦情が自由にできる環境でなければならない。能力ある人々には、雇用、能力開発および昇進の機会が平等に与えられなければならない。われわれは有能な管理者を任命しなければならない。そして、その行動は公正、かつ道義にかなったものでなければならない。

われわれの第三の責任は、われわれが生活し、働いている地域社会、さらには全世界の共同社会に対するものである。われわれは良き市民として、有益な社会事業および福祉に貢献し、適切な租税を負担しなければならない。われわれは社会の発展、健康の増進、教育の改善に寄与する活動に参画しなければならない。われわれが使用する施設を常に良好な状態に保ち、環境と資源の保護に努めなければならない。

われわれの第四の、そして最後の責任は、会社の株主に対するものである。事業は健全な利益を生まなければならない。われわれは新しい考えを試みなければならない。研究開発は継続され、革新的な企画は開発され、失敗は償わなければならない。新しい設備を購入し、新しい施設を整備し、新しい製品を市場に導入しなければならない。逆境の時に備えて蓄積を行なわなければならない。これらすべての原則が実行されてはじめて、株主は正当な報酬を享受することができるものと確信する。

出所：同社資料から。

なっている。経営者はこの経営理念を自分のものとし、信念にすれば力強い経営を行うことができる。

　経営者は、このような経営理念をなによりもまず社内に浸透させようとする。つくるだけであれば、"絵にかいたモチ"にすぎず、意味がない。そこで、オフィス、工場などで働く人びとの目につく

ところに掲示したり、社内ポスターや社内報などに掲載する。あるいは、朝礼での上司のあいさつや教育訓練プログラムのなかで、自社の経営理念を従業員に教えこもうとする。

　また、経営理念は社内だけでなく、社会一般やステイクホルダーにも広く知らせる必要がある。「コーポレート・アイデンティティ」（CI）とは、統一された企業イメージをステイクホルダーに植えつけようとするイメージ戦略である。その構成要素には、シンボルマーク、シンボルカラー、ロゴタイプ（連字）、社名などのほかに、キャッチフレーズがある。

　キャッチフレーズとは、抽象的な経営理念をだれにでも容易に理解できるようにシンボル的な言葉で要約したものである。パナソニックは、「よりよい生活と社会」（"A Better Life, A Better World"）を目ざして「くらしアップデート企業」をキャッチフレーズにしている。また、トヨタ自動車はクルマをつくるだけでなく、クルマを使って未来をどこまでも楽しくできる「モビリティ・カンパニー」になることを目標にしている。

　この経営理念が、社会に浸透し、そのようにイメージされると、生活者を含むステイクホルダーの信頼や信用を得ることができるようになる。

　しかしながら、経営理念は前述したように、社内への浸透をはかることも重要である。それは、企業で働く人びとが経営理念に従って意思決定したり、活動できるようになることを意味している。つまり、経営者のつくった経営理念を働く人びとが認めあうことで、経営理念がそれらの人びとが意思決定や活動を行う際に、一定の方向づけを与えるのである。これによって、社内の全員が目標にむかって一丸になって、同じ方向に進むことができるようになる。

　さらに、共有される経営理念に他社と比較して独特な特徴がみい

図表5‐5　ジョンソン・エンド・ジョンソンの企業文化

　図表５‐４の「我が信条（Our Credo）」に示されるように、同社は顧客、従業員、株主に対する責任を果たすだけでなく、地域社会に対する責任を担うことを明瞭に示し、そのための企業文化をつくってきた。社員ボランティアによる社会貢献委員会の活動はきわめて活発であり、地域のNPOなどとの協同も盛んに行われている。まさに、同社はCSRの実践企業の典型になっている。

だされるならば、それはその企業に特有な企業文化となる（第14章参照）。それは、企業の性格や個性・風土をつくりだす源泉であり、"社風"とか"会社のカラー"ともいわれる（図表５‐５）。

(3)　経営理念の解釈と変更

　環境がはげしく変化する状況のもとで、企業目標を決めることはむずかしい仕事である。しかし、そのような状況にあるからこそ、目標はむしろ必要であり、経営者は経営理念をはっきりと従業員に示し、それに共感と協力をもとめなければならない。

　「変化」とは、企業のトップにいる経営者のレベルよりも、第一線の現場で働いている人びとのところで発生することが多い。そして、この変化によって、かれらが担当する仕事も変化している。

　しかし、経営者といえども、この新しい仕事の内容や方法をいちいちことこまかくさし示すことはできない。この場合には、従業員たちは経営理念をみずから解釈しなおして、新しい仕事の遂行につなげていかなければならない。

　また、経営理念は、すでに述べたように、基本的には長期にわたって維持され、変更されることが少ないものである。しかしながら、絶対に変更されないというものではない。むしろ、はげしい環境変化のもとでは経営理念自体を変える必要がでてくる。

⑷ 経営戦略の策定

　企業全体の目標や方向性を示すもうひとつのキーワードとして、「経営戦略」がある。すでに述べたように、経営理念は経営者が自社に対していだく願望である。そして、簡単にいえば、「こういう企業をつくりたい」というビジョンである。

　この経営理念は自社のおかれている環境条件や所有している経営資源の実情をあまり考慮することなく策定されるもので、長期にわたってあまり変えられないという意味で、「固定性」と「永続性」という特徴を有している。これに対して、経営戦略は経営理念の実現にむけて、変化する自社の環境や経営資源の状況を具体的に検討しながら、導きだされる。この経営戦略の詳細については、第9章などを学習されたい。

　要するに、経営戦略は具体的な内容をもつ目標である。そして、環境や経営資源の状況が変化すると、経営戦略も変えていくことになる。その意味では、「可変性」と「一時性」の特徴がある。

　このように考えてくると、経営理念は環境と経営資源を媒介としつつ、経営戦略の大枠というべきものを決めている。もっとも、環境の変化と経営資源の制約がきびしくなると、導出される具体的な経営戦略と理想とする経営理念との間にギャップが生じてきて、両者はちがった方向性を示す場合もありうる。その場合には、具体的

図表5-6　経営理念と経営戦略の関連性

図表5-7　経営戦略の実施プロセスのイメージ図

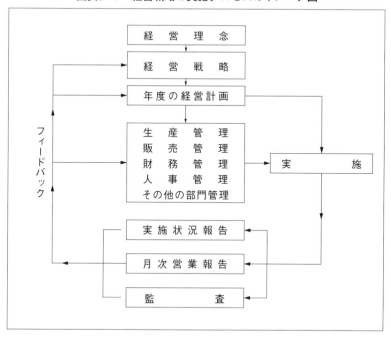

な目標である経営戦略のほうがあまり変わらない経営理念に変更を
迫ることになる（図表５-６）。
　図表５-７は、経営戦略が実施されていくプロセスを示してい
る。経営理念からまず経営戦略が引きだされ、この戦略にもとづい
て、さらに年度の経営計画がつくられる。短期の経営計画の内容
は、経営戦略よりもいっそう具体的で、詳細なものである。たとえ
ば、売上高100億円、コスト削減10％、５支店の増設などと
いったように、数量的・具体的に示されることが多い。
　このステップのあとは、部門管理に移る。ここでは年度の具体的
な計画がそれぞれの部門のマネジャー（管理者）たちによって「実
施」に移されていく。そして、この結果は「実施状況報告」、「月次

営業報告」や「監査」によって、フォーマルな情報に加工、変換されるとともにチェックされることになる。

　この情報は具体的なものであり、経営戦略、年度計画と部門管理に「フィードバック」（さしもどし）される。企業の組織内ではICTを駆使してたえず情報のやりとりが行われているが、さらに、このフィードバックによって、経営戦略や次年度以降の経営計画および部門管理のあり方がみなおされ、変更や修正が行われる。

《おさらい（Review and Challenge）コーナー》

1. あなたの考える「利益」はどのようなものですか。
2. 「経営者やマネジャーの仕事はプロフェッションである」とは、どのようなことを意味しているのでしょうか。
3. あなたの関心のある企業の経営理念やキャッチフレーズを調査してみてください。
4. 経営理念と経営戦略の関係をまとめてみてください。

トレンド：新しい経営

「プロ」の経営者への期待

アメリカではビジネス・スクール（経営大学院）が発展し、本文でも述べた「専門経営者」を育成してきました。それはアメリカ企業の強さの源泉のひとつであったと考えていいでしょう。

わが国では近年、メディアなどで使われるようになった「プロ」の経営者もこれにあたるものです。アメリカなどに留学してMBA（経営学修士）を取得し、現在、企業の経営者として目立った活躍をしている少数の人びとです。この人びとの強みは、経営学の「理論」などをしっかり修得していることです。おおむね日本の経営者は「経験」はあるが「理論」は少なく、主にそれまでの会社での経験にもとづいて経営を行っています。経験は経営にとってとても大切ですが、あわせて理論の学習と応用も必要なのです。本当に「プロ」の経営者になり、経営の仕事に就こうと考えるならば、理論の修得と実践能力の養成は不可欠です。そして、「プロ」の経営者が現在の日本でも増加することが強くもとめられています。

（齊藤毅憲）

クローズ・アップ

経営理念の事例（横浜信用金庫）

経営理念

　このまちの未来をともにつくる

　信用金庫の原点を忘れず、金融を超えた価値を提供し、笑顔あふれる地域づくりに貢献する大切にしたい思い・行動

■広い視野を持ち、変化を恐れず積極的にチャレンジする

■自分たちの仕事に誇りと自信を持ち、信頼される行動をとる

■成長に向けて常に学習し、未来への責任を果たす

■感謝を忘れず、相手の想いに真摯に向き合う

■多様な価値観や新しい考えを尊重し、共に考動する

SDGsへの取組み

　横浜信用金庫は、地域社会の一員として、「SDGs（持続可能な開発目標）」への取組みを通じ、地域課題の解決と持続可能な社会の実現に努めます。

　当金庫は、さまざまな金融サービスの提供や環境経営の推進、地域と連携した取組みにより、横浜市のSDGs認証制度 “Y－SDGs” において、最上位（Supreme）の認証を取得しています。

　プロフィール（令和5年3月31日現在）

創　　業——大正12年（1923年）7月19日

出 資 金——1,702百万円

預金積金——2,033,569百万円

貸 出 金——1,146,383百万円

役職員数——1,233人

本　　店——〒231-8466 横浜市中区尾上町2-16-1

電　　話——045-651-1451（代表）

店 舗 数——61店舗

営業地区——神奈川県　横浜市／川崎市／横須賀市／鎌倉市／藤沢市／茅ヶ崎市／逗子市／三浦市／相模原市／厚木市／大和市／海老名市／座間市／綾瀬市／三浦郡／高座郡／愛甲郡愛川町

　　　　　　東京都　大田区／町田市

　以上の資料（同社「よこしんレポート2023」2023年6月）からこの会社は、どのようなことを大切にしているかを考えてみてください。

企業が利用できる経営資源には、どのようなものがあるのか

第6章

《本章のねらい》

　企業活動を行うには、「ヒト（経営者、管理者、スタッフ職、従業員など）、モノ（土地、工場、オフィス、機械・設備、原材料など）、カネ（資本）」という経営資源が不可欠である。これらがなければ、企業経営はできない。しかし、それら以外にも不可欠な経営資源として「情報、企業文化、時間、技術」などがある。

　本章を学習すると、以下のことが理解できるようになる。

① 経営資源（ヒト、モノ、カネ、情報、企業文化、時間、技術など）の具体的な内容

② どの経営資源が重要であるかは、時代や状況とともに変わっていくこと

③ 経営資源の獲得、利用、蓄積、最適配分は、経営戦略論という経営学の重要領域であること

1　経営資源の意味

⑴　主要な経営資源とそのシステム

　どのような業種や規模であれ、企業が活動を行うためには、「人間」（工場現場のワーカー、オフィス・ワーカー、経営者や管理者など）、「土地、建物、機械、原材料」、そして「資金」などが必要である。それらは、一般に「ヒト、モノ、カネ」といわれてきた。これらのうち、どれが欠けても、企業は活動を続けることはできない。

　こうした企業活動のもととなる要素や能力のことを、「経営資源」という。そこで、ヒト、モノ、カネを資源という言葉でいうと、人的資源、物的資源、貨幣（ないし資金）的資源ということになる。

　企業は、人的資源、物的資源、貨幣的資源を日々の活動のなかに投入（インプット）し、これを利用・加工したり、処理したりする。そして、その成果として、物的な製品を産出したり、無形のサービスを生むことになる（第1章の図表1‐1）。この成果を産出（アウトプット）とよぶ。

　このように、企業活動とは、人的資源、物的資源、貨幣的資源をできるだけ有効にインプットし、それをできるだけ効率的に処理し、その成果であるアウトプットを効果的に生むというシステムである。企業規模の大小、時代や地域・国のちがいなどを越えて、このシステムには、以上のような共通な特徴がある。

　そして、このシステムの中心には、「人間（人材）」がいる。ヒトは協力しあいながら、モノやカネを動かしていくのである。この人びとの協働活動が、第7章でとり扱う「組織」であり、この組織がうまく発展するように「調整」することが「経営（マネジメン

ト)」である。なお、ヒト自体の活用については、第13章や第３章で学習されたい。

　企業活動が実際に有効に行われるためには、３つの経営資源がただあればよいというものではない。これらがうまく結びついて成果をあげるためには、第７章で述べる「組織と経営」が不可欠である。その意味では組織と経営も、きわめて大切な無形の経営資源である。

⑵　新たな経営資源——情報、企業文化、時間、技術

　しかしながら、ほかにも経営資源とみなすべきものがいくつかあると考えられるようになってきた。それらには、「第４の経営資源」ともいわれる情報のほかに企業文化、時間、技術などがある。

　第７章で述べるが、「組織（オーガニゼーション）」が成立し、実際に有効な成果をあげるためには、協働しようとする気持ちのある人びとの間で、共通の目的とか目標がしっかりと確認されていなければならない。さらに、日々の仕事遂行の過程でも、企業内部で起こっていることについて、組織の構成メンバーがよく知っていることが大切である。

　つまり、お互いにコミュニケーションがしっかりとれていることが必要である。それだけでなく、企業外部に関する情報（顧客ニーズ、技術、市場、環境問題などの情報）の把握と蓄積も重要である。

　このように、組織の根底には、すべて「情報」の流れと蓄積が共通の要素として存在している。今日では、ICTの発展もあって、情報の戦略的利用の優劣が、企業が生きるか死ぬか、の決め手にすらなっている（第８章も参照）。

　企業はまた、人間と同じように、個性をもっている。それぞれの

企業は、異なった歴史や環境のなかで、年輪と経験を積み重ねて、今日にいたっている。その結果、それぞれの企業には、独自の持ち味、共通の価値観、社風、個性、体質、固有の考え方などといったものがある。

　本社ビルのデザインだけでなく、社内の雰囲気、仕事のスタイル・技能・ノウハウなどにも、その企業独特のものがある。従業員にやる気がなく、受け身で、勤務時間の過ぎるのを待っているだけの企業文化と、全員がやる気になって、きびきびと動き、頭もフル回転し、新しいアイデアを主体的に出している企業文化では、同じヒト・カネ・モノといっても、明らかに成果に大きな差が出てくる。

　また、長年にわたってつくりあげられた顧客の企業イメージや信用なども、顧客を獲得するうえでは、大きな力となる。要するに、企業の個性となる「企業文化」は、目に見えない無形のものとはいえ、働く人びとをひとつにまとめ、活性化させるだけでなく、顧客を獲得するための重要な資源になっている（第14章）。

　つぎに、「時間（タイム）」である。意思決定を行い、行動を起こす場合に、遅すぎてタイミングを失するようでは意味がない。逆に、機が熟さないときに早まって行動しても、時期尚早で、思ったような成果は得られない。タイミングや時間は、その意味で大切である。また、計画や準備に使える時間的な余裕をどれだけもっているかも、成否を決める重要な要素である。

　別の視点からいえば、コンビニエンス・ストアは、他の業態の店舗が利用してこなかった時間帯をビジネス・チャンスにして成功した例である。この場合も、やはり決め手は「時間」である。このように時間は、さまざまな意味で、利用すべき重要な資源である（第９章の３.も参照）。

114

　企業は、見方によっては、以上のように経営資源の塊である「集積体」といえる。この経営資源をどのように集めて、利用する（組みあわせる）かは、多種多様であろう。そのなかで、ある資源利用の組みあわせからは特定の製品やサービスが生まれ、また別の資源利用の組みあわせからは別の製品やサービスが生まれてくることになる。

　しかしながら、経営資源のこの集積体からは、これまで利用されてこなかった資源を新たに利用することによって、これまでとは異なった製品やサービスがつくりだされる可能性がある。そして、この可能性を実現する場合に重要な役割を果たすのが、「技術（テクノロジー）」である。新しい技術や経営資源のこの新たな結合がなければ、企業は新しい製品やサービスをつくりだすことができない。技術もまた経営資源といわれる理由は、ここにある（第11章も参照）。

　このように今日では組織や情報、企業文化、時間、技術も、経営資源と考えられている。そして、企業活動の成否は、これらの経営資源の有効な利用によって決まるのである。

(3)　経営資源論の問題領域

　経営資源は、もともと外部環境から企業に入ってきたものである（インプット）。したがって、経営資源論においては、①経営資源をどのようにして外部から獲得するのか、②経営資源をどのように内部に蓄積していくのか、③獲得し、蓄積された経営資源を利用する際に、どの事業分野にどの程度重点配分するのか、という３つの問題がでてくる。

　①の資源獲得には、資源市場での有利な調達や応急的な調達からはじまって、企業提携、M&A（合併と買収）などの長期的戦略に

まで及ぶ問題がある。②の資源蓄積においては、人材開発、組織開発、企業文化の変革、経営能力の蓄積、戦略的情報システムの構築、R&D（研究開発）管理などが課題となる。さらに、③の資源配分は、経営戦略論において多く論じられてきた問題である。

ある企業の経営が、他の企業に対して優位性を保ち、うまくいくかどうかは、その企業が社会から支持される有望な事業分野を選択するとともに、それを遂行するための経営資源をどのように獲得し、蓄積し、配分するかに、かかっている。つまり、企業の経営とか、経営戦略とかいわれるものの中心は、まさにこの点にある。

以下では、主要な経営資源の具体的な姿をくわしく描いていこう。

2　経営資源の特徴

(1)　具体的なかたち

ひとくちに「物的資源」といっても多様である。それは、工場やオフィスの建物、設備、器具備品だけでなく、車両運搬具、土地、材料、原料、半製品、製品などであり、いろいろなものがある。

同じように、「人的資源」のほうも、正規雇用の常用労働者、経営者や管理者（マネジャー）、専門スタッフ（人事、総務、経理、技術、情報などの各専門集団）、管理スタッフ（企画、調査の各専門集団）、臨時・有期労働者（パート、アルバイト、派遣労働者などの非正規雇用者）などであり、さまざまである。

さらに、「貨幣的資源」にしても、調達面だけからみても、資本金、剰余金などの自己資本と、支払手形、買掛金、借入金などの他人資本に分かれる（第12章を参照）。そして、すでに述べた組織や情報、企業文化、時間、技術についても、事情は同じであり、多

様である。

　このように、一口に経営資源といっても、そのあり様は実に多様である。したがって、ひとたび企業の経営戦略が決定され、それに沿った経営資源の獲得、蓄積、配分を実際に行っていく際には、このあり様に沿って具体的に考える必要がある。

(2)　時代や状況の変化と経営資源

　いまひとつ注意しておかねばならないのは、「どの経営資源が重要かは、時代や状況とともに変わる」ということである。

　ここでは時代を中心に考えることにしよう。アメリカの経済学者ガルブレイス（J. K. Galbraith）によれば、封建時代までは「土地の所有」が決定的に重要であった。当時は、農業生産（食料と衣料の供給）が中心であり、そこでは資本は必要ではなく、労働力の確保も容易であった。こうした土地と農業の重要性が、土地所有者による社会支配を可能にしたという。

　しかしながら、やがて機械が発明され、産業革命が起ると、石炭、鉄鋼、鉄道、機関車、船舶、紡績機械、建物、橋梁（きょうりょう）などの生産が行われるようになり、農業生産の地位が低くなる時代が到来する。これらの生産では、「資本力」が大きな力を発揮した。豊富な資本を所有していれば、土地と労働力は容易に取得できるのである。かくして、資本が経営資源として重要になるとともに、資本を所有している「資本家支配」の時代に移行する。

　そして、時代はさらに進む。資本が豊富ないし余剰気味になり、資本以外のものが戦略的に重要になり、資本重視の時代は終わる。技術や計画化などによって特徴づけられる20世紀後半以降、企業にとっては多様な技術的知識とスキルが重要となり、それらの具体的な担い手である広範な専門家たち（「テクノストラクチュア」）

117

に、支配力が移行する（斉藤精一郎訳『新しい産業国家』講談社）。
それによると、現代は「技術」、「情報」、「知識」、「スキル」などが
経営資源として重要になる。

(3) 経営資源の重点変化

　このような論点を、もう少し敷衍していこう。第2次世界大戦
後の日本を思いおこしてみれば、戦争直後にまずもとめられたの
は、なによりも「モノ」であった。

　やがて経済復興から高度成長期においては、設備投資のための
「カネ」が最重要の資源となった。さらに、あいつぐ成長のなかで
生じた労働力不足が、やがて「ヒト」に焦点を当てさせることと
なった。

　同時に、社会の成熟化、経済のサービス化も進展し、単なるヒ
ト、モノ、カネを中心とした経営資源論では不十分と感じられるよ
うになる。

　かくして、こうした経営資源だけでなく、無形の経営資源が重視
されるようになる。具体的には、前述した情報、企業文化、時間、
技術が重要な経営資源と強く感じられるようになった。

　これらの内でも最近特に注目されているのが情報資源である。数
字やデータを集計・処理して意味ある知見を引き出すことを情報処
理と言い、伝達手段としては口頭、手紙、印刷物、電話、無線通
信、テレビ、ラジオ、インターネットなど多様であるが、今日では
コンピュータの占める位置が大きい。このため情報資源論において
はコンピュータが決定的な意味を持ち、これと結びついた情報処
理・情報セキュリティ・情報リテラシイなどが重要となる。

　こうした時代性の中でわが国では、中学・高校で「情報」という
科目が新設され、コンピュータ・情報・通信などの基本を教えるよ

うになったし、2025年からは大学入試共通テスでも必修科目として新設されることとなった。大学でも情報関係の学部、データサイエンスなどの学部が増えつつある。

　情報通信技術（ICT）の発展によって生産現場、流通現場、オフィス、企業間ネットワークなどあらゆる局面で情報ネットワークが形成されてきていることは第2章でも述べたところであるが、さらに2023年から第1章でも述べた「ChatGPT」を皮切りに生成AIが種々登場し、情報処理の世界は一段と高度な段階に入った。

　AI（人工知能）は機械学習（大量のデータをコンピュータに反復的に読み込ませてデータの持つ特徴・規則性を見つけ出す）やその発展形態であるディープラーニングによってより情報処理能力が大いに高度化した。

　AIでは画像認識、音声認識、自然言語処理、推測・予測、機械制御などの技術が拡大したことによって、企業活動に大きな変化をもたらすようになってきている。たとえば画像認識の活用によって無人店舗・無人コンビニ、店舗の来客分析が可能となった。

　また、ネット上の大量画像の取り込みと分析によるファッショントレンドの予測ができる。音声認識の利用によって音声をテキスト化できるし、自然言語処理能力の拡大によって文脈に沿った自然な翻訳・文章要約・対話可能なスマートスピーカー・AIアシスタント・接客ツール・コールセンター自動化への応用ができる。

　機械制御の面では従来のロボティックスプロセスオートメーション（RPO）にAIを組み込むことによって産業用ロボット、物流ロボット、自動運転などの能力が高まり、インテリジェントプロセスオートメーション（IPO）になった。

　これらの発展によって人手不足対策、業務効率化、コスト削減効

果、ヒューマンエラーの防止などのメリットをもたらすことが期待される反面、雇用問題に深刻な影響をもたらす懸念がある。

　たとえばすでにハリウッドで映画製作にAIを活用することの制限を求めて俳優や脚本家などが長期ストライキを起こす運動がすでに起こっている。また、画像認識・音声認識技術の悪用によって偽情報の被害が深刻な問題を起こすことが懸念されている。AIの活用は始まったばかりであり、課題の解決は今後の進行にかかっている。

　こうして、経営資源は、時代とともにその範囲を広げて認識され、とらえ方や位置づけも変わってきた（図表6‐1）。

図表6‐1　経営資源の拡大と重点の移行

時間→→→→→→→→→→→→→→→→→→→→→→→→→→時間の流れ

封建時代	初期資本主義	後期資本主義	現　在
土地	土地 モノ（原材料、機械） カネ（資本）	土地 ヒト（労働力） モノ（原材料、機械） カネ（資本）	土地 ヒト（労働力） モノ（原材料、機械） カネ（資本） 情　報 企業文化 時　間 技　術

3　経営資源の獲得・利用・蓄積・配分と　　経営戦略

(1)　経営資源の獲得と経営戦略

　経営資源の獲得には、「スポット市場での調達」つまり当面の応急的な購入だけでなく、企業提携やM&Aなどの長期的戦略に及ぶ

広範な問題が含まれている。これについては、すでに述べた。

とくに最近注目されてきているのが、他社の経営資源を活用するという企業提携やM&Aである。はげしい技術革新や合理化競争、販売競争にうち勝つためには、自社のもつ既存の経営資源や事業分野だけでは生き残りが困難な場合が当然のことながら生じる。このような場合には、提携（技術、業務、販売、資本など）という方法か、M&Aによる新規事業分野の追加などによることになる。

要するに、それは社内の内部資源ではなく、外部資源をとり入れることを重視する戦略である。

(2) 経営資源の有効な利用・蓄積と経営戦略

既存の経営資源や新たに獲得した経営資源は、有効に利用したり、蓄積することが必要である。そして、ビジネス・チャンス（商機）だけでなく、社内での未利用の資源の発見と利用が課題となる。

たとえば、「人的資源管理」（ヒューマン・リソース・マネジメント、HRM）を通じて、働く人びとの自己実現欲求を満たし、高い意欲と能力を開発・活用することがめざされている（第13章）。また、組織開発は、企業文化や意識の変革と活性化を通じて、組織の効率化を高めることになる（第14章）。

こうしたことを推進するために、経営能力の蓄積と情報の共有が重要である。さらに、AI化、IoTなどのデジタル化、R&D（研究開発）による技術開発と蓄積なども、経営資源の蓄積に必要となる。これらは、人材開発戦略、組織開発戦略、情報戦略、研究開発戦略などとよばれる。

(3) 経営資源の最適配分と経営戦略

経営資源を最適に配分するという問題は、1960年代なかば頃

から、経営戦略論として積極的に展開されてきた（第９章参照）。

　企業は、その目標を達成するために、その企業がもっている経営資源とおかれている環境の両方を配慮しながら、両者を適合させようとつとめる（第５章参照）。現在および予想される将来の環境下で、企業は、どのような独自の事業活動領域（「ドメイン」、「生存領域」）を追求すべきであるかを決定しなければならない。ドメインというのは、その企業にとって「柱」となるような事業活動の範囲のことである。

　このドメインが決まれば、それに対応して経営資源をどのように調達し、蓄積し、具体的にどのように活用するかというプロセスがあとに続くことになる。これが資源の配分問題である。

　どの事業にどれだけの経営資源を重点配分して育てるのか、また、採算のとれないどの事業を撤退ないし売却すべきなのか。これらは、いずれも経営資源の配分問題である。

　アンソフ（H. I. Ansoff）の製品・市場マトリックスで示される製品・市場戦略（図表６-２）やボストン・コンサルティング・グループ（BCG）の提唱による製品ポートフォリオ・マネジメン

図表6-2　アンソフの製品・市場マトリックス

市場＼製品	現有製品	新製品
現有市場	市場浸透	製品開発
新市場	市場開拓	多角化

資源投入の４つの方向

市場浸透…マーケット・シェア拡大のための営業力、コスト競争力に資源を重点投入
市場開拓…新市場開拓、新用途開発に資源を重点投入
製品開発…新製品開発、現有製品改良に資源を重点投入
多 角 化…関連する分野にまで事業を拡大することに資源を重点投入

ト（PPM）（図表 6 - 3）などは、いまでは経営戦略論の古典に
なっているが、いずれも経営資源の最適利用をめざした重点配分に
関する主張である。

図表6 - 3
ボストン・コンサルティング・グループのPPM

	高		
市場成長率	スター （成長期） 1．シェア維持のために資金も必要だが、利益は大きい 2．うまくやれば金のなる木になりうる（へたをすれば負け犬になることも） 3．初期投資負担を引きずっている	問題児 （新製品導入期） 1．成長性は高いが、シェアが低く、利益は少ないか採算割れである 2．うまく育てばスター、金のなる木になる可能性がある 3．投入資金を多く必要とする	
	金のなる木 （成熟期） 1．シェアが大きい割に、資金投入量が少なくてすみ、利益は大きい 2．資金、利益の重要な源泉	負け犬 （衰退期） 1．基本的に撤退 2．投入資金以上の稼ぎが見込まれるなら撤退しないこともありうる	
低	高　　　　　　マーケット・シェア　　　　　　低		

金のなる木を資金源として、スターや問題児を育て、次期の金
のなる木にしていくように、資源配分をする。

《おさらい（Review and Challenge）コーナー》

1　経営資源とはなんですか。どんな種類のものがありますか。
2　経営資源の獲得、蓄積、配分では、それぞれどのようなこと
　　が問題となりますか。

③ 現代企業にとって決定的に重要な経営資源はなんですか。また、なぜそう思ったかについて述べてください。

④ 関心のある企業のドメインとその変遷を調査してください。

•••••••••••••••••••• トレンド：新しい経営 ••••••••••••••••••••

70歳代にも働ける経営を！

60歳代まで雇用を継続できる時代になりました。55歳定年から60歳定年に延長するのに、約25年ぐらいを要して延長されてきたが、今後の問題としては、人生100年時代になり、70歳以降も雇用を継続させて、働けるようなシステムをつくることがもとめられています。高齢者のなかには70歳をすぎてもフルタイムの勤務はむずかしいとしても確実に働ける人びとが増加しています。年功的な人事制度をやめたり、働く人びとの意識の改革なども必要ですが、「ニュー・ヒューマン・リソース」（新しい人的資源）として元気で知恵のある世代の活用は必要となっています。

わが国では少子高齢社会が到来していますが、経営資源として高齢者が生き生き働けることは、高齢者だけでなく、社会にとっても望ましいことです。

（齊藤毅憲）

クローズ・アップ

データサイエンスの力を借りよう！

　データサイエンスはデジタル化を支える知識分野です。それはデータ（情報、資料）を集めて、分析したり、検討し、それを通じて、新しい事実や知識を見つけだす科学的な手続や手法です。具体的にはそれは、コンピュータの科学（情報処理）、統計学、AI（人工知能）などの情報科学系の知識ですが、この知識の習得とそれを実際に使える応用力の養成が経営学を学習する人びとにももとめられています。

　現在は、データサイエンス系の大学が多数設置されるようになっていますが、経営学などのビジネス系、マネジメント系の学生諸君もデータサイエンスを学習すると、企業経営に関する新しい事実や知識を発見できるものと思っています。企業経営についてのビッグ・データも十分解析されていませんから、いろいろな発見ができるでしょう。

　もちろん、そのための前提として企業経営の理論をしっかり学習するとともに、現実の企業経営に関心をもち、どのような課題があるかを知る必要があります。

　経営学は誕生以来、経済学、工学、心理学、社会学などの他の科学（隣接科学）の力を借りて発展してきましたが、現在はデータサイエンス力が大切になっています。

（齊藤毅憲）

125

クローズ・アップ

経営資源は本当にないのでしょうか

　"わが社には、とくにおカネや人材など、経営資源がないので、経営がうまくいかないのです"などとよくいわれます。経営がうまくいかないのは、そのためであるというのでしょうか。

　衰退した地方の活性化の議論でも同じようなことはいわれています。"ウチの地域には、資源といわれるものはなんにもないのです。ですから、若者は外へ行ってしまい、活性化はむずかしいのです"と。また、スモール・ビジネスでも、小規模で、経営資源もないので、経営力は弱いものと考えられてきました。

　しかし、経営資源は本当にないのでしょうか。若者が少なくなり、人口が減少したとはいえ、地方はとくに第1次産業を中心にして、日本人の食生活を支えてきました。それぞれの地域には、米作以外にもいろいろな農作物をつくってがんばっています。

　そして、インバウンドで来日した外国人は、それぞれの地域のもっている習慣、文化や風土に魅力を感じているようです。これらを見ると、地域住民があまり感じていないものが地域の経営資源として確実に存在しているのです。

　スモール・ビジネスの経営は、たしかに環境変化の影響を受けやすく、活動の継続がむずかしいのですが、しかしながら、したたかに生存し、活動をつづけています。これについては、なにか強みとなるような経営資源があるからそれが可能になっていると考えるべきです。経営者個人の強い個性や固有の能力といったものが、おそらくスモール・ビジネスの重要な経営資源なのかもしれません。

　これに対して、大企業でも経営資源の不足について同じことがいえるでしょうが、経営資源は相対的に多くあると思われます。むしろ大企業では経営資源が有効に配分され、活用されているのか、という問題があるようです。

（齊藤毅憲）

企業はどのように
組織づくりを行い、
存続・発展するのか

《本章のねらい》

　企業は人びとの協働からなる組織であるから、この組織と個人は、どのようにしたら一体化できるのか。そして組織活動をつづけ発展させ、組織の中の個人（メンバー）が共通目的の達成に活き活きと貢献するために、経営者（トップ・マネジメント）はなにをすればよいのか。本章では、それらの問題を解説する。本章を学習すると、つぎの点が理解できるようになる。

　① 現代経営学でいう「組織活動」の意味

　② 組織活動が成立・始動するための不可欠な条件

　③ 組織活動が存続・発展するための不可欠な条件

　④ 組織メンバーの貢献意欲と貢献活動を強化する方法

　⑤ 経営者にもとめられる「組織道徳」の創造

1 「組織と個人」をいかに捉えるのか

(1) 古い考え方の「組織」

　私たちの身の回りには、企業のみならず、役所、学校、教会、病院、政党、町内会、自治会、同窓会、後援会など、多数の「組織」が存在するが、そもそも組織とはいったいなんであろうか。

　「組織」とは、実に得体が知れない。組織を構成する具体的な個人とかメンバーについては、見ることも触ることもできるが、組織については、見ることも触ることもできない。しかし、「ないのか」と問われれば、ないことはない。「ある」といえば、確かにあるようだが、「どこにあるのか」と問われれば、いささか説明がやっかいである。実に「組織」とは把握するのがむずかしい。

　「組織」といってすぐに思いつくのは、三角形のピラミッド型の組織図である。この三角形の頂点には、社長・会長などの「長」のつく人物がおり、その脇に「副」、「サブ」の人物がつき、そこから現場の末端組織に至るまでの階層的な職位体係が図示される。

　しかし、このような図を示されても、いかにしたら個々のメンバーが意欲的に組織目的に向かって貢献するのか、そして、どのようにしたら組織全体の共通目的が達成するのか、といった組織の動態的な側面はまるで見えてこない。

　このような組織図には、上から下への指揮・命令の系統が示されている。また、組織の下部のメンバーには命令の絶対服従が期待されているように見える。確かに、これも「組織」の一側面であろう。しかし、このような組織観は古い考え方（古典的経営学）の典型であり、以下では、新しい考え方（現代経営学）の組織観について見ていこう。

⑵ 「組織活動」とは目的を達成する協働システム

　新しい考え方（現代経営学）では、「動く組織」や「目的を達成する組織」、という組織の動態的な側面が解明される。ここでは組織のなかの個人も動態的に把握される。すなわち、個人は「自律的な行為主体」として、みずからの欲求・動機をもとに、目的・目標を明確にすることで動機づけられ、自律的に行動する存在として捉えられる。

　たとえば、「食べたい」という欲求（動因）の表明は、単なる願望であり、それだけではなんの行動も生まれない。しかし、「ラーメンを食べたい」という具体的な目標（誘発因）を明確にすることで、たとえば店に足を運んでラーメンを食べる、という一連の食欲充足の行動が生まれる。つまり、人間の行動とは「欲求充足（動機満足）のプロセス」なのである（図表 7 - 1 を参照）。

図表7 - 1　人間行動の基本的な原理

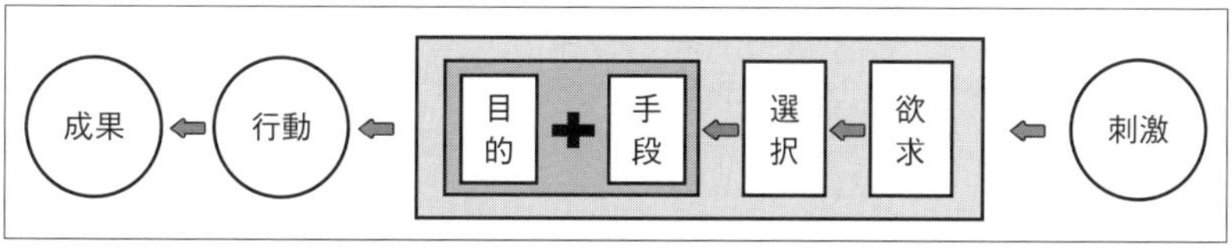

出所：筆者作成。

　したがって、個人がなんらかの組織のメンバーになるのは、組織の掲げる共通目的に共鳴し、自分ひとりでするよりも、他の人びとと協働したほうが自分の欲求がよりよく充足し、自分の目的が達成できると信じるからである。つまり、組織活動には、目的を共有する個々人が不可欠であるが、同時に組織が提供する魅力・メリット・誘因がなければ、個人の参加・貢献は生まれない。かくして、「組織と個人」とは相互に相手を前提にしており、両者の一体化

（同時的実現）が組織活動そのものである。

　つまり「組織活動」は、人間行動に関わる欲求・目的・制約・動機・意欲・誘因・満足・充足・貢献などの目には見えない諸力・諸要因を意識的に調整し続けるなかで存続・発展する。したがって、それは「電磁場」と同じように見ることも触ることもできない「人力の場」であり、特定の観点からこれらの諸力を調整したり、統制することでのみ、存続・発展する社会的な「生き物」である。

　ここでは「動く組織」や「目的を達成する組織」を前提にしているので、組織と組織活動とは、同義のものである。

⑶　組織活動の成立・始動に不可欠な３つの条件

　では組織活動が成立・始動するには、いかなる諸力・要因を、いかに意識的に調整・統制すればよいのか、「くだものを売る会社」を設立する事例を考えてみよう。

　まず設立発起人は、くだもの販売会社の設立の意義・目的などを、多くの人びとに告知・伝達し、それに賛同・呼応して、人びとが参加・貢献しようとするときに、組織活動は始動する。この場合、呼びかけをした発起人と呼びかけられた人が、相互に連絡を取りあうコミュニケーションが必要である。それと同時に、呼びかけられた人の「ぜひともこの事業に参加・貢献したい」という「意欲」が不可欠である。

　このプロセスを整理すれば、①相互に意思を伝達できる人びとがおり、②それらの人びとは協働に参加・貢献しようとする意欲をもって、③くだものを売るという共通目的の達成をめざすときに、組織活動は成立・始動する。そして、これらの３つの条件（諸力・諸要因）を確保・調整することを組織活動の「内的均衡」という。

　①の組織活動における伝達（コミュニケーション）とは、組織の

構成メンバーが、情報・知識・意思・気持などを相互に交換することである。つまり発起人が、出資や就業を考えている人に、出資・参加を求めて会社設立の意義・目的などを伝達する。その際、できるだけ多くの人びとが参加したくなる魅力・利益・メリットなどを伝えて、参加意欲を刺激する。逆に、呼びかけられた人も、呼びかけた発起人に賛同や参加の意思を伝える必要がある。

　このような相互の伝達の手段・方法としては、口頭や文面による言葉・言語が中心であるが、画像・映像も含まれる。そして、紙媒体のみならず、パソコン、モバイル、スマホ、情報ネットワークなどが不可欠である。

　②の組織活動における貢献意欲や協働意欲とは、くだもの販売という事業に参加・貢献したいという意欲・動機・欲求のことである。これは、個人の私的目的に対する意欲ではなくて、組織全体の共通目的に対する貢献意欲である。すなわち、「みんなで協働して共通目的を達成したい」という協働意欲であり、「忠誠心」、「団結心」、「団体精神」といってもよい。

　この貢献意欲を安定的に確保できるのは、一人で行うよりも他人と協働したほうが、個人になんらかの利益・魅力をもたらし、その利益・魅力が他の協働の機会よりも多いと感じるときである。このように、個人の側に共通目的に貢献したいという意欲・動機・欲求がなければ、組織活動はスタートしない。

　③の組織活動の共通目的とは、個々の組織メンバーが共有する達成すべき目的のことである。つまり、個々のメンバーが協働行為の目的を共有し、同じ目的をもつことである。仮に一部のメンバーが、くだもの販売という共通目的とは異なる「保険のセールス」、「宗教の勧誘」などの目的を持ち込むとすれば、共通目的は共有化できず、社内は混乱する。その結果、くだものを販売する共通目的

は達成できず、事業は失敗に終わる。

協働する個人の観点からみると、一般に、「目的」にはふたつの側面がある。すなわち、「組織活動の共通目的」と「個人の私的目的」である。後者は個人の動機・欲求といってもよい。個人にとって意味があるのは、前者の「組織活動の共通目的」ではなくて、組織が個人に求める貢献・犠牲・負担や、組織が個人に与える誘因・利益・魅力などである。

したがって、「組織活動の共通目的」と「個人の私的目的」とは明確に区別され、このふたつが完全に同一であることは、現代社会ではありそうもない。そこで経営者は、個々の組織メンバーに対して、共通目的が本当に存在しているのだという「信念」を植えつけつつ、「組織と個人」を「一体化」することが重要な課題になる。

(4)　企業組織のメンバー・貢献者とはだれのことか

組織活動とは、共通目的を達成する協働行為であるから、そこでの組織メンバーとは、共通目的に直接・間接に貢献する個人・機関のことである。つまり、組織メンバーとは共通目的の貢献者のことであり、その顔ぶれや人数を明確に確定することはできない。

「組織メンバーすなわち共通目的の貢献者」という捉え方は、現代経営学の固有の特徴であり、権利・義務・責任の視点から組織メンバーを明示する法律学的な考え方とは大きく異なっている。

では企業組織のメンバー・貢献者とは、いったいだれのことで、いかなる貢献をしているのであろうか。まず、株主や投資家は、会社の発行する株券・債券を購入して組織活動に必要な資金を提供するという貢献をしている。そして、従業員・社員・労働者（パート、派遣、アルバイトなどの非正規雇用を含む）は、生産・加工・販売・配送などの具体的な業務遂行に貢献（労働・勤務・仕事）し

図表7 - 2　組織メンバーと協働体系との関係

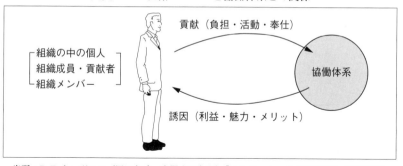

出所：P. E. トーガスン（岡田和秀・高澤十四久訳）『C. I. バーナードの組織概念（増補版）』
　　　白桃書房、1973 年、35 ページに加筆・修正。

ている。また、顧客・消費者は、会社が開発・販売・提供する商
品・製品を購買・購入するという貢献をしている。

　金融機関・債権者は、会社に資金を融資・融通・貸付するという
貢献をしている。納入業者・協力会社は、製品・部品・原材料など
を会社に納品・供給するという貢献をしている。下請・関係会社
は、親会社と業務の協力・提携という貢献をしている。地域住民や
地域社会は、会社の事業に協賛・賛同という貢献をしている。

　このように、企業組織の共通目的に対して、出資・購買・参画・
販売・労働・供給・融資・支援・協力・協働・賛同・協賛・共同・
連携など、さまざまな直接・間接の「貢献」をするかぎり、組織メ
ンバーであり、それらの人や機関のことをステイクホールダーとい
う。貢献の内容はさまざまであるが、それは組織メンバーの多様性
を意味している。

　これらの多様な組織メンバーの多様な貢献活動がなければ、企業
組織の共通目的は達成できない。それゆえに、経営者はすべてのス
テイクホールダーに対して、たえず適切な誘因・魅力・刺激を提供
して、共通目的に対する貢献の意欲や活動を獲得・強化することが

必要となる。

2 トップ・マネジメントの基本的な管理職能

(1) 伝達体系の形成と維持

　経営者の「管理職能」は、組織活動を成立・始動・維持・存続させることである。その具体的な内容は、まずは、前述の「内的均衡」に対応している。

　第1の管理職能は、「伝達体系を形成・維持すること」である。一般に組織活動における重要な伝達（コミュニケーション）は、伝達体系と、そのなかの人間を介して遂行される。それゆえに、まず伝達体系としての組織上の職位を創造し、そこに適切な管理者を選択・配置し、これらの人びとから貢献意欲・貢献活動を獲得することが必要である。

　管理者にもとめられる「貢献」とは、組織活動に対する「忠誠」であるが、それは必ずしも金銭やモノなど、有形の物質的な誘因の提供だけでは充分に確保できず、無形の誘因の提供が必要である。とくに「仕事の興味」、「組織の誇り」や「威信への愛着」などが重要である。したがって、伝達体系を維持するためには、管理者にふさわしい人材を選択し、適切な職位に配置・配属することが核心となる。

　なお、現代の企業組織には、パソコンやモバイルを利用した情報ネットワークが張り巡らされており、そこでは組織の職位を媒介せずに、情報伝達することが技術的に可能になっている。それゆえ、比較的に重要でないルーチンワーク的な業務連絡などは、中間管理職を経由せずに情報の伝達・交換が行われている。

　したがって、公式組織における伝達体系を維持する際に、中間管理職の果たす役割は相対的に低下している。そして、ここに階層の少ない「フラット型組織」が誕生し、「中間管理職不要論」が生まれる根拠がある。また情報ネットワークの技術的な拡張・発展は、組織活動における伝達体系のあり方を大きく変えており、「在宅勤務」、「サテライト・オフィス」などを生みだし、自律性の高い新しい働き方を創出している。

　以上は、公式的な管理組織の伝達体系の議論であるが、それとは別に、組織内には非公式な伝達の果たす機能がある。それは、日本では「事前の根回し」という言葉で日常的に行われている。この非公式組織のもつ伝達機能は、情報ネットワークが普及しても必要であり、公式的な管理組織の伝達体系を補完する意味において、重要である。

⑵　組織メンバーの貢献活動の確保・強化

　経営者のなすべき第 2 の管理職能は、個々の組織メンバーから共通目的に対する貢献意欲と貢献活動を確保・強化することである。具体的には、①メンバーを組織活動の協働関係に引き入れること、②そのあと、具体的な貢献意欲と貢献活動を引き出すこと、の 2 段階に区分される。

　たとえば、株主・投資家の場合には、まず第 1 段階として株券・債券などを購入させ、第 2 段階としてそれを継続的に保持させることである。そのためには、「株主を続ける（出資の継続）」という貢献過程において「株主満足度」を高めて、貢献意欲と貢献活動を強化することが不可欠である。それには、株式市場での自社の株価が高値で安定するように、企業業績をたえず健全にすることがもとめられる。

　従業員・社員・労働者（パートやアルバイトなどの非正規社員も含む）の場合には、第1段階としては、人員募集に応募させて選抜・採用・雇用すること、そして第2段階は、雇用した従業員を組織と一体化させ、組織の共通目的に貢献（労働・勤務・仕事）させることである。

　従業員といえども、意欲的に貢献するかどうかは、当人の自由意思の問題である。したがって、経営者は「従業員の意識調査」などを行って、従業員の欲求・動機を識別・判断し、それにマッチングする適切な誘因を提供して、貢献を確保・獲得しなければならない。つまり、従業員の貢献過程（労働・勤務・仕事）における動機満足度を高めて、貢献意欲・モチベーションを向上させ、貢献活動を継続的に強化する必要がある。

　従業員・労働者の貢献意欲の程度は、貢献過程（労働・勤務・仕事）における動機の満足度（とくに自己実現欲求の充足度）に正比例する。それゆえ多くの企業組織では、「職務満足」や「職務充実」を重視し、生きがい・やりがいを生みだすように職務再設計を行い、従業員満足度の向上を追求している。

　顧客・消費者の場合には、第1段階としては、広告・宣伝などによる働きかけである。これも協働関係への誘引になる。店舗営業の場合には、顧客を種々の誘因で動機づけ、まずは来店させる必要がある。しかし、来店した顧客が必ずしも自動的に買物をするわけではない。ただ見て回るだけの人もいる。商品を購買するかどうかは、顧客の自由な判断である。

　かくして、第2の段階としては、顧客に種々の誘因を提供して、購買意欲を刺激する。ここでも顧客の貢献活動の程度（どれだけ商品を購買するか）は、購買過程における顧客の動機満足度に正比例する。そのため、多くの企業組織においては、「市場調査」、「マー

136

ケット・リサーチ」、「顧客満足度調査」などにより、購買動機
（ニーズ）の分析・識別を踏まえて、顧客満足度の向上を追求して
いる。俗に言う「お客様は神様である」とは、その象徴的な表現で
ある。

　小売店のように店員が直接に顧客に接する職場では、店員の対応
が顧客の購買意欲に大きく影響する。そのために、「お客さんが満
足することが、店員としての自分の満足である」、「顧客満足の実現
が従業員としての動機満足である」ことが理想のあり方となる。

　つまり、小売店の従業員満足度が低いことは、顧客に対する従業
員の対応・接客・販促が不十分であることを意味し、それでは顧客
満足度は向上しない。かくして、小売店では従業員満足度と顧客満
足度との一体的な向上が、組織活動の課題となる。俗に言う「従業
員は第２のお客様である」とは、その象徴的な表現である。

　関係会社、金融機関、債権者、物品の納入業者、地域社会の住民
さらに労働組合など、その他の組織メンバー（貢献者）に対して
も、経営者は同様の適切な対応をして、それぞれの動機満足度を高
めて、共通目的に対する貢献活動を持続的に確保・強化しなければ
ならない。このような広範囲のステイクホルダーに対する一連
の取組みは、パブリック・リレイションズ（PR）と呼ばれてい
る。

　このように、経営者はすべての組織メンバー（貢献者、ステイク
ホルダー）との間に適切な「誘因と貢献」とのバランスをとり、
共通目的に対する直接・間接の貢献活動を継続的に獲得・強化する
必要がある。その際に、個々の組織メンバーにとって、自分が組織
に提供する貢献・犠牲・負担よりも、組織から享受する誘因・利
益・魅力のほうが大きいと感じられることが不可欠である（図表
７-３参照）。

図表7-3　組織メンバーの視点から見た誘因と貢献

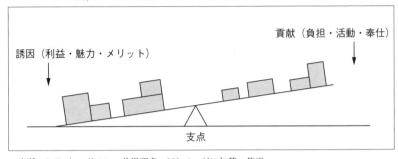

出所：P. E. トーガスン、前掲訳書、109 ページに加筆・修正。

⑶　共通目的の定式化・細分化と配分

　経営者の第３の管理職能は、組織活動の共通目的を定式化し、それを細分化して管理組織の下層部、つまり下位の単位組織（部、課、係、グループなど）に配分することである。下位の単位組織にとっては、分割された細部目的を達成することが、組織全体の共通目的の達成の貢献につながる。この連鎖は、最終的には、末端組織で貢献する個人への細部目的の分配にまで至る。

　かくして、個々の組織メンバーは、自己に課せられた細部目的を達成することが、同時に組織全体の共通目的の達成に結びついている。この連鎖がうまく機能するかどうかは、ひとえに伝達（コミュニケーション）の果たす役割である。

　管理組織の上層部と下層部とでは、目的の定式化・細分化の様相が異なっている。第５章でも述べたが、経営者は、長期的・抽象的・全社的な経営ビジョン・経営理念・経営哲学を提示して、「これがわが社の21 世紀の行動方針である」という。

　これに対して、中層の管理者（部長や事業部長など）は、「これは今年度の当該部署の課題であり、来年度はこれこれである」と理解する。その下の管理者（課長・係長など）は、具体的・特殊的・

短期的な視点から、「これはわれわれが今月中に取組み完了する作業であり、来月にはあの作業をする」と受けとめる。そして、現場の末端組織の個人は、「これが本日中にやり遂げる自分の課題であり、明日はこれである」と受けとめる。

　一般に、下位組織では短期的・直接的な細部目的に集中するので、しばしば組織全体の共通目的（経営理念・経営ビジョン・経営哲学など）との関連性を見失いがちである。したがって、多くの企業組織においては、朝礼（ミーティング）などにおいて、組織末端の細部目的と組織全体の共通目的との関係性を再確認し、共通目的を共有化するために、社是・社訓などの経営理念の唱和・確認を行っている（第５章も参照）。

3　トップ・マネジメントと組織目的の達成

(1)　組織活動の存続・発展と組織目的の達成

　組織活動が存続・発展するには、なによりも共通目的の継続的な達成が不可欠である。仮にくだものの販売を目的にした会社が、その後「一度もくだものが売れず、一円の利益もあがらない」とすれば、もはや存続することができず、当然のことながら解散である。要するに、いかなる組織活動でも、掲げた目的を達成できないのであれば存続はない。

　したがって、組織活動の存続・発展は、共通目的の達成能力によるが、そのためには、企業のおかれた環境要因・状況要因に適応した目的を絶えず採用する必要がある。環境要因に適応しない目的を採用しても達成はできない。それゆえ、目的を達成するには、それに適応するように環境要因を変えるか、それが不可能であれば組織

活動の目的を変えるしかない。

　たとえば、くだもの販売店を開くにしても、その場所がゴビ砂漠の真ん中で顧客・消費者がいないような立地であれば、目的は達成できそうにもない。その際には、ゴビ砂漠に大量の生活者を移住させて「顧客・消費者を創出」すれば目的は達成できる。しかし、それが不可能なら、くだものを売るという目的は放棄するしかない。そして、新しい別の目的を選択・採用することになる。

　したがって、組織活動を存続・発展するためには、絶えず環境要因に適応した新しい目的を選択・採用して、それを継続的に達成することがもとめられる。つまり、「目的→達成→新しい目的→さらに達成」の連続が不可欠な条件である。この組織活動の目的達成の程度のことを「有効性」（effectiveness）と呼んでいる。

　組織活動の目的が決まっていれば、あとは目的達成のために採用した手段・方法が適切かどうか、が検討される。これについては、以下で考察しよう。

⑵　組織目的の達成と戦略的要因の識別

　目的の選択・設定は、なにをなすべきか、という価値前提・価値判断によるが、目的達成のための手段・方法の選択（意思決定）については、現実を分析・識別・認識して得られる事実前提・事実判断による論理的な行為である。これは経営（マネジメント）の論理的・分析的な側面であり、戦略的要因（制約要因）の識別という問題である。

　戦略的要因とは、他の要因が一定ならば、それを「取り除く」か、あるいは「注入する」ことで、目的が達成する要因のことである。つまり、目的達成を制約している要因のことである。

　たとえば、わが家の畑のブドウが育たないのは、土壌に必要な

「チッソ・リン酸・カリ」のうち、カリが不足しているとすれば、「カリ」がブドウの生育（目的の達成）を制約している要因である。この事実判断にもとづき、戦略的な意思決定として、畑に一定量の「カリ」を蒔くことになる。

　あるいは、わが社の業績が伸び悩んでいるのは、経営資源のなかで「優秀なヒト」が不足しているからだとすれば、「優秀なヒト」が目的達成の制約要因である。その結果、戦略的な意思決定として、「優秀なヒト」を多数採用することになる。

　組織目的を達成するための手段や方法の適切性を問う場合、そこには、企業が用いる応用科学の技術、組織構造の技術、生産および販売の技術などが含まれる。この手段の適切性は、組織の末端の業務や仕事にまで及んでいる。

　組織活動の共通目的を、細部目的として下位組織の業務に割り当てることは、最終的には個々の細部の業務に適する技術の選択をも意味する。とすれば、共通目的の達成にとって、個々の細部の業務に適する技術が有効であるかどうかが問題となる。ある業務に対して、どの特定の技術を選択すべきか否かは、可変的な要因であるから、どの技術が「よりよい」かを選択することになる。

　経営（マネジメント）の過程は、組織活動の目的達成と、そのための手段・方法の選択という面に限定してみても、それは全体を総括し、総合化する過程である。それは、局部的な観点と全体的な観点との間に、また特殊的な要求と全般的な要求との間に、効果的なバランスを見いだす過程でもある。つまり、そこには全体をバランスよく捉えるというセンス（感覚）が要求される。

　その意味では、経営（マネジメント）のプロセスとは、美的センスの問題でもある。そして、組織活動が、共通目的をどれだけ達成したか（有効性）の観点からみれば、経営とは統制・調整を意味し

ている。

　以上は、「組織目的の達成の程度（有効性）」の観点からみたマネジメントの特徴であるが、さらに全体的にみるためには、個々の組織メンバーの動機の満足（欲求充足）という観点（能率・効率性）からの検討が不可欠である。以下では、それを考えてみよう。

4　トップ・マネジメントと組織メンバーの動機満足

(1)　組織活動の存続・発展と組織メンバーの動機満足

　組織活動の存続・発展には、共通目的の継続的な達成（有効性）とともに、個々の組織メンバーの動機満足（能率・効率性）が不可欠である。なぜなら、組織目的の達成は、組織メンバーの貢献意欲と貢献活動の程度に依拠しており、それは貢献活動（労働・購買・協力など）における動機満足度（欲求充足度）に正比例するからである。つまり、人間の行動とは、なんらかの動機満足（欲求充足）のプロセスであるから、動機満足度の高いことは、行動目的に対する達成意欲（勤労意欲・購買意欲・貢献意欲など）が高いことを意味している。

　経営学の古い考え方では、組織メンバーは他律人モデル（他律的な行為主体）であり、目的達成のための道具・手段として扱われ、トップダウンの一方的な指示・命令のもとで、牛馬のように強制的・機械的に動かされる存在とされてきた。

　ここには、組織メンバーの自律性・自主性・自発性の尊重という概念はなく、また組織メンバーの動機満足（欲求充足）を重視する発想もない。組織は全体主義的な「滅私奉公」を基調とする「ピラミッド型専制組織」であり、マクレガー（D. McGregor）のいうX

図表7 - 4　組織のタイプ

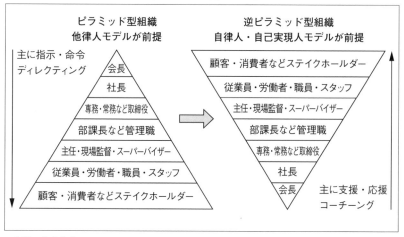

出所：筆者作成。

理論モデルの組織である。そして、現在でも、このような組織運営
行う企業がないわけではない。

　それに対して、経営学の新しい考え方（現代経営学）の場合に
は、組織メンバーを自律人・自己実現人モデル（自律的な行為主
体）とし捉えるから、組織メンバーの貢献活動における自主性・自
発性・自律性を重視・尊重し、自己実現欲求を刺激することによっ
て、貢献意欲や貢献活動を獲得して共通目的を達成する。

　それゆえ、多くの企業では「従業員満足度」や「顧客満足度」な
ど個々の組織メンバーの動機満足（とくに自己実現欲求・成長欲求
の充足）を追求している。それは個人重視の「逆ピラミッド型組
織」の運営であり、マグレガーのいうＹ理論モデルの組織である。
そこから、現場の人びとの自主性・自発性・自律性を重視・尊重す
る「QCサークル活動」、「小集団管理活動」、「カイゼン活動」など
の民主主義的な「全員参加型」の組織運営が生まれている。

　そして、経営者は組織メンバーの動機を満足するために、それに適応する多種多様な誘因を継続的に提供し、貢献を引きだすことがもとめられる。

　この点を個々の組織メンバーの視点から見れば、組織目的に対する自分の貢献に比較して、自分が組織から得る誘因のほうが大きいと感じるのであれば、それだけ動機は満足する。つまり、組織メンバーにとっては、少ないアウトプット（貢献・労働・犠牲・負担）で多くのインプット（誘因・利益・魅力）を得たとすれば、それは「能率的だ」・「効率がよい」（efficiency）を意味する。それゆえに、組織のなかの個々人の動機満足（欲求充足）の程度のことを、現代経営学では「能率」もしくは「効率性」と呼んでいる。

(2)　組織メンバーの動機満足とマネジメント

　組織活動の存続・発展のためには、組織目的の継続的な達成（有効性）とともに個々の組織メンバーの欲求・動機を持続的に満足（能率・効率性）させなければならない。つまり、「有効性」と「能率・効率性」との一体的な実現・維持が不可欠であるが、それを組織活動の「外的均衡」と呼んでいる。

　そこで経営者は、組織メンバーの動機を満足させて、貢献意欲・貢献活動を引き出し、組織活動の外的均衡（バランス）を維持することになるが、この均衡はいくつかの誘因によってもたらされる。

　ここで誘因とは、組織メンバーの欲求・動機を刺激して貢献（活動・労働・奉仕）を引きだす要因のことであるが、それは、基本的に人間の生存欲求・関係欲求・成長欲求などに対応している。

　具体的には、モノやカネ、名誉・威信、承認、安らぎ、一体感、参加の機会、自己実現の機会など有形・無形のものであるが、個々の組織メンバーの欲求・動機に適応した場合にのみ、それは誘因と

図表7-5　組織活動の諸経済

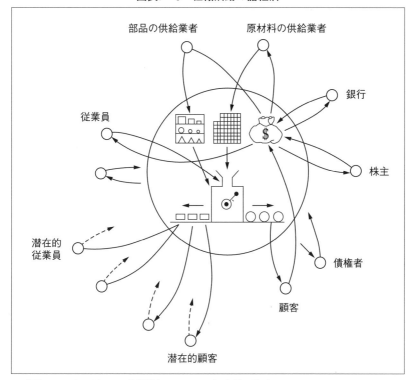

出所：P. E. トーガスン、前掲訳書、162 ページに加筆・修正。

なり、貢献を引きだすことになる。

　これらの誘因は、組織が支配・統制・交換・変形したり、他の組織と交換・連携したり、さまざまな操作・対応・適応をすることにより、新たな効用・価値を創造・創出・産出することができる。

　たとえば、ある企業の製品は永らく国内限定で販売していたが、市場をヨーロッパに広げるために、ロンドンのハロッズ百貨店と業務提携した結果、それが女王陛下の目に留まって英国王室御用達になり、当該企業の信用・名声・知名度・ブランドは一気に高揚し

て、製品の愛用者や顧客が世界的に増加し、株価は急上昇した、など新しい社会的な効用・価値が生みだされるような事例である。

このように、組織活動は内部に蓄積・プールしているさまざまな種類の効用・価値を操作・支配・交換・転換・変形することで、新たな効用・価値をつくりだし、それを新たな誘因として、組織メンバーの貢献活動を確保・支配・統制することになる。

その際に、組織メンバーの立場からすれば、組織目的に対する自分の貢献に比較し、それを上まわる誘因を享受しなければ動機満足はないので、その差額つまり「純満足・純誘因」が不可欠である。

したがって、組織活動はプールしている効用・価値の交換・変形・創造を通じて純満足・純誘因を確保できるときにのみ、組織メンバーに満足を提供でき、存続・発展できる。逆に、いろいろと操作・対応したものの純満足・純誘因を確保できなければ、組織活動の存続・発展は困難となる。

このように、組織活動はプールしている効用・価値の組合せにより新たな効用・価値を創造・創出・産出できるから、そこに純満足・純誘因を確保することができ、組織活動として存続・発展できる。それは全体としての組織活動のマネジメントに対応している。

それゆえに、組織メンバーの究極の動機満足は、各部分要素の動機満足とともに、全体の組合せによる創造的な要素によっても影響される。経営者は、これらの要因を統制して満足の余剰（純満足）を確保し、個々の組織メンバーの貢献意欲と貢献活動を確保・強化することがもとめられる。つまり、「誘因と貢献」のバランスは、多面的であり、重層的である。さらに、経営者には、「適合性の感覚」、「適切性の感覚」、「全体状況を感得する技量」などが必要である。このバランス感覚は、先に見たように、知的というよりも美的センスの問題である。ここに経営者の内面的・道徳的な行為規範・

行動規準という問題が浮上してくる。

5 トップ・マネジメントと組織道徳の創造

(1) リーダーシップの道徳的要因と管理責任

　組織活動の存続・発展は、一般に経営者のリーダーシップの良否によるが、それは経営者の内面的な道徳性にもとづいている。

　ここでいう道徳性とは、「良心」のことであり、人間が行動する際に善悪を判断し、善を受けとめ、悪をしりぞけるという「心の働き」のことである。つまり、人間が意思決定する際に作用する道徳的な行為規範のことである。その意味で、組織メンバーを貢献過程に引き込む際に、経営者の内面的な行為規範や精神性・道徳性・良心などの果たす役割は大きい。

　経営者のリーダーシップには、次のような 2 つの面がある。ひとつは教育訓練で修得されうる技能・知識・知見のようなテクニカルスキルの面である。そしてもうひとつは、決断力・不屈の精神・耐久力・勇気などで表現される経営者の道徳・良心などの心の働き・精神性の面である。

　後者については、以下のような「信念」を創出することで、個々の組織メンバーの意思決定を鼓舞する力となる。つまり、「共通目的は達成するだろう」、「個人的動機が満足されるだろう」、「組織の共通目的が組織メンバーの私的目的よりも優先されるだろう」といった信念が、個々の組織メンバーの内面になければ、共通目的に貢献することはない。

　個々の組織メンバーのもつ内面的な行為規範・精神性は、経営者のリーダーシップなどの外的な諸力・影響力から生じている。この外的な影響力を個々のメンバーが受け入れるときにはじめて、内面

的な道徳・良心となり、自己の行動・行為を規制する。

その結果、個々の組織メンバーの内面には、道徳・良心に反する行動を抑制し、それに一致する行動を強化する性向が生れる。これが「責任」であり、道徳・良心に即した行動のことである。それがメンバーの行動に信頼性を与え、行動の目的を理想に満ちた望ましいものにする。管理階層の職位が上昇するにつれて、道徳性は多岐に及ぶようになり、経営者の責任能力の必要性が大きくなる。

(2) 経営者にもとめられる高潔な組織道徳の創造

組織活動が存続・発展するには、経営者の行使するリーダーシップ機能は不可欠であり、それはバラバラになりがちな組織メンバー間の分裂傾向を阻止して、組織活動に結集させる機能である。すなわち、それは個々の組織メンバーに対して「組織の共通目的の意味を理解させる」、「新しい誘因・魅力を創造して動機づける」、「メンバーの多様な意思決定の主観的側面に一貫性をあたえる」、「メンバーに協働行為に参加する確信を吹きこむ」などの機能である。

トップの経営者には、とりわけ道徳や良心（内面的な行為規準・精神性の作用）の果たす役割は大きい。すなわち、①組織準則（組織を支配している道徳や良心）と個人準則（個人を支配している道徳や良心）の一致がもとめられ、②その道徳や良心を守る能力（高い責任能力）が要求され、③他の組織メンバーのために新しい道徳を創造する能力が必要とされる。

トップの経営者には、みずから「高潔な精神性」（道徳・良心）を堅持する高い責任能力がもとめられる。そして、企業の組織活動は、高潔・崇高な経営理念や経営哲学・経営ミッションに支配され、それに導かれることがなければ、長期にわたって存続・発展することはない。

　一般に組織活動の存続・発展は、それを支配する道徳性や精神性の高潔さに正比例している。たとえば、キリスト教や仏教などの宗教組織が、紆余曲折を経ながらも、まがりなりにも長期間にわたり存続できた根拠のひとつは、そこにある。

　もしも組織活動を支配する道徳性・精神性が下劣で低俗なものであれば、リーダーシップが永続せず、組織メンバーに対する影響力はすみやかになくなり、組織活動は短命になる。これについては、昨今のマスコミをにぎわす一部の企業組織の不祥事を引き合いに出すまでもない。

　かくして、トップの経営者には、新しい時代に相応しい高潔ですばらしい経営理念や経営哲学・経営ミッションを創造する能力が重要となる。このような組織道徳の創造・実行こそが、組織メンバーを共通目的の達成に結集させることになる。

　このようなリーダーシップがトップの経営者になければ組織活動に内在する問題はなにひとつ克服できない。すでに先進的な経営者たちは、21 世紀にふさわしい個人・企業・社会の新しい関係性を念頭にいれて、みずからの精神性・道徳性・良心を堅持しつつ、高潔かつ崇高な組織道徳を創造して実行している。

《おさらい（Review and Challenge）コーナー》

1　自律人モデル（自律的な行為主体）と他律人モデル（他律的な行為主体）とは、いかなる人間のことでしょうか。

2　組織活動が成立・始動するために不可欠な条件および組織活動が存続・発展するために不可欠な条件とは、なんでしょうか。

3　組織活動の共通目的を達成するために、なぜ個々の組織メン

バーの動機満足が必要なのでしょうか。

4 組織活動における「誘因と貢献」の交換とは、どのような意味でしょうか。

5 トップ・マネジメントに求められるリーダーシップのあり方とは、どのようなものでしょうか。

6 現代の経営者にもとめられるリーダーシップのあり方について自分の考えをまとめてみてください。

●●●●●●●●●●●●●●●● トレンド：新しい経営 ●●●●●●●●●●●●●●●●

経営学の巨人たちに学ぶ！

　20世紀初頭に誕生した経営学には、「巨人」というべき学者がいました。本章が依拠したバーナード、第8章で引用したサイモン（両者については、グロッサリーの第8章も参照）は、その代表です。そして、第6章のアンソフや第8章の「クローズ・アップ」でのドラッカーも巨人のひとりです。

　ここでは第7章、第8章での「古い考え方」をつくった巨人について紹介します。

　テイラー（F. W. Taylor, 1856-1915）は、マネジャーは部下に「仕事（ドゥー：行為、実施）をしっかり行ってもらう（getting things done）」ために、仕事を能率的に行える経営を探究しました。

　そのために部下の仕事の科学的な分析を行い、それから導きだされたドゥーの方法（タスク）を部下たちに教えています。もっとも、タスクの遂行の際に、部下の動機づけにも配慮しなければならないとし、能力主義的賃金による仕事への動機づけをすすめています。

　ファヨール（H. Fayol、1841-1925）も古い巨人ですが、彼はマネジャーの仕事は実務の世界ではよく知られている"プラン→ドゥー→シー"と考えた先人です。

（齊藤毅憲）

「ほうれんそう」は組織運営の基本かも！

　「ほうれんそう」といっても、野菜ではありません。これは、組織の基本であり、「報告」、「連絡」、「相談」の3語の頭にある「報」、「連」、「相」をつなげたものです。そして、わが国の実務の世界ではよく使われてきた言葉です。

　たとえば、ある人が企業に採用されて、ある職場に配置されたとしましょう。この職場はある部門の課で、課長1名、係長2名、そして係長のもとには部下が5名います。この人は一方の係長のもとで働き、この係長から指示をうけて仕事を遂行します。

　この人は指示をうけた仕事の遂行状況について上司の係長に報告したり、連絡したり、なにか問題がおこったら相談することがもとめられているというのが「報連相」の意味です。仕事仲間の部下どうしでも仕事の遂行状況を話したり、意見を交換することがあるでしょうが、上司からの指示は命令というフォーマルな情報ですから、"このくらいまで仕事が進んでいる"といって仕事の遂行状況を上司に伝えたり、仕事がうまくいっていないということで相談に乗ってもらうことも当然のこととして行う必要があります。これに対して、上司は部下としっかりコミュニケーションをとって、感謝、激励、助言、忠告などを行うことになります。

　上司と部下との間に、このような関係ができていれば、組織運営の基本が実施されていると考えます。「報連相」がうまくいかないと、上司と部下との間に不信や対立などの感情が生まれてしまいます。

（齊藤毅憲）

クローズ・アップ

消費者や顧客の感謝こそ動機づけの源泉か

　働く場が企業であれ、社会にある他の組織であれ、働く人びとはどのようなことで仕事に動機づけられるのでしょうか。本章では組織メンバーの「貢献」の意欲や活動とは、どのようなものであり、それはどのようにして引きだされるかを解説しています。そして、この引きだす要因を「誘因」（インセンティブ）とし、その主なものをあげています。

　この「貢献」と「誘因」に関するバーナード（C. I. Barnard）の主張はもっともなものであり、説得力があります。もっとも、小規模な企業で働いている人の話を聞いていると、自分たちのつくる製品やサービスを利用する消費者や顧客の感謝の心や言葉が仕事への動機づけになるというのです。"使ったら、生活がラクになった"、"おいしかったですよ"、"みんながよろこんでいましたよ"、などといった感謝の言葉やほめ言葉を利用者から直接に聞くと、"また、がんばろう"、や"もっとがんばろう"という気持ちになるというのです。確かに、これもそうかなーと思います。

　しかし、大企業の場合、このような実感をどのくらいもてるのでしょうか。製品やサービスの社会的評価や信用は高いのですが、各自がかかわる業務は細分化されていますので、自社の製品やサービスにプライドをもてても、感謝の言葉を直接うける機会は少ないような気がします。

（齊藤毅憲）

企業の組織は
どのように動いているのか

第 **8** 章

《本章のねらい》

　意思決定という仕事は企業経営の中心であり、それには、「情報」という経営資源の意味が大きい。本章は、意思決定と情報の管理を解説するとともに情報を中心にした新しいビジネス・モデルについてみていく。この章を学習すると、つぎの点が理解できるようになる。

① 企業活動における意思決定と情報の役割

② 意思決定を構成する主要なステップ

③ 意思決定のタイプ

④ 経営における情報システムの枠組み

⑤ 巨大ネット・ビジネスの先駆的な事例

1 企業活動と意思決定

(1) 企業活動における情報と意思決定

　企業は、第1章の図表1-1のように、企業の外部環境から資金を集め、原材料、機械設備を購入し、人的資源を雇い、これらを使用して製品やサービスにつくり変え、消費者に提供することで、売上高を得ている。しかし、企業活動には、このようなヒト、モノ、おカネなどの流れだけでなく、それらがすべて情報の流れになっていることが重要である。現在は、これらのすべてのものごとがインターネットでつながるIoTの時代でもある。

　ある企業がファッション・ウェアを製造し、販売しているとしよう。この場合、どのような開発コンセプトのもと、どのようにデザインし、どの年代に向けたものにし、材質はどのようなものにすれば、生活者にアピールし、売上があがるのかについて、市場調査を行い、情報を集めることになる。

　そのために、研究開発や製品開発の部門は、販売部門と直接情報を交換しながら、顧客のニーズを集め、どのようなデザインの商品にするかを決定する。どのような商品にするかが決定されると、今度は、工場の担当者や取引きのある製造業者と情報を交換しながら、原材料、機械設備、製造方法などについて必要な情報を集め、最も適したモノを決定する必要がある。

　さらに、銀行、部品の仕入先企業などの外部情報だけでなく、社内や外部の製造業者の工場設備の利用状況（稼働率）や資金繰りの情報などを集め、利益があがる活動ができるように意思決定する必要がある。

⑵ 意思決定の重要性

ヒト、モノ、カネ、情報などの経営資源は、製品やサービスを開発・製造・販売するときに必要である。しかし、それ以前に、具体的にどのような製品やサービスにするかを計画し、決定する仕事が経営者にはある。

この計画を立案するために必要となる情報の設計とか、意思決定の問題は、経営者にとってきわめて重要である。経営学において、情報や意思決定の重要性をとくに強調したのは、サイモン（H. A. Simon）である。

彼は、「どのような活動にも、行為（実施）することと決定することの両者が含まれているにもかかわらず、これまでの経営学は、行為（実施）のほうを重視し、決定することを十分に認識してこなかった」と述べ、ものごとを決めるという「意思決定」の重要性を明らかにした。つまり、具体的に製品やサービスをつくる行為（実施）──開発・製造・販売の活動──の前に、なにをつくるかを決定する過程の考察が重要なのである。

⑶ 意思決定のステップ

サイモンによると、マネジャーの行う意思決定の過程は、4つのステップからなっている（図表8-1）。第1は、「情報活動」といわれ、意思決定を行うのに必要となる条件をみきわめるために、環境を調査・探索し、情報を収集する必要がある。そこでは、目標とその達成のために、どのような問題があるのかについて必要

図表8-1　意思決定のステップ

な種々の情報の内容が検討される。

第2のステップは、「設計活動」であり、その問題の解決にはどのような方法があるかについて、考えられる利用可能ないろいろな案（「代替案」という）を発見したり、作成するという活動である。

さらに、第3のステップは、「選択活動」とよばれ、代替案のなかから、あるひとつの案を選択する活動である。最後の第4は、「再検討活動」とよばれ、これまでに行ってきた選択自体の実施結果を評価したり、再検討するという局面である。

したがって、意思決定の過程は、第3のステップまでである。

第4のステップは決定を実施し、その実施の結果を評価するもので、この評価結果をふまえて、つぎの決定が検討されることになる。この意思決定と実施、そして評価につながる一連の活動が、経営（経営管理、マネジメント）なのである。

要するに、意思決定の過程とは、集めた情報から、目標と代替案を設計・選択し、決定に導くプロセスである。一般的には、情報活動は、設計活動に先行し、設計活動は選択活動に先行する。しかしながら、実際の意思決定は、複雑で、相互に入りくんでおり、たとえば、設計のステップにいながら、新しい別の情報活動が必要となることもある。

この3つの活動に費やす時間の配分でみると、情報活動では、企業のおかれた環境について情報を集め、分析を行わなければならないから、マネジャーたちは、この活動には多くの時間を使っている。また、その解決のための代替案をつくるにも、多くの時間を必要とする。だが、その代替案のどれにするか、という選択については、わずかな時間しか使われない。

2 意思決定重視の考え方

⑴ 古い考え方

　このように情報や意思決定の過程を重視する考え方は、現代経営学ではごく一般的である。古い経営学においては、働く人びとの関係は、部長や課長であれ、一般の従業員であれ、組織図に示された地位とそれに付随する責任と権限の関係のなかでみられてきた。

　そこでは、上司（ボス）は、いつでも部下（フォロワー）に命令し、監督し、部下に仕事を実施させる人間である。そして、部下は、上司から指示されなければ働かないし、賃金などの金銭的な刺激がなければ仕事をしないという受け身的な人間であり、それは「機械的な人間観」（マシン・モデル）や「他律人」モデルといわれてきた。

　こうした考えに疑問を投げかけたのが、前章の説明でも使用したバーナード（C. I. Barnard）とサイモンである。

⑵ 現代経営学の考え方

　サイモンは、すでに述べたように、経営は、決定とその実施（行為）の決定のふたつからなるにもかかわらず、それまでの経営学は、前者の決定のほうを認識してこなかったと批判し、経営学の中心は意思決定であるとした。

　この場合、決定するのは、かならずしも、マネジャーだけでない。バーナードも、組織が有効に機能するためには、組織に参加するメンバーの専門的な努力が必要であって、上司も部下も共通の目標にむかって意思決定する活動のシステムを「生きた組織」としている。この点については前章でも述べた。

　そのためには、すべてのメンバーが、それぞれの役割にもとづき、他のメンバーと良好な伝達（コミュニケーション）を維持しながら、自分たちの認める共通の目標を達成するための手段や方法を決定しなければならない。

　現代経営学では、前章で述べたが、メンバーは、自発的に目的にむかって主体的に行動できる「自律人モデル」や「有機的な人間観」（オーガニック・モデル）であり、組織とは、このような自主的にものごとを決定できる人間の集団であるとされている。

(3)　新旧の経営学のちがい

　人体を研究する医学にたとえれば、経営学の古い考え方は、心臓、肺、腎臓、皮膚、手、足、脳などの器官の役割を研究する「解剖学」のものである。

　これにたいして、現在経営学の考え方は、暑ければ汗をだしたり、走って息切れすれば酸素を多く取り入れるといった、これらの器官がいかに機能するかという「生理学」の立場のものである。

3　意思決定のタイプ

(1)　ふたつの意思決定

　企業という組織は、製品を開発・生産・販売するだけでなく、「情報を処理したり、創造する工場」といえる。本社などのオフィスは、このための情報収集・設計の工場である。マネジャーの任務には、みずから意思決定するだけでなく、部下が効果的にものごとを決定し、実施しているかを監督することも含まれる。

　すなわち、意思決定の過程では、上司は、情報活動、設計活動においても部下と一緒に活動し、これらの活動を通じて選択活動後の

実施計画ができるかどうか——「プログラム化」という——を検討する。ここでいうプログラム化とは、複雑な環境のなかで種々の課題に対処するために企業がつくりあげる詳細な実施計画（アクション・プラン）のことである。

⑵ 「プログラム化される意思決定」と「プログラム化されない 意思決定」の特徴

サイモンは、このプログラム化を基準にして、意思決定をプログラム化（「定型化」ともいう）できる意思決定と、まだプログラム化できないために、人間の勘や頭脳に頼らなければならないプログラム化されない、非定型的な意思決定に分類した。もっとも、両者のちがいは、現実にははっきりしたものではなく、白と黒との間にある灰色（中間）のようなものでもあるという。

プログラム化しやすいというのは、ある特定の問題がくり返して発生し、しかもその解決の手段がすでにつくられていることである。そこでは、新たにそれに対処する必要がない。それは、比較的簡単で、くり返しが多く、日常的によく発生するものである。

つまり、それは「ルーチン的（日常的に発生する常軌的）な意思決定」である。毎日注文が入る商品の価格、病欠つづきの従業員への給与支払い、事務用品の追加注文などのきまりきったものが、その事例である。そして、現在では、AIによってプログラム化をいろいろな業務において進められている。

これに対して、まれにしか発生しなくて、しかも重要かつ複雑そうな問題の決定は、プログラム化しにくい。そのような問題は、重要なのであろうが、これまでに生じたことがなく、さらにその問題の構造がとらえにくく、複雑そうなので、それを処理する手続や方法がまだ決まっていないのである。新分野に進出する、突然の自然

災害や感染症に対応する、これまで経験したことのない海外進出を
立案する、などの場合の意思決定などは、この例となる。

　しかし、AIなどでビッグ・データを解析できる時代が到来し、
複雑な構造をもった意思決定も、プログラム化できるようになって
いるといえる。そして、これを研究するのが、現代の「データサイ
エンスの科学」である。

4　経営における情報システムの枠組み

⑴　経営というシステム

　アンソニー（R. N. Anthony）は、前述の解剖学と生理学に関連
させて、システムとプロセスという言葉を使っている。彼による
と、組織の構造（解剖学）を説明するのに役立つのがシステムであ
り、これに対して組織がどのようにはたらき、機能するか（生理
学）がプロセスであるという。もっとも、システムがなければ、プ
ロセスもないことになる。

　さらに、アンソニーによると、マネジメント・サイクルのなかの
計画（代替案のなかからの選択）と評価（活動結果の測定とその後
の修正）は根本的にちがうという主張に反対している。なぜなら
ば、後者の評価は、いくつかの代替的な修正案から選択（計画）す
ることであるからである。

　そして、つぎのようにいう。企業のなかには、ふたつの異なった
タイプの計画活動がある。ひとつは、方針や目標の設定など、トッ
プの経営者の策定する計画である。もうひとつは、評価プロセスに
関連する計画であり、現場のマネジャーによる日常的な管理であ
る。

　このふたつの計画では、情報を集め、設計するという過程は、よ

く似ている。しかし、実際の仕事や業務の内容は異なっており、その手順や原則はまったくちがっているのである。

　前者の経営者による計画は、「戦略的計画」といわれ、後者の日常的管理に関する計画は、「マネジメント・コントロール」といわれる。さらに、日常的管理も、経営に関する活動と、特定の現場の仕事を遂行する活動とに分けられ、後者のほうを別に「オペレーショナル・コントロール」という。要するに、戦略的計画は、トップの経営者によって担当され、評価活動のほうはトップのもとで活動する専門スタッフや中間管理者（ミドル・マネジャー）によって行われる。

　この3つの活動内容をもう少し説明すると、つぎのようになる。

　①「戦略的計画」──企業の「目標」とその達成に必要な経営資源を決定する。さらに、それはこれらの資源の取得・使用・処分の方法についての「方針」を決定するプロセスをも含んでいる。

　この場合、「目標」とは、全社的なもので企業の使命といえるものである。そして、「方針」とは、この目標達成のために必要なもっとも適切な行動の順序を選択できるようにする指針のことである。

　②「マネジメント・コントロール」──現場のマネジャーたちが、企業の目標達成のために資源を有効性だけでなく能率的にも取得し、使用できるようにするプロセスである。このプロセスには、3つの特徴がある。ⓐマネジャーたちが部下と一緒に働き、仕事を部下に委任すること、ⓑ戦略的計画において決まった目標と方針を実現すること、ⓒ有効性や能率（効率）（前章や本章のクローズ・アップを参照のこと）にもとづいて行動を判断すること、である。

　③「オペレーショナル・コントロール」──特定の現場の仕事を効率的に遂行できるようにするプロセスである。このプロセスの特

図表8-2　経営というシステムの構成要素

戦 略 的 計 画	マ ネ ジ メ ン ト ・ コ ン ト ロ ー ル	オ ペ レ ー シ ョ ナ ル ・ コ ン ト ロ ー ル
会社目標の選択 組織計画 人事方針の設定 財務方針の設定 マーケティング方針の決定 研究方針の設定 新製品品種の選択 新工場の取得 臨時資本支出の設定	予算の編成 スタッフ人事の計画 人事手続きの制定 運転資本計画 広告計画の作成 研究計画の決定 製品改善の選択 工場配置替えの決定 経営的資本支出の決定 オペレーショナル・コントロールに対する決定 規則の作成 経営実績の測定、評価、および改善	 雇用のコントロール 各方針の実施 信用拡張のコントロール 広告配分のコントロール 生産スケジュールの作成 在庫管理 作業工員の能率の測定評価および改善

出所：R. N. アンソニー（高橋吉之助訳）『経営管理システムの基礎』ダイヤモンド社、1968年、24頁。

徴としては、ある特定製品の加工作業とか、発注が課題になることがすでに決まっており、それらについては処理方法がすでに確定されてきたので、判断を必要としないこと、である。

　この３つのプロセスで思いつく代表例をあげると、図表８-２のようになる。このうちオペレーショナル・コントロールは、サイモンのいうプログラム化できる意思決定である。それに対して、マネジメント・コントロールのほうはプログラム化できない意思決定にあたる。

⑵　経営における情報システムの枠組み

　意思決定を適切に行うと、企業の経営と発展に大きな影響を及ぼすことが明らかになってきた。それにつれて、意思決定を科学化す

るために、1960年代以降、コンピュータの利用が盛んになった。企業経営へのコンピュータの利用は「経営（における）情報システム」（マネジメント・インフォメーション・システム、MIS）とよばれた。この情報システムは、経営活動に関する情報処理の仕方でもある。

　この経営（における）情報システムについての古典的な考え方を提示したのは、ゴーリー（G. A. Gorry）とスコット・モートン（M. S. Scott Morton）である。ふたりは、プログラム化できる意思決定を「構造化された意思決定」、プログラム化できない意思決定を「構造化されていない意思決定」とよび、その中間を「準構造的意思決定」としている。

　ふたりは、アンソニーの経営システムとこの3つの意思決定を関連づけ、図表8‐3のような枠組みを示している。縦軸の上段の構造的な、つまりプログラム化できる意思決定は、マネジャーの判断を必要としないルーチン的なものであり、ここでは、MISが

図表8‐3　情報システムの枠組み

	オペレーショナル・コントロール	マネジメント・コントロール	戦略的計画
構造的	売掛金処理 受注処理 在庫管理	予算分析 （技術的コスト） 短期予測	傭船ミックス 倉庫・工場立地
準構造的 非構造的	生産スケジューリング 現金管理 パート・コスト・システム	差異分析 （総合予算） 予算編成 販売・生産	合併・買収 新製品計画 研究開発計画

出所：G. A. Gorry, M. S. Scott Morton, "A Framework for Management Information System," in : Sloan Management Review, Vol. 13, No.1, p.59.
参照：遠山暁『現代経営情報システムの研究』日科技連、1998年、14頁。

利用される。それは、とくにオペレーショナル・コントロールの上のハコにある売掛金処理、受注処理、在庫管理であるとしている。

　これにたいして、プログラム化できないとか、しにくい下段の「準構造的」ないし「構造化されない」意思決定の領域を支援する情報システムは、「意思決定支援システム」（デシジョン・サポート・システム、DSS）といわれてきた。

5　ネット・ビジネスの発展

(1)　インターネットによる新たなビジネス・モデル

　これまで述べてきた情報管理や情報システムとは、経営における情報の管理である。それは、サプライチェーンの管理や意思決定に利用して、コストを安くするとか、製品の品質の改善に寄与するものと考えられてきた。

　その後、デジタル化によって意思決定や情報システムに関係するICTやインターネットなどが発展し、これを使用して、企業経営の改善に役立てるだけではなく、事業を開発することを、新たなビジネス・モデルが創造されてきた。

(2)　だれでもスタートできるネット・ビジネス

　この新しいビジネス・モデルは、企業だけでなく、ごく普通の生活者にとってもビジネスチャンスを広範に提供するものになっている。インターネットに接続できるパソコンなどがあれば、生活者は自宅でビジネスをスタートさせることができる。たとえば、自分でつくった手作りの小物や雑貨をデジタルカメラで撮影し、ホームページにアップすれば、ネットショップを開業できるのである。

　それは、リアルな（実）店舗ではなく、"バーチャルなショップ"

であるが、出品される商品自体と作成されたホームページのアピール度によって、ビジネス展開ができ、世界の生活者をマーケットにすることも可能になっている。

このようなネット・ビジネスの参入は、既存の企業だけでなく、新たな起業家と新たな企業を生みだしており、現代はネット・ビジネスという新しいビジネス・モデルを発展させている。

(3) 巨大ネット・ビジネスの先駆的な事例

1990年代の中頃からネット・ビジネスが急速な勢いで発展してきた。ここでは、アマゾン、楽天、アリババの巨大 3 社をみていこう。

プラットフォーマーで、GAFAMの一翼となるアマゾンは、1995年にアメリカでベゾス（J. P. Bezos）によって設立され、世界最大の大河アマゾンから名づけられたように、あらゆる製品やサービスが流通するプラットフォーム（基盤）の創造に挑戦してきた、「ネット専門の小売店」である。

同社は書籍・音楽・映像・ゲーム・家電・家庭用品・アパレル・ベビー用品・おもちゃ・食品・飲料など、きわめて多くの商品をとり扱っている。わが国でも同社の活躍はめざましく、のちに述べる楽天とともに、大きなポジションを占めている。

同社の競争上の優位は、①同社が提供する商品の品揃え、②世界的なスケールのウェブ・サイト、③物流センターやカスタマーサービスセンターの世界的な配置、にある。また、アマゾンに出店して商品を販売できる仲介型事業にも進出し、品揃えのいっそうの強化をはかっている。

創業から4分の1世紀が経過したが、同社の近年の経営戦略は優良顧客をつくり、囲いこむものになっている。優良顧客を対象に

した特典やサービスである「アマゾンプライム」（たとえば、最短時間で商品を届けるサービス）を充実させ、年会費も 5,900 円とそれほど高いと感じさせないものにしている。

　また、生活に必要なこまごました日用品や生鮮食品などの単品販売にも高度な物流基盤によって対応できるようにしてきた。さらに、映画やバラエティ番組の見ほうだい、音楽の聞きほうだいの配信サービスにも進出している。

　つぎに、楽天である。三木谷浩史の起業によって 1997 年に創業し、2000 年に株式上場をはたしている。いうまでもなく、インターネット・モール「楽天市場」の事業から出発し、その成功をもとに、事業内容の拡大と多様化（ポータルサイトや旅行サイトの運営、個人向けカードローン事業などの金融サービス事業、プロスポーツなど）をもはかってきた。

　同社は定額制という料金体系と、だれでもかんたんにサイバーショップを開設できるという情報システムによって、業界の地位を獲得し、出店者と消費者のある程度の囲みこみができたところで課金システムに転換している。情報システムも自力で開発し、使いやすいものにし、出店者をサポートするコンサルタントを活用する体制もとってきた。

　楽天のこのやり方は図表 8 - 4 に示されている。楽天は、良質で安価な商品をもとめる買い手（消費者）と売りたいと思う売り手（出店者となる企業）の間にあって、両者を情報によって仲介し、結びつける役割を果たしている。同社のビジネス・モデルが「情報仲介業」といわれる理由が、ここにある。

　消費者や出店企業にとって商品の売買は、楽天市場で行われているが、商品を直接販売しているのは出店企業であり、楽天ではない。別のいい方をすると売り買いのニーズが高いネット利用者が集

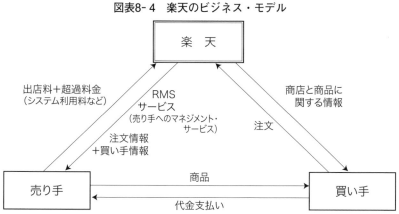

図表8- 4　楽天のビジネス・モデル

出所：富士通総研作成の図に加筆・修正。

　まってくるプラットフォーム（場）を用意しているのが楽天である。

　最後は、1999年に馬雲（ジャック・マー）によって中国で設立されたアリババ集団である。世界最大の流通取引を誇る同社も、ネット・ビジネスの代表的企業であり、ICTを多様に駆使することで、商品の売買、物流、決済までの一連のサービスを提供している。

　アリババのビジネス・モデルをオンライン・ショッピング・サイト「タオバオ」でみると、サービスは原則として「無料」で提供されいる。登録料や出品料、さらに取引手数料は無料にしている。もっとも、販売の増加に貢献するようなソフト開発や情報の解析については有料にしているし、集客用の広告の掲出についても料金がかかるようにしている。

　無料にすれば利用者は増加するが、収益は得られない。しかし、有料にすれば利用者は当然のことながら減少する。これは自明なことであるが、このむずかしい課題の解決にマーは成功している。

　同社は、タオバオのほかに、出店者を絞った「高級店」の「T
モール」、共同購入サイトの「ジュファサン」の運営など、多様な
活動を展開してきた。しかし、環境変化のなかで、再びタオバオを
重視している。

　これらの事例は、いずれも情報システムでもあるインターネット
とハイテクを企業の経営に結びつけて、新たなビジネス・モデルを
創造している。このようなビジネス・モデルの開発や普及をめぐっ
て、企業間では今後も競争が行われていくことであろう。

《おさらい（Review and Challenge）コーナー》

1 　企業活動における情報の役割と、意思決定における情報の役
　　割について説明してください。
2 　ふたつの組織観のちがいについて説明してください。
3 　経営と情報システムの関係について説明してください。
4 　ネット・ビジネスにつき、あなたの関心ある企業を調査して
　　みてください。

・・・・・・・・・トレンド：新しい経営・・・・・・・・・

情報システムは組織の構造をフラットにする！

　情報システムの進展によって、組織は階層の少ないフラット（たいら）な構造になってきました。情報は問題が発生した組織の各担当者から発せられ、社内の各署に伝達されていきます。この情報の共有化をふまえて、関係者の間で議論と検討が行われ、意思決定が行われます。この意思決定においては、当該問題に精通している人びとの主張が尊重されて行われることになります。そこでは、上司とか、部下といった階層上のちがいはあまり関係がなくなります。

　従来型の組織では問題があると、上司から多くの階層（トール、背の高い組織）を通じて部下に情報が命令というかたちをとって伝達されていきます。命令をうけると部下たちは解決策を考え、これを上司に伝達することになります。

　要は、当該問題に精通している人びとにオーソリティ（権威）を認めるのが情報システムの時代であり、組織の構造は意味がなくなります。これに対して、従来型の組織は階層上のポストのちがいのほうを重視しているために、情報の流れはどうしても上から下へになってしまうのです。

（齊藤毅憲）

169

クローズ・アップ

能率（効率）と有効性とは同じものか！

161頁で使用している有効性と能率（効率）については第7章で述べたバーナードの主張（第7章のグロッサリーも参照）で理解できます。バーナードによると、能率は働く人びとなどの組織メンバーの満足度のことであり、有効性は組織目的の達成度なのです。しかしながら、経営学の巨人のひとりであるドラッカー（P. Drucker、1909－2005）によると、能率と有効性はバーナードの主張とはちがう意味をもっています。

前者の能率とは"doing the things rightly"（ものごとを正しく行うこと）であり、第11章で述べられる生産性の意味です。これに対して、後者の有効性は"doing the right things"（正しいものごとを行うこと）とされ、環境変化のもとで正しいことを行い、企業として生き残り、存続していくことであるとしています。倒産せずに、生きつづけることが企業の目標であるので、有効性とは企業目標の達成度を意味しています。

馬車のためのムチを能率的につくっていた業者は自動車の登場によって経営危機に陥ったという事例をドラッカーはあげています。時代は自動車をもとめており、正しいことは自動車をつくることであったが、それを行うことができなかったのです。

さて、バーナードとドラッカーの主張をどのように評価されますか。

（齊藤毅憲）

第9章

企業はどのように競争し、また協力しあっているのか

《本章のねらい》

どのような業界でも、企業は同業他社と激しい競争をしている。だが、ただの弱肉強食の世界ではなく、企業はきびしく競争しつつも、他方では協力し、助けあっている。これが、企業競争の実態である。

本章では、この「競争と協調の戦略」について考察する。本章の学習によって、つぎのことが理解できるようになる。

① どのような企業でも、とる3つの基本戦略

② 市場での企業力による格づけと戦略定石

③ 協調の戦略

④ サービス業における協調戦略

⑤ 競争における「時間」要素の重要性

　現代企業が繰り広げる活動はさまざまであり、また非常に複雑でもある。それを反映して、さまざまなタイプの経営戦略論が展開されてきた。企業が目指す目標や目的、進むべき方向性を具体化する経営戦略（第５章参照）、複数の事業分野を抱える企業の事業分野ごとの戦略（事業戦略）、資金やマンパワーといった経営資源、あるいは販売、生産、研究開発、情報技術など、といった職能部門ごとの戦略（部門別戦略）がある。

　また、企業が所有する、限られた経営資源を有効に活用して競争に臨むための経営資源の最適配分戦略（第６章）がある。これについては、製品・市場マトリックスや製品ポートフォリオ・マネジメント（PPM）のようなベースとなる理論がある。また、それらの基礎になっているプロダクト・ライフサイクル論（第10章）も重要である。さらに、マーケティング関連では、４Pのミックス選択のための戦略（第10章）もある。

　これに対して、本章では、企業が競争に勝ち抜くためにとる戦略（競争戦略）をまず取りあげる。しかし、ライバル企業をやっつけてひとり勝ちし、市場（マーケット）を独り占めにするのは、企業にとって必ずしも得策ではない。むしろよい競争相手をつくり、協力しあいながら互いに成長していく（協調戦略）のが有利である。しかし、それはなぜなのであろうか。

1　企業はどのように競争するのか

(1)　競争のための基本戦略

　どのような企業でも必要としている競争の基本的なパターンは、①差別化と②コスト・リーダーシップ、そして③集中、の３つである（図表９-１）。第１の差別化とは、市場全体を相手に、顧客

図表9－1　競争の基本戦略

戦略の有利性

	差別化	コスト・リーダーシップ
集　中		

戦略ターゲット

出所：Porter, M.『競争戦略』、1980。

から自社の「特異性」を認められるような「ちがい」をつくる戦略
である。自社独自の製品の品質やスタイルを創りだし、ブランドを
確立することによって競争上の優位性、つまり強みを確保しようと
する戦略である。

　第２の競争パターンは、市場全体を相手に低コストで地位を確
立し、価格の面で競争し、勝負をかけてリーダーシップを握り、自
社の強みを確保しようとする戦略である。さらに、第３の競争パ
ターンである「集中」は、市場の一部、つまり特定の顧客を対象に
して、製品の独自性か、価格の安さで強みを確保しようとする戦略
である。

　このように、企業の競争では「戦略ターゲット」という対象を決
めて、状況にあわせて３つの戦略手段を使い分けていく（図表
９－１）。

　企業の業績にとって、「製品差別化」が有利か、それとも「コス
ト・リーダーシップ戦略」が有利かを調査した研究がある（大滝・
他『経営戦略』有斐閣、1997年、第４章）。それによれば、アメリカ
の成功している８つの成熟産業で、共通した競争戦略をとってい
る企業とその業績との相関関係を調べたところ、成功している企業
は製品差別化の程度もコスト面での優位性も双方とも高い。そのど

図表9 - 2　競争戦略と企業業績

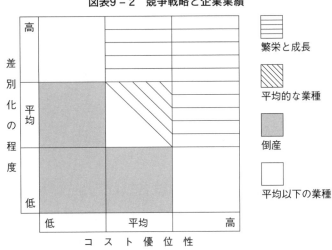

出所：Hall, W. K.「敵対的環境のもとでの生き残り戦略」『ハーバード・ビジネス・
レビュー』、1980。

ちらも低い企業は倒産しており、差別化の程度とコスト優位性が業
界の平均よりも高い企業は平均的な業績をあげている（図表
9 - 2）。

　そして、製品差別化の程度が高くてもコスト優位性が低いとか、
逆にコスト優位性が高くても製品差別化の程度が低い場合には、平
均以下の業績しかあげられない。

　要するに、市場で競争に勝ち、繁栄と成長をもたらすためには、
企業は製品差別化とコスト削減を業界の平均以上に実現するように
努力する必要がある。

(2)　企業力による企業のタイプ

　どの業界でも多くの企業が市場に参入し、マーケット・シェアや
売上高をめぐって激しく競争している。同じ業界内にこれらの企業
は、市場での競争力やその保有する経営資源の優劣などの総合的な

「企業力」のちがいによって、リーダー、チャレンジャー、ニッチャー、フォロワー、の４つのタイプに分類される（P. Kotler『マーケティング・マネジメント』、1980年。嶋口充輝『統合マーケティング』日本経済新聞社、1986年。山田英夫「競争の戦略」、大滝・他の前掲書第４章）。

　まず「リーダー企業」とは、業界でマーケット・シェア第１位の企業であり、保有する経営資源が質量ともに優れている企業のことである。これに対して、「チャレンジャー企業」とは、業界でシェア第２位から４位の企業であり、リーダー企業の座を虎視眈眈と狙っている。しかし、チャレンジャー企業は、経営資源の量的な面では優れているが、質的にはリーダー企業に比べて劣っており、ここが弱みである。

　「ニッチャー企業」とは、リーダー企業のように、多種多様な製品を生産するというフルラインの戦略はあえてとらず、量的拡大も目指していない。むしろ独自のきわめて狭い小品種市場に限定して活動する企業のことである。また、質的には優れた経営資源をもっているが、総合的にみると量的にはチャレンジャー企業と比べて劣っている。

　さらに、「フォロワー企業」は、ただちにリーダー企業の地位を狙わない、あるいは狙えないような企業であり、その経営資源は質量ともに劣っている。企業数の多い業界ではこれに属する企業は多いであろう。

(3) 企業の戦略定石

　このように分類された企業は、それぞれ固有の競争戦略の「定石」をもっている（嶋口、前掲書）。もともと定石とは、これまでの研究によって決まっている囲碁の打ち方を意味する。企業の戦略定

石とは、企業が競争上の諸問題を処理する場合にとる「決まりきった方法」のことである。

　リーダー企業の戦略定石とは、周辺需要の拡大戦略、同質化の戦略、非価格対応戦略、最適シェア維持戦略、の４つである。まず「周辺需要の拡大戦略」とは、既存の市場そのものを大きくしようとする戦略である。これによって、マーケット・シェア獲得において他企業との競争を軽減させることができる。

　つぎの「同質化の戦略」とは、挑戦してくるチャレンジャー企業が、たえず仕かけてくる製品差別化の攻勢に対して、それをすぐに模倣し、むしろ追随して、このライバル企業が目指す差別化の効果を失わせようとするものである。日本企業は概して、この戦略をとることが多く見られてきた。

　また、ライバル企業は安売り競争を仕かけてくる。これに同じ安売りで対抗すれば、売上高の大きいリーダー企業の損失のほうが大きくなる。したがって、安売り攻勢には容易に応じないのが、第３の「非価格対応戦略」である。

　最後の「最適シェア維持戦略」とは、マーケット・シェアを取りすぎないように注意することである。シェアを取りすぎれば、ただちに「独占禁止法」による公正な競争維持のための規制の対象になるおそれがあるし、企業のトータル・コスト（総費用）も上昇することになる。

　つぎに、チャレンジャー企業の戦略定石は、攻撃戦略と逆手戦略である。「攻撃戦略」とは、リーダー企業をたえず攻撃し続けることによって、この企業は学習を行い（「組織学習」という）、自社の弱点を発見し、それを是正する。そして、この是正によって、競争力の強化に役立つコア（中核）技術を開発しようとする。

　これに対して、「逆手戦略」とは、リーダー企業が長年にわたっ

て蓄積してきた経営資源や資産自体が、足を引っ張るようにする戦略である。すなわち、チャレンジャー企業が新しい業態や販売方法を開発したために、リーダー企業が所有している不動産などの企業資産や系列販売店などの市場資産を維持しようとすると、かえってそのことで苦しむようにする戦略である。

そして、ニッチャー企業の戦略定石とは、ある特定の市場で独占、つまり一人勝ちに近いかたちをつくることである。リーダー企業といえども容易には手のだせない特殊技術や特許でガードされた特定市場で、リーダー企業が行うような戦略を展開する。すなわち、「ミニ・リーダー戦略」というべきものがニッチャー企業の特徴である。

最後のフォロワー企業の戦略定石は、上位企業の模倣戦略と低価格戦略である。新製品開発のための資金も技術もないこの弱小企業は、上位企業が膨大な開発投資を行って市場に登場させることができた苦心の製品をいち早く模倣して、利益を稼ぎ出す。また、もうひとつは安売り攻勢をかけ続けることであるが、それを可能にし、利益を生みだすためには、コスト（原価、費用）の削減がどうしても課題となる。

2　協調のための戦略がなぜ必要なのか

(1)　「汝の敵を愛せよ」

市場での激しい企業競争をみれば、企業はあたかも自分の利益しか考えない、「利己的遺伝子」の塊であるかのように思われる。しかし、それは錯覚である。

そして、生物の一種である人間も、他人の利益を最優先して行動する利他的動物ではない。場合によっては、人は本能的に仲間から

さえ衣食などを奪い取ってでも、自身の生存を図ろうとするだろうが、通常は他人と仲良くして、自分と他人の損得のバランスを考えながら、行動している。

このように、本質的には利己的である人間個人とそのような人間の集団である企業や組織が、自身の利益を図るためには、むしろ他者と協働したほうが得策であるということをはじめて証明したのが、経済学のゲーム理論において有名な「囚人のジレンマ」である。

ところで、企業が市場競争で勝ち残り、めでたく市場を独占できたとしても、そこに待ち受けているのは、「独占禁止法」の適用である。場合によっては、高いペナルティを課せられ、せっかくの利益が吹っ飛ぶことにもなる。また、競争相手がいなくなれば、企業から緊張感が消え失せ、いつの間にか、高コストの経営体質になりがちである。

企業は競争相手のライバル企業と競いあうことで、はじめて競争力を強化し、市場での競争的地位を強化することができる。ライバルが存在してくれれば、需要減退期に生じる売上高の減少という、悪影響を1社でかぶることもない。そして、自社独自の製品・サービスの特異性も強調でき、差別化の効果を引きだすことができる。

さらに、市場や製品の開発コスト（研究開発費）を分担しあうことができるので、そのコストを節約できる。このように、企業にとっては、市場でのひとり勝ちよりも、ライバルと共生するほうが有利になる（高橋伸夫編『超企業・組織論』有斐閣、2000年、第Ⅱ部「競争と協調」、第5～8章を参照）。

したがって、企業は、競争するライバル企業に、自社の大事な技術を提供して、市場への新規参入（ニュー・エントリー）を促したり、また利益率のあまりよくない市場から撤退して、一定のマー

ケット・シェアをライバル企業に提供することもある。あるいは、
「OEM」（相手先ブランドによる製造）を提供して、ライバル企業
の経営を助けることもある。いずれも、よい競争相手を招き入れ、
育成し、それによって、みずからも成長しようとする戦略である。

(2) 外部資源の戦略的利用

　企業活動を展開するには、さまざまな経営資源が必要である。こ
れらの資源をすべてその企業が一社だけで開発し、調達するという
「自己完結性」をとることは、非常に効率が悪い。なぜなら、技術
革新が非常に激しい製品の生産などの分野では、限界投資金額が急
上昇しており、企業の開発投資を回収することができないという、
サンクコスト（埋没原価）になってしまうリスクが非常に高いから
である。

　そこで、企業は外部企業などのもつ経営資源を積極的に活用する
戦略を練る（山田の前掲論文）。たとえば、企業提携（アライアン
ス）や共同開発、ライセンス交換、OEMといった協調戦略であ
る。

　また、先端技術の分野では「デファクト・スタンダード」（業界
標準）のからむ競争が展開されているが、このような場合には、自
社陣営に参加する企業（「ファミリー企業」という）をすばやく増
やすことが重要である。

　ファミリー企業の囲い込みのために、企業は第10章で述べるプ
ロダクト・ライフサイクル（PLC）の導入期からでも、OEMを戦
略的に利用することになる。自動車や家電などの成熟産業の場合で
も、外部資源の戦略的利用のために、OEMの活用が積極的に図ら
れている。

⑶　サービス業におけるフランチャイズ戦略

　サービス業においては、フランチャイズをとる企業がみられるようになった。これにも協調の戦略があるといってよい。フランチャイズとは、本部（フランチャイザー）と加盟店（フランチャイジー）というふたつの独立した企業間での契約関係を示すもので、本部は加盟店に経営上のノウハウや信用を提供して、指導や援助を行い、これに対して加盟店は本部に対価としての報酬を支払っている。

　本部が企業の成長や知名度のアップをはかっているか、資金的な制約もあって直営店を多数設置することはできない。そこで、加盟店募集を行えば多くの加盟店を容易にスタート・アップさせることができる。

　わが国ではコンビニが約5万8000店舗で、もっとも多い。コンビニ以外では小売業、学習塾やカルチャースクール、ファーストフードや外食産業などでフランチャイズをとっている件数が多い。要するに、サービス業ではフランチャイズという協調戦略によってマーケット・シェアや売上高の拡大をはかろうとしている。

　もっとも、コンビニ業界では、本部と加盟店は1対1の関係であったが、2000年を過ぎたあたりから、加盟店が複数の店舗をかかえるものに変わってきている。これは加盟店に対して複数店舗の所有の奨励戦略を本部側がとってきたことによっている。これによって加盟店の増加をさらにはかろうとしていることがわかる。

3　時間をめぐる競争

⑴　タイムベースの競争

企業競争の核心は、新しいテクノロジー（技術）や新製品の開発

にある。開発競争とは、研究開発に着手してから新技術が確立されるまでの、あるいは新製品が顧客の手に渡るまでの「絶対的な時間の早さ」の競争である。同業他社よりも一刻も早く新製品を市場（マーケット）に投入する競争、これが「発売競争」である。このように、企業競争は時間をめぐって行われる。それを「タイムベースの競争」という。

タイムベースの競争の例としてよく取りあげられるのは、新製品開発の進め方についての日米比較である（竹内・野中「新たな新製品開発競争」『ダイヤモンド・ハーバード・ビジネス』、1986年）。アメリカの製品開発は、リレー型であり、これに対して日本はラグビー型のスタイルである、といわれる。

前者は徒競走のリレーのように、開発の諸段階を順番に一つずつこなして、目標に到達しようとする。後者はラグビーのように、開始と同時に皆がいっせいに走り出してトライをあげようとする。前者は無駄の少ない、合理的な開発方法であるのに対して、後者の密集戦はたしかに無駄が多い。

しかし、開発に取りかかってから結果が出るまでの時間（「リードタイム」）という点からすれば、後者の開発方法のほうが優れている。この日本式の開発方法は、コスト的には不利であるが、企業間のタイムベース競争には向いている。

⑵　先発の優位性

もしもあなたが社長で、「開発費が当初予算よりも50％オーバーするが、期限どおり開発が終了するのと、予算は予定どおりだが、開発期間が6ヵ月遅れるのと、どちらを取りますか」と聞かれたら、どうしますか。

海外のある有力な調査会社の調査によると、開発費が50％オー

バークすることによる損失は、税引き後利益の３.５％であるのに対して、開発期間が６ヵ月遅れることによる損失は、税引き後利益の33％であるとのことである。これが本当ならば、この質問に対する答えは、決まっている。

　また、日本の代表的な研究所の調査によると、業界で最初に発売された製品ブランドがシェア第１位を取るケースは70％を越えている。これに対して、後発のブランドがシェア第１位をとるケースはわずか13％であるという。

　一番手、すなわち最初に市場に投入されたブランドがシェア第１位をとる可能性を100％とすると、二番手がとる可能性は71％、三番手のそれは58％、四番手の可能性は51％であるともいう（山田の前掲論文）。先発の優位性は、明らかであり、先手必勝、「さきんずれば人を制す」の格言のとおりである。それは「急がば、まわれ」とか、「せいては、ことをしそんずる」の世界ではない。

　市場では、ぐずぐずしていては競争に勝てない。もっとよい製品をと、念には念を入れて、自信作を引っさげて、市場に参入しても、後の祭りである。市場では、「早い者勝ち」である。まずは新製品に多少、難があっても市場に投入し、どの業界にもいるマニアックな顧客、つまりオピニオン・リーダー役であるリード・ユーザーの厳しい評価を受けながら製品を改良していくのが得策である。

　製品やサービスの利用者数が増えるにしたがって、個々の使用者が受ける便益がよくなっていくことを「製品・サービスのネットワーク外部性」という。このような性質をもつ製品やサービスの場合には、業界の経験則として、100万台を売れば、その後、爆発的に普及するといわれている（『超企業・組織論』、前掲、第７章参

照）。

たとえば、パソコンやスマホ、ビデオ、オーディオ機器などの場合が、これである。いかにして早くこの大台に乗せるか、そのためには単独ではなくて、他の企業と協力しあって、できるだけ早くこの売上台数に到達したほうがよいことになる。もっとも、この一線を超えると、こんどは協力から一転して「たたきあいの競争戦略」にのめり込むことになる。

(3) 先行優位のためのマネジメント

それでは、なぜ先行したほうが有利なのであろうか。その理由は、いくつかある（山田の前掲論文）。

① 市場に一番乗りすれば、後からやってくる企業の参入をさまざまな形で妨害できる。つまり、「参入障壁」を築いて、後発企業の行動に影響を与えることができる。

② 先行することによって、貴重な「経験効果」を手に入れることができる。よく知られているように、累積生産量が倍増するごとに、製品単位当りの費用は15～30%低減するという。

その理由は、他社よりも先行して生産量を増やせば、規模の経済性や工程の革新、各種合理化の推進、仕事の慣れなどによって経験効果とよばれるものを生みだし、それがコスト低減につながるからである。この考えは、製品ポートフォリオ・マネジメント（PPM）のひとつの前提であった（第6章）。

③ 利用者の感じている生の声を早くから聞くことができ、製品の改良につなげることができる。

④ 利益の大きい、うまみのある市場部分を早目に獲得することができる。

⑤ 技術開発で先行しているので、技術面でのリーダーシップ

（特許など）をとることができる。

⑥ 人間行動には、「慣れ」に依存している部分がかなりある。したがって、最初に経験した製品やサービスから別のものに変わるには、それなりの犠牲、つまり心理的にも物的にもコストがかかる。

市場参入に先行することで、このような「切り替えコスト」（スウィッチング・コスト）の発生を利用して、顧客を囲い込むことができる。たとえばICT系会社は、幼児期にタダでもいいから、自社製品を使わせようとする。幼児期の記憶が後年になってよみがえり、使用する製品の選択に作用することになる。

⑦ 先行企業は希少資源を先取りできる。たとえば、コンビニ業界では、希少価値のある有利な立地（ロケーション）を他社に先駆けて押さえることが非常に重要であり、先行企業ではそれが可能となる。

⑷ 早さの効果

このように、タイムベース（時間短縮）競争の効果は非常に大きい。まず、ビジネス・チャンス（商機）が限られているような製品の場合、販売上の機会損失（売り損じ）が減少し、売上高が増大する。エアコンを暑くなってから販売しても、商売にならない。まだ暑くない時期から、あるいは寒い冬からでも、エアコンを売りだすのである。そして、春もののファッションは、春になってからでは遅く、冬の時期からセールがスタートする。

また、先行して顧客を囲い込めば、利益率が上昇する。顧客はだれでも低価格だけを期待しているわけではない。また、品質のよい製品だけが売れるわけでもない。とくに、技術者の立場から見てよい製品が売れるのでもない。

それらは、作り手や売り手側の勝手な思い込みである。顧客が買

うのは、品質、価格やサービスなどで、自分が気に入ったものだけ
である。そこでは、値段は関係ない。価格が高くても、すばやい
サービスの提供であれば、それは受け入れられるのである。

　なにが売れるかは、はじめから決まっているのではない。タイミ
ングを見計らって、「売れ筋」を作りだしていくのが、重要である。
したがって、早くから製品を完成させてしまわず、顧客の動向を見
て、まっさきに製品を完成させるような製法を考案することが必要
となる。これもタイムベースの競争である。

《おさらい（Review and Challenge）コーナー》

1. ３つの基本戦略の具体的な事例をあげてみよう。
2. あなたの知っている業界で、企業を４つのタイプに分類し
てみよう。
3. チャレンジャー企業がとる逆手戦略の具体的な事例を考えて
みよう。
4. 協調戦略や外部資源の戦略的利用をとっている事例を調査し
てみよう。
5. あなたがよく行くコーヒー店は、フランチャイズ制をとって
いますか。とっている場合、直営店ですか、それとも加盟店
ですか。また加盟店になることを広告する情報を店内で見た
ことがありますか。
6. 「早さ」よりもむしろ「遅さ」が有利であるような場合があ
るかどうか、考えてみよう。

・・・・・・・・・・ トレンド：新しい経営 ・・・・・・・・・・

日本の企業は「戦略性」を真にもとう！

　日本の企業は本当に戦略性をもって経営を展開しているのでしょうか。これまで日本の大企業は、独自性をもとめることが弱く、横並び意識が強く、同業種間で同じような製品をつくって、ムダな同質的な過当競争を行って消耗してきました。それは、本文で述べた「同質化の戦略」であり、同業他社とはちがったことをいち早く行い、差別化し、先行優位（強み）を発揮していると思えませんでした。

　また、大企業の場合、総花的な戦略展開を行い、事業構造の再構築を目ざすような大胆な「選択と集中」の戦略をとることを恐れているようにも見えます。

　経営者は国際競争やデジタル化がきびしいなか、将来を見すえて、自社の生存と発展を可能にする戦略性の姿勢が是非とも必要なのです。そして、経営革新への意欲を高めることが大切になっています。

　日本企業の元気さの再生には、この戦略性の構築と展開がなによりももとめられています。

（齊藤毅憲）

EV（電気自動車）時代へのトヨタの経営戦略

　EV化がこれからの自動車メーカーにとって重大なチャレンジになっています。2022年のEVの世界での販売台数は約1020万台を超え、それは販売台数の全体の10数パーセントになっています。既存の自動車が依然として、圧倒的なポジションを占めていますが、今後EVの急速な成長が見込まれています。

　アメリカのテスラ社や中国の比亜迪（BYD）社は自動車メーカーとしては後発ですが、EVに関しては先進的であり、世界をリードしてきたトヨタに代表される日本の自動車メーカーもEVに向けての積極的な経営戦略を展開することになります。

　まず、研究開発では、他メーカーと同様に仮想空間で各種の実験が可能になっており、新車の開発に要する数年の時間が短縮されています。そこで、大規模なモデル・チェンジもきわめて短期間で行うことができるようになっています。

　生産においても大きな変革が期待されています。トヨタの場合、近い将来「ギガキャスト」という生産技術やフォード以来のベルト・コンベアを使わない自走組み立てラインを導入して、生産工程を現在の半分以下に減らすといわれています。これは、車の素材は鉄からアルミに変わり、このアルミ鋳造設備・工場で車体（ボディ）をひとつの部品として一体成型し、必要な部品点数と生産工程を大幅に削減します。EVボディは前部、中央、後部の３つに分け、前部と後部にギガキャストを使用します。これまでは多数の板金部品と工程をかけていましたが、この使用によって1部品、1工程に減らすことになり、生産性は飛躍的に向上します。

　車体部分にモーターや電池などを設置し、走行できるレベルまでボディを組み立て、残りの工程は車が自走し、移動することで実現されます。そこで、ベルト・コンベアは不要となります。そして、組み立て工程から検査工程の間も無人運転にするようになります。

　EVにとって重要なのは、いうまでもなく車載電池の開発です。EVの

性能は電池によるし、価格的でも大きな比重を占めるといわれています。トヨタの場合、豊田通商のグループ企業が製造をスタートしているほかに、パナソニックホールディングスとの合弁企業が生産する予定です。そして、このリチウムイオン電池の開発競争はますます激しくなるでしょう。

　販売に関しては、トヨタは強力な販売ネットワークをつくってきましたが、ネット販売のほかに、家電量販店を含む各種の商業施設などでも行われる可能性があります。さらに、これまでの日本の自動車産業はトヨタをはじめとして、多数の系列企業とグループ化しつつ、活動してきましたが、EVによってこれがどのようになっていくのでしょうか。

　2026年から本格化するトヨタのEV展開の動向については是非とも注目してみてください。

（齊藤毅憲）

経営資源の運営

企業活動に必要な経営資源

—— 経営資源は企業の目標達成に役立つだけでなく、それ自身がもっている固有の価値を発揮することがもとめられています。——

脱炭素化はビジネス・チャンス！

脱炭素化が世界的にみても緊急の課題になっています。具体的には、企業や産業活動から生みだされる二酸化炭素を大幅に削減することがもとめられています。大量に排出されてきた二酸化炭素が気候変動とか、異常気象をつくりだし、それは現代のゆゆしい環境問題となり、人類の存続を左右するともいわれています。

この問題は経営学の立場からいうと、一般的には企業活動を制約するマイナス面（弱点）であると見られています。しかし、この問題を解決しようとする「気候テック企業」にとってはビジネス・チャンスで、好機到来になっているといえます。アメリカやヨーロッパでは国家による手厚い補助金や融資のもとに、この分野に参入しようとする企業やスタート・アップ型人材も増えています。そして、このような動きは、GX（グリーン・トランスフォーメーション）の推進に関連しています。

これに対して、わが国では、脱炭素化をマイナス面の強い環境問題とみなし、ビジネス・チャンスであるという考えは少なく、とり組みが少し遅れた感じでしたが、国（環境省）はGXの強化に乗り出しています。公害問題の先進国であった日本の企業は、かつて公害防止技術の開発で先進的でしたが、再び二酸化炭素の大幅な削減でも世界に貢献してほしいと思っています。

（齊藤毅憲）

第10章

企業はどのようにして製品やサービスを販売するのか

《本章のねらい》

　ネットビジネスとかネット販売が発展するなかで、本章では企業は製品やサービスをどのようにして販売するのか、をとり扱う。

　本章を学習すると、以下のことが理解できるようになる。

① 企業の行う販売活動の意義や特徴

② 大企業の販売活動

③ マーケティングという考え方と4P

④ マーケティングと経営戦略との関係

⑤ CSR を重視したマーケティングのあり方

1　消費者との直接的な接点

⑴　販売（セールス）活動の意味

　企業は、製品やサービスを販売している。この製品やサービス
は、生活者としての消費者の目にとまり、購入してもらう必要があ
る。いくら良質な製品やサービスをつくったとしても、消費者に
買ってもらわないと、企業は売上高をあげることができない。

　企業は製品やサービスを開発し、製造するために、資金を使い、
「コスト」（原価、費用）を払っている。したがって、このコストを
上回る売上高をあげないと、発展どころか、活動を続けることさえ
できなくなる。

　わが国では営業ともいわれてきた「販売活動」の意味が、ここに
ある。企業は消費者に自社の製品やサービスを購入してもらえるよ
うな活動を行う必要がある（図表10‐1）。しかも、多くの場合、
自社と同じ製品やサービスをつくっている企業との競争もあるの
で、この販売の活動をどうしても行わなければならない。

図表10‐1　企業と消費者との接点

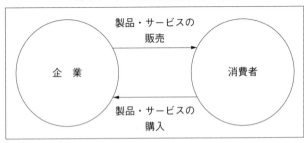

⑵　消費者との関係

　このようにみてくると、販売のための活動とは、企業が消費者に直接かかわる接点にあたる。"インターフェイス（接触面）"という言葉は、あるものと他のものとが接触する場や局面とか、相互作用を行う場をさしているが、企業側の行う販売と消費者側の購買がこのインターフェイスである。別の表現をすると、それは消費者が企業を認識できるところでもある。

　もっとも、直接的な接点といっても、両者の関係は大きく変化してきた。企業というシステムが成立し、発展しはじめた時期には、企業の数は少なく、またそのつくる製品やサービスの種類も量も多くなく、生活者のニーズを十分に満たすことはできなかった。

　この時期は、生活者のニーズよりも企業の提供するもののほうが不足していた。そこで「つくれば売れる」状況であったので、企業は消費者に対して優位の立場にあり、消費者のほうは弱いポジションにあった。製品やサービスは絶対的に不足しており、企業側は"売ってやる"という高圧的な姿勢をとることもできた。

　しかしながら、このような高圧的な姿勢は、「大量生産」（マス・プロダクション）の経営が可能になることで終りを告げる。企業が発展する20世紀に入って、大量生産のシステムが確立して、大量のものを安い価格でつくりだすことが実現した。しかも、企業どうしの競争も激しくなり、企業はいろいろな製品やサービスを開発し、商品化するようになる。

　かくして、消費者の側からすると、多くの種類の製品やサービスが大量に提供されるという状況をむかえる。そして、消費者はそのなかから自分のニーズにあったものを購入できるようになり、企業は消費者から選ばれる立場に変わっている。そこで、消費者から見向きもされなくなると、企業は売上高をあげることができなくな

る。このようにして、現在では高圧的な姿勢の企業経営はむずかしくなり、第5章で述べた消費者満足（CS）を重視した活動に変ってきたのである。

⑶　流通業者の介在とネット・ビジネスの台頭

　販売活動は、企業と消費者とを結びつける接点である。しかし、製品やサービスをつくったメーカーが直接消費者に売りこむ場合――「直販体制」ともいう――もあるが、流通（または小売）業者という別の企業を介して販売することも行われてきた。

　メーカーが、生産だけでなく、販売活動も行っている場合がある。しかし、もっぱら生産職能だけに従事して、販売という職能は専門の流通業者（問屋や卸売業者と小売業者）からの注文にまかせていた企業もあり、メーカーから消費者までにいくつかの流通業者が介在する時代もあった。このような場合には、専門の流通業者に販売をゆだねることができる反面で、消費者との関係が間接的になり、希薄になってしまうおそれもあった。

　現在では、第8章の5で述べたネット・ビジネスが、急速な勢いで進展しており、販売活動は、メーカーからの直接取引やネットの小売業者によってもできるようになった。ここでは生活者は小売業者のリアルな（実）店舗を利用せずに購買ができるのである。

⑷　多様な広告活動とネット広告の普及

　ところで、消費者との直接的な接点ということで留意しなければならないのは、企業の行う「販売促進」（セールス・プロモーション）である。そのなかでも広告活動はセールス・パーソン（営業部員）の活動とともに、とくに注目に値する。

　広告活動にもポスター、チラシ、新聞、雑誌、テレビなどの伝統

的な媒体のほか、現代ではインターネットのウェイトが大きくなっている。「消費財」を製造している大企業は、テレビ・コマーシャル（CM）などを流してきたが、現在ではネットを活用した広告が普及してきた。第8章でネット・ビジネスの発展を述べたが、ネット広告の比重が大きくなっている。

　このような広告は効果的であり、自社の製品やサービスを消費者に知らせるだけでなく、実際の購入にも役立ってきた。この広告活動は、消費者と直接接触しているコンビニ、スーパー・マーケット、百貨店、専門店などや、零細小売店などの売りこみの仕事を軽減させてきた。

　それは、小売業者による販売活動が行われる前に、メーカーによる「事前の販売活動」（プリ・セリング）が効果的に実施されていることを意味している。百貨店とちがって、コンビニやスーパー・マーケットで、消費者はセールス・パーソンの力をかりずに商品をみずから選択し、購入（「セルフ・セレクション」という）できるのは、消費者が商品についてよく知っているからである。それは、メーカーによるこのプリ・セリングにもよってきた。

　なお、現在、ネット広告の急速な浸透による商品の購入量が質量とも大幅に増加したために、商品を購入者の消費者に届ける物的流通（物流）機能の強化が必要になっている。

2　マーケティングという考え方

(1) 消費者重視の販売活動

　現代は、消費者のほうが企業を選択できるようになっている。企業優位の時代は、過去のものになり、企業は消費者に目をむけて販売活動を行っている。これが「消費者重視の販売活動」である。そ

して、かつていわれた "消費者は神様（または王様）である" とい
う言葉も、この一面を示している。このような消費者重視の販売活
動は、「マーケティング」といわれる。

(2) マーケティングの考え方と「4P」

　企業優位の販売活動は、今日ではできなくなっており、消費者を
しっかり企業経営の視野のなかにとり入れてセールスすることが大
切になっている。これが、マーケティングの考え方である。

　それでは、このマーケティングの考え方は、具体的にはどのよう
なものであろうか。まず第1に、「消費者ニーズ」の把握がある。

　企業は、自社のもっている経営資源を活用して製品やサービスを
開発し、それを商品化しているが、この商品開発にあたっては消費
者のニーズを認識することが大切である。そして、消費者のニーズ
をふまえて商品開発を行い、そのあとにつづく具体的なセールスの
活動においても消費者重視の考え方をとり、これを通じて、自社の
製品やサービスを購入してもらうようにしている。

　もっとも、マーケティングの考え方は、企業が消費者にただただ
迎合するというものではない。企業の経営をつづけるには、消費者
の信用・信頼（グッドウィル）を得る必要があり、そのためには、
消費者に対して満足を与え、不満や不安にしてはならない。すでに
述べたように、消費者を企業経営の視野のなかにしっかりとり入れ
ていかなければならない。

　このような消費者重視のもとでは、生活者としての消費者を理解
することが不可欠である。そこで、消費者の行動を解明できる心理
学、社会学などの「行動科学」の力をかりて、消費者のニーズ、満
足、行動パターンやライフスタイルなどを把握するようになってい
る。そして、グローバル化している現状を考えると、現地の文化や

宗教、法制度などにも理解を深めなければならない。そして、この
マーケティングの考え方は、４つの重要な要素――頭文字をとっ
て「４P」ともいう――からなっている。

⑶　商品計画

　４Pの最初の要素は、プロダクトのPで、「商品計画」（プロダク
ト・プランニングとか、マーチャンダイジングといわれる）であ
る。これは企業がどのような製品やサービスをつくるかを決定する
ことであり、市場調査（マーケット・リサーチ）、需要予測、ある
いは消費者に対する購買動機・行動調査などによって決定のための
データを収集する。

　商品にはまず、消費者が主に商品にもとめている機能や品質が必
要である。"この電器製品にはこのような効果や機能がある"とか、
"この食品はおいしい"などのように、それは商品の基本をなす部
分である。それとともに、商品のデザイン、パッケージ（包装）、
ネイミング（名称）なども重要である。とくに環境問題の観点か
ら、パッケージのあり方が、そして健康問題との関係から食品添加
物の表示などが問われている。さらにいえば、購入した場合のアフ
ター・サービスや各種の保証期間なども、表示された商品をつくり
あげている。

⑷　プロダクト・ライフサイクルの意味

　ところで、製品には人間や動植物と同じように、「ライフサイク
ル」（寿命）がある。図表10‐2は、この製品の寿命（プロダク
ト・ライフサイクル、PLC）を示している。まずある製品が開発
され、市場に送りだされる。この「導入期」は、製品が生れた時期
であり、徐々に生育していく。そして、春に発芽した植物が、暑い

図表10‐2　順調にいった場合のプロダクト・ライフサイクル

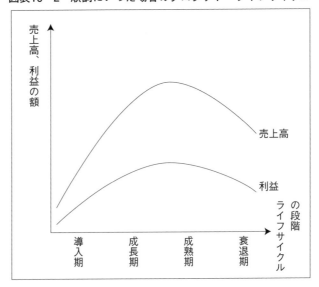

夏に大きく成長するように、つぎの「成長期」をむかえる。売上高
や利益もこの時期には増加していく。

　さらに、「成熟期」となる秋の実りの時期が到来する。売上高や
利益の貢献は最大となる。しかし、冬がきて、植物は元気を失って
しまう。それと同じように製品の売上高や利益はあがらなくなり、
「衰退期」をむかえる。

　これが、PLCである。もちろん、すべての製品やサービスがこ
のライフサイクルに従うわけではない。むしろ消費者の関心をうけ
ずに導入期で寿命を終える製品やサービスも多く、ライフサイクル
をまっとうできるのは、むしろ少数の製品にすぎない。

　経営者は、自社の製品やサービスがライフサイクルのどの段階に
あるかを十分に認識しておく必要がある。成熟期のものはどのくら
いあるのか、成長するかどうかがわからない導入期のものはどのく

らいあるのか、市場から撤退することが予想される衰退期のものは
あるのかないのか、などを総合的に把握する必要がある。

　そして、これをふまえて、どのような製品やサービスの組合せ
（ミックス）を行うのが、短期的だけでなく、長期的にみても企業
の売上高や利益の獲得につながるのか、を考えることになる。

　小さな企業とちがって、大規模なメーカーや小売業であれば、多
種多様な製品を取扱っている。そのような企業においては、このよ
うな観点から取扱う製品のミックスを考える必要がある。

⑸　価格設定

　４Ｐの第２の要素は、「価格」（プライスのＰ）とか、「価格設定」
（プライシング）である。製品やサービスに対してどのくらいの値
段をつけるのかが、その意味である。

　この価格設定は、製品やサービスをつくるのにかかったコスト
（原材料費、加工費、人件費など）を計算し、これに利益を加算し
て行われるが、実際には消費者の反応や競争関係なども考慮され
る。

　消費者がその商品にどのくらいの関心を示し、価値つまり価格を
認めるのかが、消費者の反応である。そして、同じ商品に対して同
業者がどのような価格をつけるかが、競争関係である。

　すなわち、コストはかなりかかっても、消費者があまり関心がな
かったり、値段がいくぶん高めであると感じたりする場合がある。
また、機能が同等の製品の場合には同じくらいの価格か、少し安く
しないと、他社の製品と競争することができないであろう。

　さらに、前述のライフサイクルとの関係でいうと、導入期に高価
格を設定する場合と、低価格にする場合がある。耐久消費財など
は、市場に導入された当初は高所得者や新製品の愛好者を対象に高

価格であるが、成長期に入ると低価格に切りかえられていく。これに対して、だれもが購入する食品メーカーの場合、コストが低いこともあるが、導入期から低価格になっている。

　要するに、商品のもっている性質や特徴によっても、価格の設定は異なってくる。

　そして、価格は消費者にとっては心理的なものでもある。たとえば、４万円だと高いと思うが、３万9,800円であると、安く感じるのが、消費者の心理である。小さな差にすぎないが、消費者の心理には、このような一面がある。

⑹　販売の経路

　３番目のＰとなる「販売の経路」（チャネル）は、セールスのための立地や場所（プレイスのＰ）ともいわれており、メーカーから消費者に至るまでの取引過程をさしている。

　メーカーが流通業者を通して商品を販売することについては、すでに述べたが、それがここでいう販売の経路である。もっとも、商店街にあるベイカリーのように、裏の工場でつくって、地域の人びとを対象にして表の店舗で販売している場合には、経路というものはなく、生産の場がまさに販売のための場でもある。

　しかし、このベイカリーが大きな工場を別のところに設置し、広い地域の多くの消費者をも相手にするようになると、どうしても販売の経路をつくりあげていかなければならない。直営店の設置（直販）がまず考えられるが、早急の多店舗設置はむずかしく、販売高の増加には限界がでてくる。そこで、食料品店、コンビニ、スーパー・マーケット、移動販売車などのリアルな小売業者でも販売してもらう努力を行う必要がある。

　なお、メーカーから消費者に至るまでの取引過程が経路であると

述べたが、この取引には、ふたつのものがある。そのひとつは「商的取引」とか、「商的流通」（商流）といわれるもので、これまでの説明で示してきたメーカー、卸売業者、小売業者そして消費者などの間で行われる販売や購買の関係である。そして、これについては多くの業者を介さずにできるだけ短縮化し、メーカーと消費者を結びつけようとしてきた。

　もうひとつは、「物的取引」とか、「物的流通」（物流）である。これは商品の具体的な輸送・配達のことであり、自社の物流部門や専業の物流業者が介在することで、商品取引とは異なる部分がでてくる。

　さて、現在ではメーカー自体がリアルの小売業者を介さずに、ネット販売を行い、自社の物流部門や専業の物流業者によって消費者に配達している。また、ネットの小売業者は自社の通販サイトで出品企業の商品を販売しているが、この場合にも、物流業者の力をかりて配送されている。

　現在ではネット・ビジネスのウエイトが大きくなり、取扱う商品が急激に増加したので、人手不足の物流部門や物流業者への負担が過重になっている。

(7)　販売促進

　もうひとつのＰは、「販売促進」（販促、セールス・プロモーションのＰ）である。これは消費者のニーズを引きだし、商品を具体的に購入させるための活動である。

　販売促進は、広告と人的販売、狭義の販売促進などからなっている。広告については、すでに述べたように、ネット広告を含めて多種の媒体があり、それぞれの企業や商品の特徴に応じて媒体を選択することが必要となる。なお、広告に関連したものに、「パブリシ

ティ」がある。パブリシティは広報とも訳されている。その意味は、企業側だけでなく、テレビや新聞、ネットなどが、会社やその商品などの情報を社会に流していることである。いいニュースは、その企業に対する社会的なイメージや評価を高め、商品のセールスにも貢献する。

　つぎの「人的販売」は、いわゆるセールス・パーソンによって行われるものである。ここでは"セールス・レディ"といわれるように、女性の進出も多くなっている。セールス・パーソンの"営業力（販売力）"が大切であり、その養成と活用は重要である。そして、消費者のニーズを引きだす広告が"プル戦術"であるのに対して、営業力という売りこみのスキルが必要となるこの人的販売は、"プッシュ戦術"といわれてきた。

　狭義の販売促進とは、広告や人的販売以外の方法をさしている。具体的には、消費者むけの値引き、景品、クーポン券、ポイント制、取引業者むけの値引きなどのサービス、セールス・パーソンに対する特別報酬制度などを通じて、売上高の上昇に役立てようとするものである。

3　戦略性とCSRの重視

⑴　4Pとマーケティング・ミックス

　以上で説明してきたように、マーケティングの主な構成要素は、商品計画をはじめとして、価格設定、販売の経路、販売促進などからなっている。これはマーケティングの"4P"で、すでに述べてきた商品計画の「プロダクト」（商品）、価格設定の「プライス」（価格）、販売の経路の「プレイス」（立地や場所）、販売促進の「プロモーション」（促進）の頭文字をとっている。

　この４Pについて大切なのは、この４つの要素をうまく結びつけたり、組みあわせることであり、これを「マーケティング・ミックス」という。これらの要素は、密接に関連しているだけでなく、どれも重要であり、おろそかにすることはできない。

　しかし、このミックスは、企業内外のそのときどきの状況とか環境を考慮してつくりあげられ、４つのPの優先順位やウエイトは状況に応じて変えている。したがって、たとえば、あるときには価格が重要となり、他の場面では商品計画や販売促進などが重要になる。近年ではネット・ビジネスやネット販売の急成長に流通（物流）が追いつかないという状況が発生している。

(2)　経営戦略との結びつき

　このようにみてくると、どのように４Pを遂行し、そしてどのようなマーケティング・ミックスをつくるかが大切になる。しかも、それは企業内外のそのときどきの環境を考慮しなければならない。そうであるとすれば、４Pとミックスの選択は、のちに述べるCSRの観点とともに、経営戦略の立案とも密接に関連してくる（図表10‐3）。

　第５章で、経営戦略が経営理念を実現するために、企業をとりまく環境の変化と自社の所有している経営資源とを検討しながら導出されると述べたが、前述した企業内外のそのときどきの環境とは、環境の変化と自社の経営資源を意味している。そこで、４Pとそのミックスを選択する際には、このふたつの要素を考慮する必要がある。

　とくにマーケティングの第１要素である商品計画は、まずもって環境の変化とくに製品やサービスの開発と製造にかかわるテックとかテクノロジー（技術）の進歩、製品やサービスの利用者として

図表10 - 3　4Pと戦略性、CSRとの関連

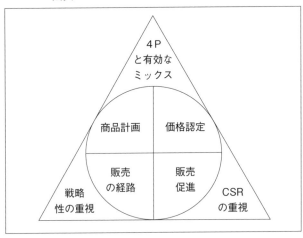

の消費者ニーズの動向、同業者などとの競争関係などを検討することになる。他方で、自社の経営資源がこの商品計画を行うだけの能力をもっているかを確かめる必要がある。

　そして、新たに計画された商品を販売するために、これまでとは異なる経路をネット販売を利用すると考える必要がある。これも経営戦略であり、販売組織を変えるものになろう。

⑶　CSRとの関連性

　企業優位の時代が終り、生活者が企業を選択できる立場になった。そして、企業は製品やサービスの開発を通じて、競って新しいライフスタイルや、さらにいえばワーク・スタイルを提案しなければ生存できなくなっている。

　しかし、生活者は企業がつくる商品に関する情報を完全にもっているわけではない。また、企業のつくる商品はきわめて多数に及び、しかも高度な技術に支えられているものもあって、その情報を

十分にもつことも理解することもできない。しかも、企業側も競争しているから、すべての情報を消費者に伝えるわけではない。

　したがって、消費者優位といっても、消費者は企業と対等な関係にあるとはいえない。どうしても消費者にとって見えないとか、見えにくい部分が企業にはある。ここにも消費者側のもつ限界がある。そこで、企業はつくっている商品に関する基本的な情報をできるだけわかりやすく消費者に提供し、消費者の購買活動に役立つようにする必要がある。

　これはCSRであり、ビジネス化の現代においては必要である。「PL」（プロダクト・ライアビリティ）とは、製造物責任のことであり、PL法も消費者保護の観点で施行されている。それは、製品の欠陥などから消費者を守るものである。PLは企業の基本的な責任であり、CSRの基礎ともなっている。

　しかし、現代企業のCSRには、これ以上のことがもとめられている。たとえば、環境問題は深刻度を増し、しかもグローバル化している。このようななかで、「環境にやさしい企業」づくりは緊急のものである。

　さらに、デジタル化の進展のなかで、ネット・ビジネスが進展している。生活者は商品を小売業者などの実店舗で現物をみて購入してきた。しかし、伝統的な通信販売（カタログ販売、テレビや電話、FAX）やネット販売などの無店舗販売のように、セールスの方法も変化している。"リアル"つまり現物を実店舗で体験――見たり、さわったり、かいだり――せずに、消費者に"バーチャル"に販売している。その際、商品自体や物流への信頼性にくわえてプライバシーや個人情報の保護を含む安全性（セキュリティ）や倫理性などの確保も、CSRに関する新しい課題である。

　また、自然災害、感染症やウクライナ侵攻などの国際間の対立に

よって工場や販売拠点、あるいはサプライチェーンが被害をうけても、早急に生産、販売と物流が回復できるようになるための「事業継続計画」（66頁のトレンドも参照）の作成も、第1章のリスク対応型の企業経営だけでなく、CSRの観点からも重要である。

《おさらい（Review and Challenge）コーナー》

1. 最近のメディアにおけるコマーシャルで興味深いものを2、3あげ、なぜおもしろいのか、などについて検討してください。
2. 大企業の行う「事前の販売活動」（プリ・セリング）は小売業者の行うべき機能を弱めていると思うが、どのように考えますか。
3. ファッション系のネット販売業者（ネット通販）の事例を調査してください。
4. ある具体的な製品をとりあげて、4Pの観点で分析してみてください。
5. ある具体的な製品で、企業と消費者との関係を調査してみてください。

トレンド：新しい経営

アバター（分身）による接客販売の革新！

　サービス業などでは労働力不足で人材の確保がむずかしくなっています。コンビニの大手企業・ローソンは、このようななかで労働力を少なくする店舗の省人化を試みています。それはアバターを活用するもので東京や大阪などの一部の店舗ですでに実施されています。

　ローソンはメタバース（仮想空間）技術の進展のなかでアバターの活用を推進し、セルフレジの導入とともに、深夜時間などの店舗での人員の削減をはかることで、生産性の向上やコスト削減を目ざしています。

　アバター・オペレーターという担当スタッフが自宅などからローソンの店舗内のセルフレジのそばに設置された画面を利用して、来客者の問いあわせに応えるシステムになっており、この画面にはアバター・オペレーターが映り、このオペレーターの声がでるとともに動作も映しだされています。

　深夜時間にも防犯上、2名以上の店員が配置され、来客者の対応以外の仕事に従事していますが、アバターの利用によって店員の削減をはかることができるわけです。

　また、オペレーターを1店舗ではなく、多店舗を担当させることができれば、まさに省力化が可能になります。それはまさに接客販売の革新です。

　小売業・流通業ではICTと結びつき、倉庫の自動化、消費者の位置情報、決済など多方面の分析が進んでおり、「リテール（小売）テック」といわれている。アリババ、GAFAMなどの小売業やネット・ビジネスの巨大企業はこのリテールテックの研究と導入をすすめている。わが国の企業も倉庫や店舗の無人化や省人化をはかる努力をしており、ローソンの事例もそのひとつです。

（齊藤毅憲）

クローズ・アップ

ターゲッティング広告とは?

　生活者からの登録情報やサービスの利用履歴などから集めた膨大な個人データ(ビッグ・データ)を利用して、特定の条件を満たす生活者にだけ配信する広告のことを「ターゲッティング広告」といいます。性別、年齢、学歴、職業、人種、趣味、宗教、居住地域、交友関係など多様な観点から検討して、配信する生活者を絞りこんで行う広告です。これは、一般的な生活者に対する広告よりも配信対象者を絞りこんでいるために効果的であるが、「差別的な広告」であると批判されたことがあります。

　プラットフォーマーといわれる巨大ICT企業の集める情報が出品業者の活動の大きな制約になってはならないが、さらに生活者の権利や人権の制約にもなってはならないことはいうまでもありません。

(齊藤毅憲)

企業はどのようにして製品やサービスを開発し、生産しているのか

第11章

《本章のねらい》

　製品やサービスを販売する前段階は、開発と製造である。本章では、企業のなかで製品やサービスがどのような過程で研究と開発が行われ、生産されているのかを明らかにする。本章を学習すると、具体的に以下のことが理解できるようになる。

① 研究開発の重要性と研究開発の組織

② 研究開発の管理

③ 生産の意味や他職能との一体化

④ 生産性の意味とAIによる向上

⑤ 研究開発と生産に関する日本企業の課題

1 生産と研究開発

　企業は製品やサービスを生産して、消費者や顧客に販売している。この販売については第10章で述べた。本章では、この販売の前段階である「生産」（プロダクション）と「研究開発」（リサーチ・アンド・ディベロップメント、R＆D）という職能について考えていきたい。

⑴　生産性向上への努力

　企業は、製品やサービスをできるだけ能率よくつくることに努力してきた。19世紀末から20世紀初頭に経営学が成立しているが、パイオニアのひとりであるテイラー（F. W. Taylor）は、生産現場における作業能率が低い状態を解消させ、生産性を向上させるための方策を検討している。

　この低能率を解消したいというのが、彼の主張した「科学的管理」（サイエンティフィック・マネジメント）の出発点にある。この解消の考え方の中心には、労働者の行う仕事に対する科学的な分析と能力主義的賃金による仕事への動機づけがあった。

　そして、ほどなくして、アメリカではフォード（H. Ford）があらわれ、大量生産のためのシステムを開発する。消費者には安い自動車を提供し、他方、労働者には高い賃金を支払うことを経営理念として、彼は自動車の「大量生産システム」をつくりあげている。具体的にはT型フォードという一種類の自動車を大量に生産することに成功している。そして、その考え方は、よく知られているように、「ベルト・コンベア」とか、「流れ作業方式」といわれた。

　20世紀初期のテイラーやフォードに代表される生産現場の研究

は、生産性を飛躍的に向上させている。その後も生産性を高める能率的な工場経営や生産管理づくりが行われてきた。20世紀後半のオートメーション（自動化）、産業用ロボット、FA（ファクトリー・オートメーション）、現在のテック化、AI化、IoTなどは、これに関連している。そして、日本もすぐれた貢献を行ってきたのであり、QC（品質管理）サークルといわれた小集団活動、カンバン方式の名で知られたトヨタの生産システム、産業用ロボットの開発などは、その典型的な事例であり、グローバルな関心の的であった。

(2) 製品を生みだすシーズとニーズ

メーカーの創業経営者には、開発者型や技術者型のタイプが多い。そのなかには"発明家"とか、"技術の鬼""研究熱心"といわれた人びともいる。フォードもそうであり、GE(ジェネラル・エレクトリック)のエジソン、ホンダの本田宗一郎、日清食品の安藤百福、アップルのスティーブ・ジョブズなどは、このシンボル的な人間である。

図表11-1　製品を生みだすシーズとニーズ

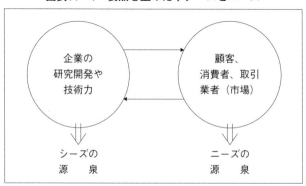

　かれらは、自分のもっている独自の技術を製品にまでつくりあげ、それを生産し、消費者のニーズにもみごとに対応してきた。技術は製品を生みだすシーズ（種子）であり、かれらはこのシーズにもとづく製品づくりに成功している（図表11‐1）。

　もっとも、大衆車Ｔ型フォードを広範に浸透させてきたフォード社は、需要が一巡したところで、利用者から見離されている。利用者は一種類のＴ型フォードでは満足することができなくなり、「他人がもっていないような車がほしい」とか、「もう少しかっこうのいい車を購入したい」と思いはじめるようになった。しかし、フォードはそのような利用者のニーズの変化にはあまり関心がなく、それが利用者から見離された主な原因となり、フォードは経営危機に陥ることになる。

　このようにみてくると、シーズがなければ製品をつくることはできない。しかし、ニーズを意識しなければ、製品を売ることができないのである。フォードの成功と失敗は、まさにその好事例である。経営の成功は、そんなに長くは続かないのである。

(3) 「研究開発」の自立化

　このように、テックとかテクノロジー（技術）は製品を生みだすシーズであり、それが起業の源泉であった。ベンチャー企業の経営者にこのようなシーズをもっている人が多いというのも、そのせいである。とはいえ、この技術を生みだす研究開発の職能は、独自のものではなく、工場の内部やオフィスの片隅にあった。

　つまり、研究開発は、消費者のニーズをも意識しており、第10章の販売にも関係をもっているが、製造部門のなかに位置づけられてきた。要するに、研究開発と生産は、密接不可分の関係にあったと考えられる。

しかしながら、既存の製品を能率的に生産し、消費者に安定的に供給しながらも、他方で創造性の経営を発揮するために研究開発を精力的に行い、イノベーティブな新製品を開発することがもとめられているのが、現代の企業経営である。

技術が著しく進歩し、消費者のニーズが変化するとともに、競争関係もきびしくなっている。このような環境変化のなかで、企業は、これらの変化に関する情報を収集しつつ、研究開発を強力に推進することが重要となる。こうした背景のもとで、研究開発は生産に関連をもちながらも生産から独立した重要な職能になっている。

⑷　重視されるサービスやソフトの開発

第１章でも述べた第３次産業やサービス業の発展は、"モノ"自体ではなく、情報とかデータ、サービスやソフト、あるいはデザイン、さらにはビジネス・モデルなどといわれるものをも商品にしてきた。

そして、この便益をうけて、生活者はグッド・ライフを送ることができるようになった。それのみならず、企業自体もそのようなサービスとか、ソフトあるいはデザインなどを利用し、事業を発展させている。なお、生活者向けと企業向けの具体例は、第１章を参照されたい。

今後も、このような情報サービスとか、ソフトあるいはデザインなどへのニーズは高まることが予想される。したがって、そのための研究開発はますます重要になっている。そして、競争もきびしい反面、企業にとってはそれらを活かせれば、無尽のビジネス・チャンス（商機）になるであろう。このチャンスは、これからスタート・アップしようと思っている人びとやクリエイターとか、デザイナーなどといわれる人びとにとっても同じである。

2　研究開発の管理

(1)　研究と開発の相違

　研究開発は、新しい技術や新製品を生みだす源泉であり、企業の創造性や革新のための「イノベーション能力」を示している。そして、研究開発は「企画・調査」（意思決定とそのためには収集された情報の処理、第8章も参照）と同じように、切り離すことはできないが、ふたつの言葉である。

　「研究」（リサーチ）と「開発」（ディベロップメント）は別の意味をもち、前者は純粋に基礎的な研究であり、後者の開発は具体的な製品の開発にむけての基礎研究の応用である。大学でいえば、理学部は基礎研究を担当し、工学部のほうは応用研究というべき開発を行っている。

　日本の企業はかつては、研究のほうを軽視し、開発を重視してきたといわれるが、シーズの発見・創造をめざして基礎研究（研究）がスタートし、応用研究（開発）が、これに続くことになる。

　研究と開発が終わると、製品の生産が工場で行われると考えられるが、実際にはその間に「設計」や「試作」という職能が入ってくる。

　どのような製品がつくれるかについては、研究につづく開発によって判明するとしても、消費者にアピールし、購入してもらうためにどのようなデザインの商品にするかは、この設計や試作を経なければ決まらないのである。つまり、それは、具体的な商品づくり、事業化のための詰めの段階であり、この段階を慎重に行うことで、はじめて生産に進むことができる（図表11－2）。

図表11-2　研究開発と生産のプロセス

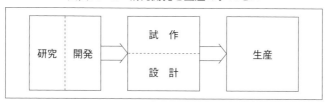

(2)　大企業の研究開発組織

日本の大企業は第2次世界大戦後、欧米先進国の基礎研究の成果に依存し、その技術を導入して、「開発重視の経営」を展開してきた。しかし、経済復興を実現した後は、技術の開発をみずからの力で行う方向に転換し、基礎研究の充実をもはかってきた。

日本を代表するような大企業であれば、本社のもとに「中央研究所」や「基礎研究所」などを設置している。これらは長期的な視野に立った基礎研究を担っている。そして、主要な事業部門には、それぞれの事業分野に関連する研究施設が設置されている。そこでは当該部門の製品開発をとり扱っている。

さらに、工場内にも関連施設をおき、具体的な製品開発を行っているケースも見られる。

また、現在では、外部と連携（アライアンス、パートナーシップ）を組み、その経営資源を活用しようとし、海外を含む他社とのオープンなネットワークをつくり、共同で研究開発を行っている。さらに、国内外の大学などの研究機関や研究開発型のベンチャーなどの外部の経営資源を活用するという「オープン・イノベーション」の方向をいっそう推進することが大切である。

(3)　研究開発費と研究開発スタッフの増加

研究開発によるイノベーションが企業の発展を推進するという考

え方が強まり、それは研究開発費や研究開発スタッフの増加につながっている。まず研究開発費については、絶対額の伸びだけでなく、売上高や利益との比較、設備投資額との比較や同業他社との対比にも注目する必要がある。

　他方、雇用ニーズが高い研究開発のスタッフについては、技術の発見や特許の取得に対する「報賞金」などを含めて、仕事への動機づけにも配慮する必要がある。優秀なスタッフをどのように雇用し、どのようにしたら継続的に能力を発揮してもらえるかを考えなければならない。

　さらに、技術の進歩が激しい現状では、研究開発スタッフのもっている知識が古くなって使えなくなったりし、仕事ができなくなるおそれもある。この「陳腐化」は、企業にとって損失となるとともに、研究開発スタッフのやる気を低下させることになる。したがって、それへの対応が必要である。

(4)　激化する国際的な特許競争

　第2次世界大戦後、欧米企業に追いつくために、技術導入を行っていた時代と比較すると、日本企業の研究開発能力は、はるかに向上した。しかし、現在は、相対的に日本企業のポジションは低下しつつあり、ICTなどの先端技術を中心にしてアメリカや、とくに、中国の研究開発能力が高まり、韓国、台湾、インドなどの追いあげもあって開発競争はきびしさを増している。

　日本企業の特許などの「知的財産権」を取得する件数は多いほうであるが、今後もその取得数を増加させなければならない。そして、研究開発の国際競争はいうまでもないが今後もつづくことになる。

3 生産の形態と方法

⑴ 生産職能と他職能との一体化

研究開発のあとには生産という職能が位置している。もっとも、すでに述べたように、生産を本格化させる前提には、設計や試作という活動が必要である。製品にする前には、製品の設計を行い、試作し、テストをくりかえすのである。これは試作工場で行われる。

このようにして、製造工場で製品がつくられ、そのあと、第10章のマーケティングにつなげられる。そして、消費者の購買によって企業には売上高や利益が「報酬」としてもたらされる。つまり、生産という職能は、研究開発と販売を結びつけるものでもある。しかも、販売によって、企業はひとつの活動のサイクルを終えるのである。

ここで、大切なのは、第1章でも述べたように、デジタル化のもとでこのような製品づくりと販売の一連の過程である「サプライ・チェーン」がIoTによって一体化しはじめていることである。要するに、研究開発、生産、販売、さらには物流、資金調達などの職能はそれぞれが別個のものではなく、有機的に関連をもつ一連のサイクルとして、一体的・総合的に考えられることになる。

⑵ グローバル化する「サプライ・チェーン」におけるリスク

このサプライ・チェーンが海外での経営資源とくに原材料や労働力をもとめて国内から海外へと拡大すると、グローバル化が進む。これは当然の推移である。しかし、その拡大にはリスクもある。

日本企業の多くが進出してきたタイで大洪水があったときに、日

系の現地法人が長期にわたって、活動を行うことができず大きな被害をうけている。そして、新型コロナウイルスの世界的感染のなかで、企業は一時的な生産中止や休業に追いこまれている。具体的には、海外企業にサプライ・チェーンの一部を委託しているが、それができなくなるとか、活動を停止している海外の自社工場からの部品の調達が困難になる、などが生じている。

　これによって、サプライ・チェーンが深刻な影響をうけたのである。そして、このようなリスクを警戒して海外での活動を中止にし、国内にもどる「国内回帰」の動きも見られている。

　そして、ウクライナへのロシアの侵攻、米中の経済対立、などの要因もグローバル化したサプライ・チェーンの円滑な運営にとってリスクになっている。

⑶　「廃棄物」への配慮

　製品を生活者に販売し、消費したあとに発生している「廃棄物」──いわゆるゴミ──の処理にも企業は配慮する必要がある。

　製品の検査をしっかり行い、品質を維持し、消費者に迷惑を与えてはいけないし、製造工程の不備で、周辺住民に公害被害を与えることは許されない。これは当然のことである。

　ここで問題にしたいのは、いま述べた製造工程に十分配慮することではなく、消費者がその製品を使用したり、消費した後にゴミが排出されていることである。個人としては、それほど多くだしていないと思っていても、全体でみた場合に大量なだけでなく、きわめて多種類のゴミが発生している。企業の生産活動には、このような問題が付随している。企業にとってはゴミをあまり作りださない工夫が必要であり、生活者もそのようなゴミ問題への対応をとらなければならない。

⑷　生産の分類

生産には主に、どのような形態（タイプ）があるのか。

そのひとつは、「注文生産」である。これは、企業は顧客や取引先から注文（オーダー）をうけてから、そのあとで生産するという形態であり、"オーダー・メイド"といわれている。たとえば、熟練の職人のいる専門店に行き、寸法をはかって靴や洋服をつくらせる、航空会社がメーカーに飛行機の製造を依頼する、あるいは自動車メーカーが部品メーカーに必要な部品を発注する、などのように、現代においても、この形態は一般的に行われている。

もうひとつは、「見込み生産」とか、「市場生産」である。これは、注文を受けてからではなく、企業側が市場調査や需要予測を行い、獲得できると予測される顧客や消費者を見込んで、生産計画をたてて、それを実施に移すものである。ある程度の数量のものが販売できそうと考えると、生産を行い、販売の経路に流していく。

注文生産がオーダーメイドであるのに対して、見込み生産によるものは、"レディー・メイド（既製品、できあい）"の製品といわれる。スーパーマーケットや百貨店などの"リアル"の小売店舗で、品揃いのなかから自分にあった靴や洋服をまず購入する。その後、夕食用の食材やケーキなどを買うとすれば、それらのものはまさにレディー・メイドであり、見込み生産の事例である。

見込み生産においては、事前の生産計画が重要であり、すでに述べた市場調査や需要予測などを行い、自社製品に対するニーズを推定して、これにもとづいて生産計画を立案し、実施する。もちろん、実際の購入が生産額よりも少ない場合には、売れ残りが発生し、企業は在庫をかかえることになる。そして、製品在庫が多くなると、「在庫調整」という問題が生じるとともに、次期の生産計画にも影響がでてくる。

(5) 多様なニーズに対応できる生産システム

すでに1節で述べてきたように、ヘンリー・フォードは、大量生産のシステムを開発した。これにより、Ｔ型フォードという「単一製品の大量生産」が実現した。そして、大量に同じ製品をつくることで、製造コストが大幅に引き下げられるという「規模の経済」を獲得している。それは、高価格であった自動車の価格を低くし、消費者は自動車を容易に購入できるようになった。自動車の大量生産のシステムは、20世紀の特徴になり、「モータリゼーション」の幕開けとなるとともに、他の産業にも応用されていく。

しかし、一種類だけの製品は、多くの生活者がそれを購入し、その製品の普及度が高まるにつれて、人気がなくなる。そして、"他人の車とはちがうもの"や"もっと美しく、性能のいい車"がほしいというニーズが生まれ、１種類の製品しか生産しないフォードはすでに述べたように、経営の危機をむかえる。

そこで、企業は、消費者の高度化し、多様化したニーズにこたえるような生産のシステムを開発し、それに転換してきた企業には、消費者のニーズに柔軟かつスピーディに対応できるような生産システムをつくることが大切である。そして、多品種の少量・中量生産が可能な工場づくりが必要となる。IoT、AI化などのデジタル化は、それを可能にしている。

(6) 生産性の意味

さて、生産現場を動かしていく際に重要なのは、できるだけ能率的に製品をつくることであり、第１章で述べたように、企業は生産的なシステムでなければならない。たとえば、作業工程が円滑に流れていないとか、あるいは製造した製品に欠陥があったり、原材料が無駄づかいされているのであれば、工場は良好に動いていると

はいえず、生産性は低く、能率的ではない。

　「生産性」とか「能率」や「経済性」という考え方は、製品やサービスをつくるために企業に投入（インプット）された経営資源の量と、産出（アウトプット）された量との関係であり、この関係をできるだけ合理的にしていこうというものである。

$$生産性 = \frac{産\ 出\ 量}{経営資源の投入量} \quad \cdots\cdots\cdots\cdots\cdots\cdots (1)$$

　(1)の公式によると、合理的にしていこうというのは、(a)投入量を一定にするならば、できるだけ多くの産出量を得るか、または(b)産出量を一定にすれば、できるだけ投入量を少なくおさえるか、のいずれかになるが、人的資源の生産性については働く人びとを動機づけるために人件費の負担（分母の投入量）を大きくしつつ、それを大きく上まわる生産高や売上高（産出量）をあげる方策をとるほうが大切である。人件費の削減で生産性を維持するのではなく、能力発揮によって分子を大きくするのである。他方、機械・設備などの有形固定資産の生産性向上も、人的資源とならんで重要な課題である。(1)の式を固定資産で考えると、以下のようになる。

$$固定資産の生産性 = \frac{生\ 産\ 量}{固定資産} \quad \cdots\cdots\cdots\cdots\cdots\cdots (2)$$

　(2)の分母、分子に生産能力を入れると、以下のようになる。

$$固定資産の生産性 = \frac{生産能力}{固定資産} \times \frac{生\ 産\ 量}{生産能力}$$
$$= \ 固定資産の生産能力性$$
$$\times 操業度（稼働率） \quad \cdots\cdots\cdots\cdots (3)$$

221

　(3) の固定資産の生産能力性とは、後述する働く人びとの作業の分析を通じた自動化とそれを実現するロボットなどの最新鋭の機械・設備（固定資産）を導入して生産能力を高めることを示している。そして、操業度（稼働率）とは、そのような機械・設備がそのもっている生産能力を実際にどのくらい利用して生産量をつくっているかを示すものである。つまり、企業としては、人的資源にかえていい機械類を導入する。しかし、導入しても、その利用度が少なければ、生産性はあがらないことになる。

⑺　AI化による生産性の向上

　生産現場では、現在、デジタル化とか、AI化によって生産性を向上させようという動きが高まっている。

　AIは、これまで機械・設備とか、ハードの稼働を監視（モニター）することに役立ってきた。しかし、現在のAIはディープラーニング（深層学習）と強化学習というふたつの特徴をもっている。前者の深層学習によって画像認識能力（機械が目をもつことになったこと）が向上している。そして、後者の強化学習によって将来を予測したうえで活動することができるという能力が向上している。

　この能力の向上により、現場で働く熟練した人びとの作業を詳細に分析し、共通化できるところを自動化して作業工程を改善し、生産性の向上に貢献できるようになっている。また、そのような機能をもつAIは、自動化が進んでいなかったり、できないと思われてきた企業や産業にも適用され、生産性のアップに役立っている。

　このようなAIの導入は、生産システムを変革し、生産性を向上させるだけでなく、競争力を強化することになる。もっとも、機械の発明によって、それは人間の労働の代わりになる。AIも人間の

労働を軽減する省力化であるので、働く人びとから仕事を奪いとってしまうと見られている。

4　日本企業の課題

(1)　研究開発におけるデジタル化の推進

　テクノロジーの企業経営へのインパクトが大きい時代となり、第1章でデジタル化やテック企業が進展したと述べた。そして、他の章でも関係していることについて説明してきた。それによると、製品のサプライ・チェーンの全般にわたって、その影響から企業の経営が大きく変化している。それは「デジタル革命」といわれているものであり、働き方にも変化をあたえている。

　しかし、ICTやAIなどのデジタル分野で日本は遅れているとか、世界の「フロント・ランナー」になるような企業は少ないともいわれている。そこで、デジタル化を強力に推進することがもとめられている。そして、とくに研究開発でそれを重視していくことが大切である。

　中外製薬は研究開発型の企業を目ざしているサプライ・チェーン全体のデジタル化を進めているが、とくに革新的な新薬の継続的な開発に注力している。さまざまな病気に対応できる抗体医薬品は多数のアミノ酸からなっており、その配列が変われば、性質がちがってくる。そして、どのような配列になれば抗体としての効果が高くなるのかについては、AIを使えば迅速に効果的な配列を見つけることができるし、研究スタッフが考えつかないような抗体配列をつくりだすという。

　また、デジタル化が進展したことで、電子カルテルなどから得られた生の大量のデータを活用して新薬の開発に役立てようとしてい

る。これに関連して研究所内で行われた実験データはすべて一元化され、すべての従業員が見れるようにして、新薬の開発に結びつけるようにしている。

　なお、社内にはふたつのタイプの研究者がいるという。ひとつは生命科学の実験を行う製薬企業本来のスタッフであり、もうひとつはデジタル化に直接関係するデータサイエンス系の研究者である。

　この2種類の研究者は相互理解が不足しているので、両者の関係強化や統合に努め、成果をあげるようにしている。そして、実験系の研究者の場合、化合物の合成時には実験装置のそばにいなければならなかったが、ロボット化によりこの作業はなくなり、他の研究にたずさわることができるようになっている。

(2)　グローバル市場を意識した製品開発の重視

　日本企業はモノづくりの強さを活かして高機能で高品質の製品を開発してきたことで、かつては評価が高かった。しかし、日本企業は国内市場が比較的大きかったせいか、国内市場でもそこそこの利益を獲得することができた。そのために、グローバル市場の開拓に積極的でなかったといえる。

　そこでグローバル市場を意識した対応を検討することが必要である。高品質や高機能の製品をつくることも大切であるが、世界の生活者が本当にもとめる製品をつくることが重要である。要するに、世界の生活者がもとめるようなモノを開発する意欲と視点が大切になる。

(3)　品質劣化への対応

　かつての日本企業の製品は高機能で、品質（クオリティ）がよいとのグローバルな評価を得てきた。それは日本型経営の特質のひと

つとも見られてきた。

　しかし、むしろ品質劣化を示すような不正を犯す行為が見られるようになっている。具体的には「品質不正」や「検査不正」などの製造上の不適切な行為が横行し、企業内の慣行になっている場合も見られる。

　しかも、知名度のある大企業でも、そのような行為が長期にわたって行われ、社会やステイクホールダーからのきびしい批判にさらされてきた。そこで、企業の存続を制約するこのような品質劣化をさせないような取組みを実行し、なによりも信頼を回復することがもとめられている。

⑷ 「健康経営」の重視

　人びとの健康に配慮した経営つまり「健康経営」の実現が大切である。健康経営は人権尊重のシンボルであり、企業には言行一致の実践や制度がもとめられる。また、働く人びとの貢献を引きだすためには「ウェルビーイング」（well-being、心身の健康と幸福）という考え方が必要であるといわれている。さらに、ワーク中心ではなく、WLB（ワーク・ライフ・バランス）を通じた「働き方改革」や「生き方改革」も行う必要がある。

　"企業はヒトなり"というが、それはヒトが最大の経営資源であるだけでなく、ヒトの命を大切にしなければならないということを意味している。

《おさらい（Review and Challenge）コーナー》

　1　研究開発、生産とマーケティングとの関係を要約してください。

2 第3次産業、サービス産業をなにかひとつとりあげて、その生産および研究開発がどのように行われているかを調べてみてください。

3 環境にやさしい企業、作業環境の改善がすすんでいる企業、生産性の高い企業の事例をさがしてください。

4 注文生産と市場生産につき、具体的な事例をあげて調査してください。

••••••••••• トレンド：新しい経営 •••••••••••

パワーハラ（スメント）を減らそう！

上司から部下に対して行われるだけでなく、先輩と後輩間、同僚間でも見られています。これには、暴行、傷害などの身体的な攻撃、脅迫、侮辱、暴言などの精神的なもの、シカト、仲間はずしなどの人間関係の切断、仕事に対する過大な要求や過小の要求、プライベートへの過度の立ち入りなどがあるが、減少させることが重要です。職場生活を楽しく、しかも仕事の遂行を円滑に行うようにしなければなりません。

また、大企業による中小企業へのハラスメントや顧客や消費者から企業で働く人びとへのハラスメント（カス（タマー）ハラ）もみられています。そこで、パワーハラ（スメント）だけでなく、女性に対するセクハラなどのハラスメントを減らすことがもとめられています。

（齊藤毅憲）

クローズ・アップ

「コスト削減経営」から脱して

　ゴールドマン・サックスのアナリストであったデービッド・アトキンソンは日本企業は賃上げによって生産性をあげるべきであると主張してきました。従来からの低賃金を維持する経営をつづけているので、仕事の自動化や能率化が進まず、付加価値の高い仕事への転換も行われていないのです。そこで、生産性も賃金も上昇していません。

　賃金を上昇させることは仕事への動機づけにもなり、若者を元気づけられます。そして、非正規労働も減少させ、格差社会を是正することにも注意と努力を払ってほしいという。そのとおりです。

　バブル経済が崩壊して以来、雇用リストラを展開し、非正規労働を増やし、人件費の抑制によるコストダウンの経営を日本の企業はつづけてきました。すでに30年近い年月がたちましたが、日本企業の「コスト削減経営」の基調は変っていないのです。

　このあたりで、日本企業の経営のイノベーションがもとめられます。テック化やデジタル化を推進して働く人びとの能力を信頼し、チャレンジングな仕事と高い賃金を与えるような経営に転換すべきと思っています。能力を発揮させ、それには高い報酬を支払う経営がこれからの日本企業には確実にもとめられています。実質賃金が長期にわたって上昇していない日本は、この面での改善が必要です。

（齊藤毅憲）

●●●●●●●●●●●●●●● **トレンド：新しい経営** ●●●●●●●●●●●●●

人権尊重の経営を！

「人権」（Human Rights）は、これまでの経営学では議論されること
はあまりありませんでした。そして、「平和」（Peace）についても同じ
であったでしょう。

欧米では人権尊重が重視されはじめており、これにもとづく経営がど
のようなものかが明らかにされてきています。人権尊重の経営とは人権
を守り、人間としての尊厳を保ちつづけていくという強いメッセージが
こめられています。購入した製品が人権を無視してつくられているなら
ば、その購入を中止し、人権無視をやめるように要求しています。

企業としては原材料の調達から生産・販売活動までの一連のサプラ
イ・チェーン全体を通して人権の侵害が行われていないように配慮する
ことが大切です。具体的には生命の安全、健康の維持、生活ができる環
境の整備などの観点から、児童労働や強制労働を行わない、賃金の未払
いはしてはならない、危険な化学物質をとり扱う場合には安全確保に留
意する、事故発生時には安全対策をとる、などはいうまでもなく必要に
なります。

日本の企業ではヒドイ人権無視は減っていると思いますが、これから
の企業経営は人権を無視したり、侵害することは許されません。企業の
なかでは各種のハラスメント（セクハラ、パワハラなど）が行われてい
ますが、これも人権にかかわることで決して許されることではありませ
ん。

（齊藤毅憲）

企業はどのようにして 資本を調達し、資金を 運用するのか

第**12**章

《本章のねらい》

　企業の経営には、おカネという経営資源が不可欠である。これがなければ、企業を動かすことができない。

　本章は、企業経営におけるおカネの調達と運用を意味する財務管理について学習する。この章を学習すると、つぎの点が理解できるようになる。

　① 貸借対照表と損益計算書の役割

　② 資本調達の種類と資金の運用

　③ 設備投資の３つのタイプ

　④ 収益性、安全性、成長性という「経営分析」の基準

　⑤ キャッシュ・フローの重要性、「減損」と「のれん」の意味

　⑥ 財務管理とCSR

1 財務管理の内容

(1) 資本と資金、投資

おカネという経営資源（貨幣的、資金的資源ともいう）をとり扱う分野は財務管理である。

まず、資本と資金の違いを説明しよう。この違いは、図表12-1の貸借対照表における表示の仕方にもとづいている。資金とは、「借り方」（資産の部）に表示される現金・預金などの利用可能なおカネのことをいうのに対して、資本とは、自己資本（純資産）、借入資本など、「貸し方」（負債・純資産の部）に表示されるおカネのことをいう。

機械や材料を購入し、従業員を雇用、商品を生産し、販売するには、資金が必要である。この資金を集めてくるのが「資本調達」（「資金ぐり」ともいう）であり、この資金をどのように使うかが「資金運用」といわれる。

資本調達は、企業内部から行うか、外部から行うか、のちがいがあるが、いずれにするかの決定は、少ない費用ですむかによるべきである。他方、資金運用も、会社内で長期間使用されず、だぶつくことがないようにする。

また、集めた資金をどのような新製品の生産や設備の購入に向けると、利益があがるかを計算することを、投資管理とか、投資計算という。

ここでいう「投資」とは、消費者が生活の必需品を購入するのとはちがって、利益を得る目的で、おカネを支出することである。そのためには、開発・製造・販売によって、将来再び資金として回収され、利益があがることになれば、健全な投資といわれる。

図表12-1　貸借対照表（勘定式）

貸 借 対 照 表

△△製作株式会社　　　　令和×年３月31日現在

資　産　の　部		負　債　の　部		
科　　　　目	金額	科　　　　目	金額	
Ⅰ　流 動 資 産	1,320※8	Ⅰ　流 動 負 債	515※9	
（1）当 座 資 産	730※7	1 支 払 手 形	100	
1 現 金・預 金	420	2 買 掛 金	200	
2 受 取 手 形	260	3 短 期 借 入 金	185	
3 有 価 証 券	50	4 未 払 金	4	
（2）棚 卸 資 産	300※5	5 製品保証引当金	26	
1 製 品・商 品	105	Ⅱ　固 定 負 債	950	
2 原 材 料	195	1 社 債	800	
（3）そ の 他	290	2 長 期 借 入 金	100	
1 前 払 費 用	190	3 退職給与引当金	50	
2 未 収 収 益	100	負 債 合 計	1,465	
Ⅱ　固 定 資 産	2,600※6	純　資　産　の　部		
（1）有 形 固 定 資 産	2,390			
1 建 物	1,200	Ⅰ　株 主 資 本		
2 機 械 装 置	130	1 資 本 金	1,500	
3 車 両 運 搬 具	120	2 資 本 剰 余 金	250	
4 土 地	750	3 利 益 剰 余 金	750	
5 建 設 仮 勘 定	190	4 自 己 株 式		
（2）無 形 固 定 資 産	10	Ⅱ　評価・換算差額金	0	
1 特 許 権	7	Ⅲ　新 株 予 約 権	0	
2 営 業 権	3			
（3）投 資	200			
1 投 資 有 価 証 券	120			
2 出 資 金	30			
3 長 期 貸 付 金	50			
Ⅲ　繰 延 資 産	45			
1 創 立 費	15			
2 試 験 研 究 費	10			
3 社 債 発 行 差 金	20	純 資 産 合 計	2,500※3	
資 産 合 計	3,965	負 債・純 資 産 合 計	3,965※2	

（単位：万円）

注：表の中の※印は本章の「4 財務を分析するための基準」の計算式に用いられる数字。

図表12‑2　損益計算書（報告式）

損 益 計 算 書

△△製作株式会社

　　令和×年4月1日から　令和×年3月31日まで

経 常 損 益 の 部		
営 業 損 益 の 部		
─── I　売　　上　　高		
1　製 品 売 上 高		4,200※4
II　売　上　原　価		
1　期首製品棚卸高	140	
2　当期製品製造原価	2,660	
合　　　　計	2,800	
3　期末製品棚卸高	100	2,700
売 上 総 利 益		1,500
III　販売費および一般管理費		
1　販売員給料手当	510	
2　減 価 償 却 費	80	
3　そ　の　他	510	1,100
───営 業 利 益		400
営 業 外 損 益 の 部		
IV　営 業 外 収 益		
1　受取利息・割引料		25
V　営 業 外 費 用		
1　支払利息・割引料		55
───経 常 利 益		370※1
特 別 損 益 の 部		
VI　特 別 利 益		
1　固定資産売却益		0
VII　特 別 損 失		
1　臨 時 災 害 損 失		0
税引前当期利益		370
法人税・住民税		0
───当 期 利 益		370

（単位：万円）

注：表の中の※印は本章の「4　財務を分析するための基準」の計算式に用いられる数字。

⑵ 代表的な財務諸表

ところで、経営資源を調達し、製品やサービスを開発・生産し、販売する企業活動の結果は、すべて会計帳簿に記入される。この会計の状態を示すものは、「財務諸表」といわれる。その代表的なものが、貸借対照表（図表12 - 1）と損益計算書（図表12 - 2）などである。

「貸借対照表」（Balance Sheet, BS）とは、一定の計算期間に保有している建物、機械・設備、原材料などや、その期間に発生した将来受け取ることができる売掛金などの「資産」と、その期間に借り入れた資金やその期間に発生した将来支払うべき買掛金などの「負債」、さらに、「資本」（純資産）の状態を示している。そして、「資産＝負債＋純資産」という関係がある。

これに対して、「損益計算書」（Profit and Loss Statement, PL）とは、売上高から生産に向けられた費用（売上原価）を差し引き、さらに販売・管理費や営業外損益などを計算して、経常利益や当期利益などを明らかにするものである（第5章の図表5 - 2も参照）。

貸借対照表の期末の資産（負債＋純資産）－期首の資産（負債＋純資産）＝利益と、損益計算書の期末から期首までの収益－費用＝利益が一致するので、ふたつの財務諸表は相互に関係している。

2　資本調達の種類

⑴ 資本調達の方法

図表12 - 3に示されるように、資本調達の方法には、社内から融通し、調達するもの（内部金融）と社外から調達するもの（外部金融）がある。

図表12-3　企業の資本調達の方法と種類

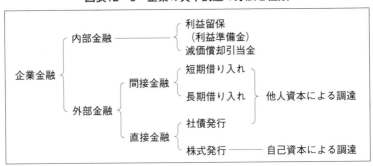

　内部金融は、「自己金融」ともいわれ、企業が得た利益のうち使用されず、留保された資金と、その期間に建物、機械などの固定設備について磨滅した金額を引き当てる「減価償却累計額」からなる。現代の日本企業はかつてと異なり、内部留保のウエイトが高まっている。

　外部金融には企業が債券や株式を資本市場で発行して行う「直接金融」と、銀行から借り入れる「間接金融」とがある。

　ところで、資本をだれから調達したかという資本の所有者の視点からみると、「他人資本」と「自己資本（純資産）」の区別が大切である。他人資本は、間接金融のうちの銀行借り入れと直接金融の社債からなる。企業の側からすれば、いずれも、一定期間後に一定金額の利子とともに、銀行や投資家に返済することになる。

　これにたいして、自己資本とは、企業が株式を発行して調達した資本で、企業は利益が発生した場合は、銀行の利子は低水準に推移してきたので、比較にならないが通常はそれ以上の配当額を投資家に対して払うことがもとめられる。しかし、株式には返済の必要がなく、自己の資金として永続的に使用することができる。なぜならば、株式を購入した投資家は、株券を資本市場で売却することで、

元金を回収することが可能となるからである。

　したがって、株式会社の形態をとって、株式を発行できるように
なれば、これまで銀行などから借り入れるしかなかった個人企業よ
りも、資金を集めやすく、企業の規模を大きくすることができる。

⑵　長期資本と短期資本

　さらに、資金には、1 年から数年にわたって利用できる「長期
資本」と、1 年以内に回収できる「短期資本」に区別される。長
期資本は、機械設備を新しく取り替えたり、新製品の開発などのた
めに使用され、投下資金の回収に時間のかかるものである。具体的
には、これには以下で述べる①内部留保資金、②減価償却引当金累
計、③株式資本、④社債、⑤長期借入金など、がある。

　これに対して、短期資本とは、1 年以内に手持ち現金として回
収される棚卸資産を増加したいとき、などに必要なものである。こ
れには、①買掛金、②支払手形、③短期借入金などがある。

⑶　長期資本の調達

　① 内部留保資金——毎期の純利益から、法人税、配当金、役員
賞与金などの処分額を差し引いた残りを留保したものであり、「利
益剰余金」ともいう。

　② 減価償却引当金累計——減価償却とは、たとえば10年使用
できる機械設備（有形の固定資産）を毎年摩滅した一定額を費用と
して計上し、将来の新設備の購入を予定して使用額を積み立てるこ
とである。この場合、その積み立て部分は、それを必要とする10
年後まで資金が流出しないので、長期資金として利用される。

　③ 株式の発行——株式とは、投資家（株主）が出資額分だけに
責任が持てるように、出資を比較的小口の額に分割し、さらにその

所有権を「株券」の売却により、自由に譲渡できるようにした有価証券のことである。企業側からみると、自由に譲渡することを保証しているので、返済の必要がない。だが投資家からすると、収益の状況により、株価や配当金が変動するので、「ハイリスク」（危険の程度が高い）とともに、「ハイリターン」（獲得する収益が多い）であるともいえる。

　もっとも、会社が株式を発行できるためには、資本市場で株式が売買できる「株式上場基準」を満たすことが必要である。

　④ 社債の発行——会社が「債券」という有価証券を発行し、投資家から一定期間後に利息つきで元金の返済を保証することを条件に借り入れをするものである。社債には担保がつけられるのが普通なので、リスクが低くなり、資本市場を通じて多数の投資家から多額の長期資金を調達できる。しかし、投資家保護などの観点から、社債の発行には厳しい基準やルールがつけられている。

　⑤ 長期借入金——普通銀行のほかに、信託銀行、保険会社、中小の金融機関、政府系金融機関などから借入れ期間が1年以上の資金を調達することができる。

⑷　短期資本の調達

　① 買掛金——企業が仕入先企業から材料や商品を購入し、実際に引き渡しが行われているにもかかわらず、代金が直ちに請求されることはなく、ある期間、支払が猶予され、引き延ばされる商習慣のことである。この場合、買い手企業は、売り手である仕入れ先企業から、無料で短期融資を受けたのと同じことになる。

　② 支払手形——原材料の仕入れなどにより発生する支払債務を、一定期日後にその金額を支払うと約束した「手形」を発行し、支払いを遅らせることである。「支払手形」は、公的証券なので、手形

の受領者は、それを銀行で日数に応じた割引料を支払うことにより、支払い期日前に現金化することができる。

③ 短期借入金──銀行などの金融機関からの短期借入金が主なものである。

④ その他──未払金、未払費用、前受金なども、短期借り入れとなる。

3　資金の運用

(1)　正味運転資金と流動資産の管理

企業は、前述してきたようにいろいろな方法を使って資金を調達するが、これらの資金をどのような資産に対して投下すべきであろうか。これが「資金の運用」である。

いま調達された資金が、現金預金や売掛金などの流動資産に多く投下された場合と、たとえば10年間使用できる機械設備（固定資産）に投下された場合とを比較してみよう。企業として、ほかにどうしても資金が必要になったときに、いち早く資金として回収し、利用可能になるのは、前者のほうである。

それは、多くの投下資金が流動資産にむけられているので、1年以内に回収できるからである。企業の財務活動では、このように短期の支払い能力を多く持っていることをのちに4.でも述べる「流動性（安全性）が高い」といい、非常に重要な指標になっている。

図表12‐4は、貸借対照表を簡略に示したものである。このなかで、流動資産から流動負債を差し引いたものが「正味運転資金」という。この正味運転資金が多いほど流動性が高くなる。また、流動比率は、「流動資産／流動負債×100（％）」で示されるが、この

図表12-4 総運転資金と正味
運転資金との関係

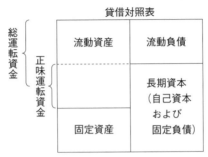

比率が高いほど、手持ち資金に余裕があり、経営は円滑に行われる。

したがって、正味運転資金を多くしたり、流動性の比率を高めるには、流動資産に資金を投下するか、流動負債を少なくするか、固定資産への資金の投入を少なくする、ことが必要である。しかし、短期の支払い能力があっても、デジタル化などの変化の時代なので、新製品の開発と生産などのための設備投資を行わなければ、企業として将来の見通しがたたなくなる。

したがって、経営者や財務担当のマネジャーは、流動性を高めるために流動資産の管理を行うとともに、将来の事業を発展させるために長期設備投資（有形固定資産）の管理を行い、両者のバランスをとることが重要となる。

(2) 流動資産の管理

① 現金預金への投資——企業の保有する「現金預金」は、金融機関での普通預金や当座預金のかたちをとっている。現金預金は、取引を行った際の支払いや将来の取引のために備えたものである。しかしながら、現金のかたちをとっているかぎり、投資といっても

利益を生みださない。したがって、現金の保有は、必要最低限に抑えることが大切である。適切な保有高は、それぞれの企業の経験にもとづき、売上高の何パーセントで示される。

②売上債権への投資――現金払いの取引が原則であるが、販売促進のためには、すべての取引を現金払いとせず、顧客に信用をあたえる「信用販売」を行うこともある。そこで、売上債権への投資とは、売掛金や受取手形による取引を考慮し、これらへの資金投下を準備することである。

その大きさは、売上高と信用供与の基準、信用期間などに関する、その企業の判断によって決まる。一般的には、信用供与の基準をゆるくし、さらに信用をあたえる期間を長くすれば、売上高は増大することが予想される。その反面、貸し倒れ損失は増加するであろう。貸し倒れを防止しようとすれば、その回収のための費用がかさむことになる。

③棚卸資産への投資――棚卸資産とは、一定量の在庫を常備しておくことであり、原料や半製品が足りずに製造できなかったり、品切れのため需要に対応できずに、販売のチャンスを失うことを回避するためのものである。したがって、棚卸資産への投資は、一定期間、資金を固定化することになるので、受発注の情報システムにより在庫量をできるかぎり少なくする必要がある。

(3) 機械・設備投資の管理

企業は、研究開発、生産、販売といった一連のサプライ・チェーンへ投資を行わなければならない。具体的には工場やオフィスの建物・機械・設備などの固定資産への投資である。この投資の意思決定は、さきの流動資産とはちがい、適切に行わないと、やり直しがきかず、企業は経営の危機におちいることになる。

　そこで、設備投資の意思決定は、経営者などにより慎重かつ科学的に行われている。これには、各種の方法がある。

　① 取替投資──これまでの製品の製造方法は変えないが、機械や設備を取り替えることをいう。これは、ⓐ機械・設備が老朽化し、それを使用しつづけると原価を高め、収益を下げるおそれがある、ⓑ賃金などを削減するために、AI内臓の産業用ロボットを採用する、ⓒエネルギーの価格が急騰するので、省エネルギーの新規設備に変える、などの場合に行われる。

　② 拡大投資──既存製品の需要が増大し、販売量は継続的に増加するが、これまでの生産能力では十分でないと判断されるときに、これまでと同じか、第11章でも述べた生産性の高い最新鋭の機械設備を購入し、拡大生産ができる投資をいう。

　③ 新製品開発投資──①と②は、いずれも同一製品を生産する場合の設備投資の問題であった。しかし、この投資は、他の企業もまだ販売していない製品を自社の研究開発部門が開発し、商品化する際に必要な設備の購入である。また、他の企業がすでに売りだしていても、まだ市場需要の増大が予想される場合、自社でもはじめて商品化するときには、新製品投資という。いずれの場合にも、慎重な市場調査など、事前の十分な調査と準備が必要となる（第10章参照）。

▌ 4　財務を分析するための基準

　企業は継続的に収益をあげるとともに、安全性を維持することが重要であるが、それを分析する方法として、「収益性」（利益があがっていること）と「流動性」（安全性が高いこと）という基準がある。そして、企業は存続し、成長していくことも大切であるか

ら、「成長性」という基準も必要になる。

　自社製品の売上が良いときは、借金をして大量生産・販売をしてもよいが、景気が悪くなったり、第 10 章で述べた製品のライフサイクルが短縮化して、急に売れなくなることもあるから、借金のみにたよることは、流動性（安全性）の視点から避ける必要がある。

(1)　収益性をあらわす諸比率

　実数値は231頁と232頁にある、図表 12 - 1 と図表 12 - 2 の※印を参照。以下の式の自己資本は純資産である。

$$① \ 総資本経常利益率 = \frac{経常利益}{総資本（自己資本＋他人資本）} \times 100（\%）$$

$$= \frac{370^{※1}}{3,965^{※2}} \times 100 = 9.3\%$$

　総資本経常利益率は、図表 12 - 5 からもわかるように、売上高経常利益率と総資本回転率の積によってももとめられる。図表 12 - 5 は、財務諸表の各項目が総資本経常利益率と関係していることを示し、この図表から、「総資本経常利益率」の良否の原因をみつけだすことができる。

　たとえば、総資本利益率が下がった場合、経常利益をあげるためには、売上高をあげるか、または売上原価を下げるか、の努力をしなければならない。そのためには、製造原価、販売費、一般管理費、支払利息などをひきさげる必要がある。この場合、売上高をあげるには、広告宣伝などの販売費が必要かもしれないが、かけた費用から利益がいっそうあがるかどうか、を慎重に考慮することになる。

図表12‐5　総資本経常利益率の求めかたの概略

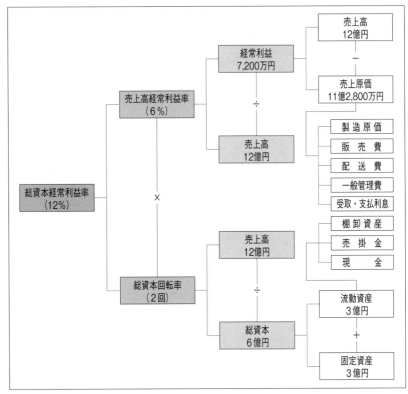

　さらに、一定期間の「売上高経常利益率」が変わらないときは、計算期間内の「総資本回転率」を高めるために、流動資産や固定資産の使用を節約する必要がある。そこで、これらの前期、今期、さらに来期の目標数値を比較するために、つぎのような公式も重要な基準となる。

$$② \ 自己資本経常利益率 = \frac{経常利益}{自己資本} \times 100(\%) = \frac{370^{*1}}{2,500^{*3}} \times 100 = 14.8\%$$

③ 売上高経常利益率 $= \dfrac{経常利益}{売上高} \times 100 (\%) = \dfrac{370^{*1}}{4,200^{*4}} \times 100 = 8.81\%$

1) 総資本回転率(回) $= \dfrac{売上高}{総資本} = \dfrac{4,200^{*4}}{3,965^{*2}} = 1.059$ 回

（自己資本と他人資本の合計の回転速度を示し、この回転数が多ければ上記①総資本経常利益率は高まる。）

2) 棚卸資産回転率(回) $= \dfrac{売上高}{棚卸資産} = \dfrac{4,200^{*4}}{300^{*5}} = 14.00$ 回

3) 固定資産回転率(回) $= \dfrac{売上高}{固定資産} = \dfrac{4,200^{*4}}{2,600^{*6}} = 1.615$ 回

(2) 流動性（安全性）をあらわす諸比率

流動性の計算式は以下のとおりである。

① 当座比率 $= \dfrac{当座資産}{流動負債} \times 100 (\%) = \dfrac{730^{*7}}{515^{*9}} \times 100 = 141.7\%$

（棚卸資産の売却に頼らずに短期債務を返済しうる能力を示す。100%以上であることが望ましい。当座資産とは、流動資産のうち、現金、預金、受取手形、売掛金をいう。）

② 流動比率 $= \dfrac{流動資産}{流動負債} \times 100 (\%) = \dfrac{1,320^{*8}}{515^{*9}} \times 100 = 256\%$

（流動負債を流動資産で返済しうる能力を示す。200%以上であることが望ましい。）

③ 固定比率＝$\dfrac{固定資産}{自己資本}×100(\%)＝\dfrac{2,600^{※6}}{2,500^{※3}}×100＝104\%$

（固定資産をどの程度自己資本でまかなっているかを示す。100%以下
であることが望ましい。）

④ 自己資本比率＝$\dfrac{自己資本}{総資本}×100(\%)＝\dfrac{2,500^{※3}}{3,965^{※2}}×100＝63.05\%$

（資本構成の適否を示す。この数値は大きいほど財務的に安全であること
を示している。）

(3) 成長性に関する基準

　企業が成長しているか、衰退しているか、あるいは停滞している
か、などを調べるためには、過去3年間とか、5年間などの財務
諸表のデータを時系列的に比較してみると、明らかになる。売上高
や利益が過去3年間とか5年間にどのように推移してきたかを図
表化すれば、成長性は容易にわかる。

5　キャッシュフロー重視の財務管理

　21世紀に入ってから、これまでの貸借対照表や損益計算書に、
さらにキャッシュフロー（Cash Flow, CF）を重視する経営がもと
められてきた。これは企業のもっている現金（キャッシュ）に注目
して、一年間のうちに現金がどのくらい、どのような理由で増加し
たり、減少したかを示すもので、「キャッシュフロー計算書」に表
示される。

　現金の流れ（フロー）を把握できれば、「資金ぐり」をうまくで
きるようになる。なにを行うにしても、現金をもっていることは企

業として必要であり、活動の根源となっている。

　CFには、３つのタイプがある。ひとつ目は、製品を販売して現金を得たとか、販売代金を後払いで回収したときに、増加する。他方で原材料などの仕入代金を取引業者に、宣伝広告費を広告業者に支払ったり、また従業員に給与を支給すると減少する。これは企業の現在の本業に直接に関連した現金の「ではいり」で、「営業CF」といわれるものである。

　ふたつ目は、企業の将来の成長や発展に関係したもので、デジタル化やAI化の推進のために有形固定資産の設備投資を行い、工場を建設したり、また、他社を買収したとすれば減少する。これに対して、所有している他社の株式などを売却すれば、増加する。これは、「投資CF」といわれる。

　これらの営業CFと投資CFは、企業の行っている事業活動に直接にかかわっている。プラスであれば、企業には余裕（スラック）が生じる。これに対して、マイナスになると、企業には余裕がなくなってしまうので、事業活動を行ううえで現金に不足分が出てくるおそれがある。このような場合には、銀行などからの借入れが必要になる。

　もうひとつは「財務CF」で、金融機関や株主といったステイクホルダーに主に関連したものである。たとえば、銀行などから借入れると、現金は増加するが、返済すると減少する。そして、増資を行うと、増加するが、株主に対して配当金を支払うと減少する。

　新型コロナウイルスによって休業要請をうけたリアルの小売業やサービス業のなかには固定費（人件費、家賃など）はかかるが、売上がなく、現金が入らなくなった企業があった。そこで、企業にはキャッシュの増減に配慮する経営がどうしてももとめられている。

6 「減損」と「のれん」

　キャッシュフローだけでなく、企業のもっている資産の現在の価値を環境変化のなかでしっかり把握し、適切に処理することも現代の財務管理にとって大切である。

　すでに固定資産の「減価償却」については、その意味を述べたが、技術の進歩などにより今後あまり収益を獲得できないと思われる将来性のない設備や工場、店舗などについては、資産の価値を思い切って大幅に切り下げるのが、「減損」である。この場合、貸借対照表には減少した金額を、そして損益計算書にも費用として計上する必要がある。そこで、資産の現在価値に敏感でなければならない。

　もうひとつの「のれん」は、企業の信用とか、ブランドのシンボルであり、企業のもっている純資産と実際の買収額の差額で計算される。純資産（図表12‐1）とは「総資産－負債」であり、総資産から負債（他人資本）を差し引いたものであり、M&Aの場合、負債の金額を上まわる買収金額が期待される。

　たとえば、総資産が100億円で、負債が20億円であれば、純資産は80億円となる。この純資産よりも多い120億円で買収されたとすれば、40億円が「のれん」になり、買収企業側の貸借対照表に資産として計上される。

　のれんはステイクホールダーからの高い信頼・信用とか、企業のもつブランド価値というべきもので、"見えざる資産"でもあり、買収側はこれに注目している。そして、M&Aを行おうという企業間の競争が激しくなるとは、どうしても買収金額が高くなり、「のれん」は増加する。しかし、あまりにも高くなってしまうと、のち

に「減損」で処理せざるをえなくなる。

　現代は、M&Aの時代でもあり、企業価値を示しているのれんにも注意しなければならない。

┃7　財務管理とCSR

　CSRやPartⅠのコラムで述べたSDGsを重視することが現代の企業にもとめられている。財務データだけでなく、企業がどのようなステイクホルダーにどのような社会貢献を行っているかについて、目標値や実績値を明示することが大切になっている。

　社会課題の解決に実際に人材育成や社内施設の利活用を行っているのであれば、これを『CSR報告書』や『環境報告書』、『総合報告書』などに公開することが必要である。

《おさらい（Review and Challenge）コーナー》

1. 「間接金融」と「直接金融」について具体的に説明してください。株式発行による自己資本調達資金は、自己金融でない理由を説明してください。
2. 図表12-1と図表12-2により、総資本経常利益率を求めてください。総資本回転率が2回の場合についても計算してください。
3. 「減損」と「のれん」の意味を説明してください。
4. 中小企業やスタート・アップ型の企業は、どのようにして資本を調達しているのか、調べてみてください。
5. ある企業の財務諸表をもとにして、収益性、流動性やキャッシュフローを具体的に調査してください。

•••••••••••••••••••••••••• **トレンド：新しい経営** ••••••••••••••••••••••••••

クラウドファンディングの活用！

　起業家が必要とする資金の調達について注目されているのが、「クラウドファンディング」です。銀行などではなく、起業家の事業に共感した一般の人びと（クラウド、一般の市民や大衆）からインターネット上で調達するものです。

　クラウドファンディングの仲介業者が個人投資家から資金を集め、これを起業家をめざす個人などに提供し、そのような個人などから手数料をうけとります。そして、個人投資家のほうはそのような個人などから対価として商品などをうけとります。具体的には仲介業者は起業家をめざす個人などのアイデアや調達の目標金額をウェブサイト上に公開して、これに共感した個人からお金を集めます。

　なお、クラウドファンディングは起業家以外にも資金の必要な人びとや企業、NPOなどにも現在、広範に活用されています。

　事業活動の目標となる理想が高く、多くの人びとの共感を与えるものであれば、現在は結構お金が集まる時代になっています。

（齊藤毅憲）

クローズ・アップ

会計不正はAIで退治する！

　第11章で「品質不正」や「検査不正」が残念ながら行われていること
を述べました。そして「会計不正」もなかなか減らないようです。これま
でに意図的に行ったり、まちがって処理したことで発生した会計不正を
AIを使用して効率的に監査しようという動きがはじまっています。

　大手の監査法人トーマツは、財務諸表情報の不正や誤りを自動的に見
つけだすことのできるシステムを活用しています。AIに、不正や誤りを
行った企業の財務諸表を訂正したものを学習させたうえで、監査対象と
なる企業に適用して、不正や誤りがあるか、ないかを発見させるもので
す。このAI監査を併用することで、公認会計士の業務は効率化されるこ
とになります。会計不正はステイクホルダーの利害に関与し、CSRの
視点からも重要です。そこで、AI監査の重要性は今後、高まるものと思
われます。

（齊藤毅憲）

クローズ・アップ

「利益」と「成長」をめぐって

　企業は利益を獲得できなければ、活動をつづけることが困難です。一時的になんとか危機を乗りこえても、それが長期にわたると存続できなくなります。このような状態では成長をはかることはなかなか考えにくく、「投資した金額以上の売上高」をあげ、利益を得られるようにすること、つまり「採算をとる」ことが大切です。

　成長を意識するのは、売上高を伸ばし、利益の創出を長くつづけるようになることです。この段階になると、それまでの借入金を返済するだけでなく、将来のために内部留保や投資にまわすことを考えるかもしれません。この内部留保や投資には、成長を意識し、成長したいという思いがあるからです。

　このように、売上高が増加し、利益が得られるようになると、発展への期待がふくらみ、成長したいと思うようになります。取扱製品や活動の地域を拡大しようとしたり、関連分野に進出したりして、これに成功すれば順調に成長することになります。しかし、うまくいかないと、無理はできず、活動の撤退も考え、「攻めの経営」から「守りの経営」に切りかえることになります。

　順調に成功をつづけていくと、「小さな企業」（スモール・ビジネス）は中堅企業から、さらに大企業に成長していくのでしょう。しかし、うまくいかず、利益をあげられないことも結構起こりますから、大多数の企業は大企業になることは難しいのでしょう。つまり、「企業はそれほど大きく成長しない」ものかもしれません。

（齊藤毅憲）

企業はどのようにして人材を活用するのか

第13章

《本章のねらい》

「企業はヒトなり」という言葉があるように、企業の命運は人材（人財）の活用のしかたにかかっている。本章では、まず人材活用の基本的な考え方を整理し、それから個人の「自主性・自律性」、「自由と自己責任」を重視する近年の特長を明らかにする。本章を学習すると、以下のポイントが理解できるようになる。

① 働く際の動機がちがうと対応も変わることになる理由
② ヤル気を引きだすための職場環境や人間関係のつくり方
③「自立した個人」を重視した人材活用の方法
④「自立した個人」による「生活者社会」の展望

1　人はなにをもとめて働くのか

　企業は、その目標達成のために、雇用した人材を効果的に組織し活用することが必要である。では、企業はいかに人材を組織し、いかに活用したら、人は企業のために一生懸命に働き、貢献するのであろうか。ここでは、まず人材活用の基本的な考え方を整理しておこう。

⑴　人間の働く動機・欲求とはなにか

　人材を効果的に組織し活用するためには、なによりも人材（人財、フォロワー、ヒューマン・リソース）のことを知らねばならない。とくに「人間はなにをもとめて働くのか」という動機・欲求を知ることが不可欠である。

　皆さんも大学の４年生になれば、就職先を決めて、卒業したら働くことになるが、「あなたはなんのために働くのですか」、「なにをもとめて働くのですか」、「どんな職場を希望するのですか」と聞かれたら、いったいどう答えるであろうか。

　ある人は「できるだけ多くのお金を稼ぐためです」、「だから給料の多い会社であれば、どんな仕事でもします」というかもしれない。また、別の人は「給料の多さというよりも、人と人との心の結びつきをもとめたい」、「だから良い雰囲気、良い人間関係の職場で働きたい」と願うかもしれない。

　さらに、また別の人は「なによりも自分のやりたいコトをするためです」、「給料は、ふつうの生活ができればそれで十分です」、「やりがい生きがいのある仕事をして自分が成長しなければ、そんな職場はすぐに辞めます」というかもしれない。

⑵　個々人の多様な動機・欲求への対応

　このように、「人はなにをもとめて働くのか」、「どんな職場を望むのか」、つまり、人が働く時の動機・欲求はさまざまである。

　それぞれの人の働く時の動機・欲求は、その人の置かれた家庭環境・経歴・学歴などにより、大きく異なっている。また、その人をとりまく政治・経済・文化・宗教などによっても異なるし、同じ国でも、住んでいる地域や時代によって、大きな差がでるであろう。さらに発達した先進国なのか、発展途上の国か、によっても異なる。

　したがって、どの動機・欲求が、「正しいか、まちがっているか」ということではない。人材活用にとって重要なことは、「雇い入れた人がなにをもとめているのか」、「なにをもとめて働こうとしているのか」を知ることであり、その多様な動機・欲求を前提にして、適切に対応しなければ効果がでない。

　だから、企業の側は、採用した人材の働く動機・欲求がなんであるかを正確に知ることなくしては、その人材を効果的に活用することができない。たとえば、「多くのお金を求めて働く人」には「がんばって仕事目標を達成すれば給料を倍にしてあげる」という対応は、たしかに効果的であろうが、「やりがいや生きがいを求めて働く人」にとっては、あまり効果的ではない。

2　人材活用の３つの考え方

　人間の働く際の動機・欲求には、大きく分けて、生存欲求（経済的欲求）、関係欲求（社会的欲求）、成長欲求（自己実現欲求）などがあるが、それにもとづいて人材活用の方法には、おおむね以下のような３つの基本的な考え方がある。

(1) 経済人モデルの人材活用

ひとつは、人間はなによりも衣食住の生活を可能にする金銭的な欲求に強く動機づけられる、という考え方である。このような人間観は、「経済人モデル」（エコノミック・マン）ともよばれ、経営学のなかでは古い考え方で、古典派・伝統派の主張であった。

この人間モデルを前提にすれば、働く人を企業組織の目標にむかって貢献させるには、賃金・給料など経済的な刺激・インセンティブで対応するのが効果的だ、ということになる。その結果、経済的・金銭的な刺激を中心にした人材活用の方法・制度・仕組みが考案される。

20世紀初頭には、このような考え方にもとづく人材活用の方法が支配的であった。なぜならば、当時の多くの働く人びとは、労働条件は悪く、長時間労働を余儀なくされ、必ずしも経済的に豊かな生活をしていなかったからである。そのために働く人びとは、少しでも多くの金銭を得るために、牛馬のように機械的な単調作業も厭わず働いたし、そうせざるをえなかった。そのような条件のもとでは、企業が働く人びとに対して、経済的・金銭的な欲求を刺激して動機づけようとしたのは当然のことである。

(2) 社会人モデルの人材活用

2つめは、人間は、なによりも社会的な集団のなかに作用する心理・感情・気分に規制されて動く、つまり社会的な関係欲求に動機づけられる、という考え方である。このような人間観は、「社会人モデル」ともよばれ、経営学のなかでは「人間関係論」にみられる考え方である。

この人間モデルを前提にすれば、働く人を企業組織の目的達成にむかって貢献させるには、「社会的な集団のなかで作用している心

理・感情・気分」を利用すればよい、ということになる。かくして、このような考えにもとづいた人材活用の方法・制度・仕組みが考案されて、企業に導入される。

　このような人材活用の方法が広く社会に普及するのは、働く人びとの労働条件がいくぶん改善されて、生活も少しばかり豊かになり、社会が成熟してからである。そうなると、人は経済的な欲求よりも、良い人間関係や良い気分・感情などを重視するようになる。そのような条件のもとでは、企業が働く人に対して社会的欲求（関係欲求）を刺激し、良い気分・感情の作用で動機づけようとしたのも当然であろう。

⑶　自己実現人モデルの人材活用

　３つめは、人間は、自己の価値観や成長欲求・自己実現欲求に動機づけられて、その実現のために意思決定し、行動をする、という考え方である。この人間仮説は、「自己実現人モデル」ともよばれ、経営学のなかでは第２次世界大戦後に台頭した「組織行動論」、「人的資源管理論」などにみられるものである。

　この人間モデルを前提にすれば、働く人を効果的に活用するためには、個人の自主性や自発性を認めつつ、多様な価値観や「生きがい」、「やりがい」を尊重し、職務遂行のなかで成長欲求や自己実現欲求を充足させるのがよい、ということになる。かくして、目標管理（目標による管理、マネジメント・バイ・オブジェクティブ、MBO）、職務充実（ジョブ・エンリッチメント）、職務拡大（ジョブ・エンラージメント）、小集団活動などの仕組・方法が考案され、導入されてきた。

　近年、先進諸国では、政治的民主主義の思想や行動が成熟し、働く人の生活もある程度豊かになり、そこに「自立した個人」が多数

派を占めるようになっている。そのような条件のもとでは、企業が、個々人の成長欲求や自己実現欲求の充足を重視し、「生きがい」、「やりがい」の提供で動機づけるのも当然であろう。

3 多くのカネが得られるならば、一生懸命に働くか

(1) もっとも基本的な経済的欲求

どんな人間でも、ただボランティア精神だけで企業のために働くことはない。だれでも、企業に労働力を提供すれば、それと引きかえに、なにがしかの給料・賃金を得なければ自分自身の生活ができない。結婚している人ならば、家庭生活が維持できない。毎日の生活・暮らしが維持できなければ、元気な労働力を再び企業に提供することもできない。

したがって、今日の社会では、働く人が基本的な衣食住の生活をするために「経済的な欲求・利害に動機づけられて働く」ことは、必要かつ最低限の条件である。この欲求に強く動機づけられる人間が、前述した経済人モデルであるが、このモデルを前提にすれば、経済的・金銭的な刺激により動機づけ、組織貢献を獲得する人材活用の方法が考案される。

(2) 経済的な刺激による動機づけ

経済的・金銭的な刺激とは、多くの賃金やボーナスの提供であり、それを保障する地位・職位につけることである。たとえば、会社の指示する仕事をやりとげ、大きな貢献をしたら、賃金やボーナスを多く支払う制度を通じて、従業員から貢献意欲・貢献活動を獲得する。

　また、多くの場合、賃金の上昇（昇給）と企業のなか昇進・昇格は大きく関係しているから、課長や部長に昇進させることも経済的な欲求を刺激し、動機づける。

　このような仕組みのなかで、働く人、とりわけ経済人モデルの人は、ノルマ主義のもとで、目標達成においたてられ、長時間労働を余儀なくされる。

　しかし、ふつうの衣食住の生活ができる程度の収入があれば、働く人は必ずしも多くの賃金やボーナスを得るために働かない。社会全体が豊かになり、「成熟した社会」となり、人びとの暮らしも安定すれば、人は必ずしも経済的な欲求のみに強く動機づけられるわけではない。

4　良い人間関係なら、一生懸命に働くか

(1)　気分・感情に規制される行動

　人間は、集団のなかでしか生きられない社会的な存在であり、気分・感情の動物である。それゆえに、ヤル気（モラール、志気、勤労意欲）がでたり、なくしたりするのは、気分・感情と大きな関係がある。しかも、仕事は多くの場合に集団で行われるから、そこでのよい人間関係や、よい気分・感情にひたることがなければ、働く人はヤル気がでてこない。

　したがって、働く人は、ふつうの生活ができる程度の賃金が得られるのであれば、むしろ職場のよい人間関係やよい気分や感情に動機づけられる、ようになるのは自然である。つまり、働く人は社会的欲求（関係欲求）の充定に強く動機づけられるようになる。人間の「感情と行動」とは、表裏一体の関係である、といわれる理由でもある。

⑵　良い職場環境のつくり方

この社会人モデルを前提にして、働く人を効果的に活用するには、社会的な集団のなかでの心理・感情・気分の作用を利用すればよい。つまり、「職場の仲間とよい関係でいたい」、「職場の仲間からよく思われたい」、「職場の皆から尊敬されたい」、「自分のやった仕事が皆から認められたい」、「わが社の一員であることを誇りたい（帰属感）」、「会社との一体感がうれしい」などの気分・感情を満たして、社会的な欲求を充足すればよい。

これらの感情・気分の作用は、実に非論理的なものではある。しかし、人間が、社会的な存在であり、多くの場合に集団で仕事をする以上、職場に作用する、このような非論理的な要因の果す役割は重要である。

かくして、人材活用の方法として、集団のなかに作用する非論理的な気分・感情を利用して、良い人間関係をつくりだす手法（ヒューマンリレイションズ、HR）が開発され、企業に導入され、人びとのヤル気を刺激する。

5　仕事に生きがいがあれば、一生懸命に働くか

⑴　楽しくておもしろい仕事の意味

どんな人間でも、自分の計画した遊びや旅行に出かけるときは、実に楽しくおもしろく、アッという間に時間が経過することに、しばしば驚かされる。遊びや観光に夢中になり、没頭しているときは、激しい肉体的な消耗もほとんど苦にならず、たとえば目標の山頂にたどりついた時の達成感は、むしろ心地よい満足でさえある。

人が個人旅行を楽しくおもしろく感じるのは、自分のしたいこと

258

など、あらかじめ自分の欲求・動機にしたがって立てた構想・計画が、自分の能力を使って、おおむねそのとおりに実行されるからである。しかも、その際に、自分の能力が大きく伸びたり、見聞が深まったり、成長した新たな自分を発見したりすれば、なおさら楽しいことである。

　企業のなかの仕事も、もしそれ自体が、おもしろくて、楽しいときには、人はそれを苦痛に感じることもなく、やりぬくことができる。つまり、人間は、仕事を通じて自己の価値観の実現や、成長欲求・自己実現欲求が充足し、「やりがい」や「生きがい」を得られるならば、そのような仕事は、おもしろくて楽しいものである。

⑵　仕事のなかでの自己実現欲求の充足

　この考え方で、働く人びとを企業目標にむかって貢献させるには、仕事のなかで個人の「構想と実行」、「決定と行為（実施）」を一致させればよい。つまり、働く人の自律性・自主性を尊重し、仕事を通じて個人の多様な価値観を実現し、成長欲求・自己実現欲求を充足し、「やりがい」や「生きがい」を感じるようにするのがよい、ということになる。

　逆に、働く人も、とりわけ自分の価値観や職業意識が明確で職業能力のある人、自分のやりたいことがハッキリした「自立した個人」、「自律型人材」にとっては、そのような働き方でなければ、ヤル気をなくすであろう。

　現代社会において、極端に未成熟な人間を除けば、仕事にやりがいや生きがいをもとめない人は、おそらく皆無であろう。かくして、前述した目標管理、職務拡大、職業充実のような「仕事のなかに自己実現欲求を充足させて、やりがいや生きがいを提供する」人材活用の方法が考案される。

6 目標設定による自己管理

⑴ モチベーションに不可欠な「欲求と目標」

自分のやりたいことがハッキリしている「自立した個人」、「自律型人材」にとって、社内で生きがい・やりがいを感じるのは、仕事をすることで、同時に自分の成長欲求・自己実現欲求が充足する場合である。もちろん、人により欲求の内容は異なるにせよ、個人の側の欲求・動機がなければ、ヤル気はおこらない。その場合、なにに向かって、自分の能力を発揮するのか、目標・目的が明確でなければ、行動に移せない。

つまり、一般に人がヤル気を起こすには、内発的な欲求（動因）とともに、具体的な目標（誘発因）が不可欠である。ただ「山に登りたい」だけでは単なる願望・夢であるが、「富士の山頂を目標に登りたい」で初めて「行動」は具体化される。このように、目標・目的の設定は、欲求・動機とともに、行動にとっての不可欠な条件である。したがって、自分の「目標と欲求」の両者が自覚されている人間は、一般にモチベーションが高いといえるだろう。

⑵ 非定型的な業務と目標管理

ロボットやオートメーションが稼働する工場現場では、多くの場合、大規模な分業と協業のなかで定型的・ルーチン的な仕事をするから、そこでの働く人の行動目標は技術的な論理で決められる。しかし、営業、企画、研究開発、マネジメントなどの非定型的な業務に従事する人の場合は、事情が大きく異なる。

たとえば、営業担当者は、朝から晩までスマホ片手に飛びまわっていても、顧客という相手のある仕事であるから、一台の車も売れ

ない日が続くかと思えば、2ヵ月後には日頃の努力が実り、連日のように契約成立が続くこともある。

　このような非定型的な仕事の場合には、働く人の仕事の目標を決めるには、固有の工夫が必要であろう。その際に上司が、「君の今月のセールス目標はレクサス10台だ」というように、部下の行動目標をトップダウンで一方的に設定してあてがうこともできる。これがノルマ主義である。

　しかし、自己実現欲求の充足に強く動機づけられる「自立した個人」、「自律型人材」にとっては、自分の仕事の目標設定とその遂行が自分の裁量であるほうが、働く際の「構想と実行」はかぎりなく一致し、「生きがい」、「やりがい」を享受できる。

　かくして、「君のセールス目標は、君が決めなさい」、「自分で立てた行動計画は自分で管理し、遂行したまえ」になる。このように、具体的な行動目標の設定を個人に任せ、目標達成を自己管理させる方法は、一般に「目標管理」（あるいは「目標による管理」）とよばれ、今日では多くの企業に広く普及している。

7　新しい人間モデルと個人重視の人材活用

(1)　雇用環境の変化と新しい人材活用

　近年になり、働く人の経済環境・雇用環境は大きく変化している。その特徴は、長期雇用・年功序列の慣行の崩壊、雇用管理の多様化・複線化・個別化、情報ネットワーク型フラット組織の普及、女性の高学歴化と職場進出、若年労働力の減少、契約社員・派遣社員・パート・アルバイトなど非正規雇用の増加、などである。

　さらに「ワーク・ライフ・バランス」への動き、育児介護休業法、各種ハラスメントの防止、「働き方改革」などの労働生活関連

の法規・環境の整備、などである。

　また、働く個人の側に関していえば、個人の価値観・職業意識の多様化、自己実現欲求の多様化、ライフスタイルの多様化など、総じて「社会化した自己実現欲求」に動機づけられる「社会化した自己実現人」の登場である。

　このような動向のなかで、企業経営は、企業目標中心のものから、個人・企業・社会のバランスを考慮し、個人の側の自己実現欲求を重視したものに移行しつつある。すなわち、職業生活・家庭生活・社会生活・自分生活の並立・充実（「4Lの充実」）に動機づけられる「社会化した自己実現人」モデルを前提にした「社会化した人材マネジメント」が開発・導入されつつある（第3章を参照のこと）。

⑵　「働きやすさ」、「生きがい」重視の人材活用

　現在、新しい人間モデル（社会化した自己実現人モデル）を前提にして、個人主義にシフトした柔軟な人材活用に移行している。つまり、企業の側が、個人の多様なライフスタイル、ライフプラン・キャリアプラン、多様な職業意識や価値観、多様な「意欲と能力」などに柔軟にあわせて、個々人に「働きやすさ」と「生きがい」を提供して、モラール・アップをはかる人材活用である。

　たとえば、キャリア人事制度、キャリアアップ支援制度、複線型雇用管理、コース別雇用管理、選択定年制度、地域限定社員制度、カフェテリアプラン、ボランタリ休暇制度、リフレッシュ休暇制度などの制度・取組みは、その事例であろう。

　これらすべてに共通するのは、個人の側の多様な「意思と選択」、「自由と自己責任」を媒介して、個人の側の多様な動機を多様に満足（欲求充足）させることを通じて組織目的を達成する点である。

8　個人の生き方とキャリア・ディベロップメント

⑴　個人主導のキャリア開発

　集団主義的な長期ストック型雇用が支配的であった時代には、働く人びとのキャリアプランやライフプランは、企業の側の事情や意向が大きく関与する内容であった。いわば「わが人生のプランはすべて会社にお任せ」であり、会社主導のキャリア開発が中心であった。

　ところが、近年になり、個人主義的な短期フロー型雇用が普及するにつれて、個々人の生き方・働き方は、個人の「意思と選択」、「自由と自己責任」にゆだねるものに変わり、個人主導のキャリア開発が重視されるようになった。

　たとえば、キャリア・ディベロップメント・プログラム（CDP）においては、どのような人材をどのように採用・育成・配属・異動するのか、これを本人の自発的なライフプランやキャリアプランを前提・基礎にして、本人の主体的な選択や意思決定を媒介して進めるのである。

　具体的には、一般に上司との面接や自己申告により、①本人の職業人生について考える機会をもつ、②長期的にどのような仕事につきたいのか、目標を立てさせる、③そのために必要な職業能力や経験を明らかにさせる、④それらを修得するための教育・配属を計画・実行する、などを総合的に推進するプログラムである。

　つまり、個人の生きがいや職業意識を基礎にした自発的なライフプランやキャリアプランを前提にして、能力開発・教育研修・配属（昇進、異動、出向、派遣、など）をすすめるのである。

(2) 多様な欲求充足とモラール・アップ

　個人主導のキャリア開発とは、本人の自発的なライフプランや
キャリアプランを基礎に、本人の成長欲求を重視してモラール・
アップをはかり、それを通じて企業の目的達成をめざすものであ
る。それは企業の側から「生きがい」、「働きやすさ」、「辞めやす
さ」という誘因を提供することで、貢献を獲得するプログラムであ
る。とすれば、「意欲と能力」にあふれる「自立した個人」、「自律
型人材」にとって、これからのよい会社とは、多様な生きざまを認
める「働きやすい」、「辞めやすい」自由度の高い会社であろう。

　このような個人重視の人材活用が普及するなかで、個人の側の
「自立性・自律性」、「意欲と能力」、「自由と自己責任」がきびしく
問われている。つまり働く人びとには、自分の職業意識を確立し
て、ライフプランやキャリアプランを明確にし、自己啓発・自助努
力により、広く社会的に通用する専門的職業能力（エンプロイアビ
リティ）の習得がもとめられている。これにより、「失業なき労働
移動」が可能になる。

9　新しい人材活用の展望

(1) 「ワーク・ライフ・バランス」と人材活用

　現在、長期雇用・年功序列の慣行が崩壊し、そこに集団主義や会
社主義から解放され、多種多様に「自立した個人」、「自律型人材」
が創出されつつある。そこでの個人は、第3章で述べたように、
職業生活・家庭生活・社会生活・自分生活の並立・充実（「4Lの
充実」）に動機づけられる「社会化した自己実現人」である。つま
り「4Lの並立・充実」の欲求を基礎にして、自分のライフプラン
やキャリアプランに即して仕事や生活をいとなみ、自分の「生きが

い」、「成長」、「自己実現」をもとめている。

　一方、企業の側は、「4つの生活の並立・充実」により個々人を動機づけ、企業目的に貢献させる「社会化した人材マネジメント」を導入している。その典型は、ワーク・ライフ・バランスの施策・制度である。とくに近年、少子高齢化が進展し、労働力人口が減少するなかで、ワーク・ライフ・バランスの施策が重視されている。

　そこには基本的に、企業組織の目的達成と「社会化した自己実現人」の欲求充足とを、同時的に実現する考え方が貫ぬかれている。

　その考えの意図やネライはともあれ、企業側が「自立した個人」、「社会化した自己実現人」の自主性・自立性を尊重し、「4Lの充実」や「生きがい」欲求を充足しなければ、今日の大規模な生産や販売の総活動が、そして大企業体制が維持存続できない歴史段階に達している。

⑵　「自立した個人」の未来

　ワーク・ライフ・バランスを典型とする新しい「社会化した人材マネジメント」の普及は、一面では働く人びとの多様な「意思と選択」、「自由と自己責任」を尊重する意味で、個人の側の自立性・自主性を前提にしている。しかし、同時に、そのような人材マネジメントの展開は、「自立した個人」、「社会化した自己実現人」を客観的に育成・輩出・再生産する側面もある。

　そこで生みだされた多数派が、社会的ネットワークや各種の交流を通じて、市民としての社会的自覚や、民主主義的意識と結合すれば、個人のトータルな成長・発達を促進する可能性がある。

　もしも「社会化した自己実現人」が、性差をこえた共同参画の連帯を行い、また労働組合が企業経営の競争的コスト原理に対する規制機能を回復できれば、個人・企業・社会のバランスがとれ、「企

業社会」は生活者の立場に立つもの、すなわち「生活者社会」に変化するかもしれない。おそらく、「男女共同参画社会」もまた、この地平に展望できるであろう。その意味では、「社会化した自己実現人」の連帯と労働組合機能の再生がもとめられている。

《おさらい (Review and Challenge) コーナー》

1. 人材活用の方法の3つの基本的な考え方とは、なんでしょうか。整理してみよう。
2. 近年の企業社会においては、なぜ「自立した個人」を重視した人材活用が普及しているのでしょうか。
3. 「自立した個人」を重視した人材活用のしかた・制度を具体的に調べてみよう。
4. 若い世代の仕事に対する考え方の特長を調べてみよう。
5. 近年の働く女性の能力開発の動向について調べてみよう。
6. 働く人を元気にする人材マネジメントを実施している事例を調査してみよう。

トレンド：新しい経営

クォータ（割りあて）制による女性経営者の増加を！

活躍している女性の経営者やマネジャーが世界では増加しています。しかし、日本では、社外重役にスポーツ選手として活躍した女性や知名度の高いフリーの女性アナウンサーを指名している企業もありますが、依然として男性中心であり、まだとても少ないのです。女性の経営者、つまり"マネジリアル・ウーマン"とか"ウーマン・マネジャー"の登用と活用がわが国では必要です。

どうしても増えないとすれば、たとえば3分の1、つまり30％まで女性に割りあてるクォータ制を義務づけることがもとめられるでしょう。

女性が経営者に不向きであるという考え方は明らかに偏見であり、それを是正することが大切です。そして、性別に関与なく、教育訓練のチャンスを与えることがもとめられています。

（齊藤毅憲）

メンバーシップ型か、ジョブ型か

　メンバーシップ型とは、これまでの日本の大企業が実施してきた雇用管理で、定期一括採用で入社し、採用された人間は入社した企業にできるだけ長期にわたっていろいろな仕事を経験しながら働いていくというスタイルです。企業には正社員として入社し、企業のメンバー（一員）になり、仕事への専念よりも企業への帰属のほうに価値をおくものです。

　これに対して、ジョブ型は、企業への帰属よりも特定の仕事への関与のほうを大切にします。そして、同じ企業で働きつづけることより、仕事上で能力を発揮し、自分を向上させることに価値をおいています。つまり、ジョブ型の人間とは、特定の仕事の専門家（スペシャリスト）であり、自分の能力を高く評価してもらえるならば、どの企業にも移っていける人間のことです。ここでは、企業と働く人間との関係はメンバーシップ型よりも対等なものであるかもしれません。

　21世紀の日本企業は、どのような雇用管理を行っていくのでしょうか。現状ではメンバーシップ型を残しつつ、ジョブ型もとり入れていますが、はたしてどのようになるのでしょうか。

（齊藤毅憲）

企業はどのようにして
文化をはぐくむのか

第14章

《本章のねらい》

　企業文化は"目にみえない"経営資源であるが、本章では企業経営における意義や役割などを明らかにしたい。

　本章を学習すると、以下のことが理解できるようになる。

　① 企業文化の意味、機能と構成要因

　② 企業文化の逆機能と変更

　③ 創造性を発揮できる企業文化

　④ 企業で発生する各種の文化

1 企業文化の意味

⑴ 類似用語の存在

「企業文化」(コーポレート・カルチャー)のほかに、ほぼ同じ意味の経営文化、組織文化などの言葉もよく使われてきた。また、文化にかえて、「風土」を使う場合もある。そして実務の世界でよくいわれる「社風」や「会社のカラー」に密接に関係している。

それぞれの企業には、目には見えない、ある種の雰囲気とか、空気というものがある。その雰囲気や空気が他の会社とちがうと企業内外の人びとが感じるものが、社風や会社のカラーであり、それは企業文化が具体的にあらわれた結果である。

⑵ 企業文化の定義

企業文化には、いろいろな定義がある。代表的な見解のひとつであるデービス(S. M. Davis)のものは、「組織のメンバーに重要で、このメンバーの行動ルールとなるものであり、かれらによって共有された理念や価値のパターン」(河野豊弘・浜田幸雄訳『企業文化の変革』ダイヤモンド社、1985年、4頁)とされている。

この抽象度の高い定義を分解してみると、おおよそつぎの3つのようになる。

① 企業文化は定義の前段部分にあるように「組織のメンバー」にとって意味がある。企業で働く人びとが、この組織の主要なメンバーになっている。

② 定義の後段にあるように企業文化は、この働く人びとが自社の理念とか価値を共有することで作用する。つまり、多くの従業員たちは自社の経営理念をともに納得・合意、つまり共有化すること

で、これに従って行動しようとするものである。この共有化自体は、③の行動のルールとはちがって働く人びとに内面化されるものなので見えにくい。

　③企業文化は、中段部分に示されるように企業のなかで働く人びとの行動の指針（ガイド）や規則（ルール）になるものである。つまり、それは、具体的な活動方法といったものを従業員に提供する。そして、その具体的な活動は、行動となってあらわれるので、比較的目にみえるものとなる。

　これによると、企業文化とは、経営者が中心になってつくる経営理念を企業のなかで働く人びとが互いに認めあい、共有化することで、それに従って一定の行動ができるようになることを意味している。

⑶　企業文化の機能

　さて、このような企業文化は、どのような機能をもっているのであろうか（図表14‐1）。

　その第1は、企業で働く人びとが経営理念を互いに認めあうことで得られるメリットである。この共有化で、同じような行動がとれるとともに、働く人びとの間に一体感が生まれる。要するに、働く人びとは同じ考え方に立つことができるので、同じ方向にむかって動けることになる。

　たとえば、第5章のオムロンのOur Valuesは「ソーシャル・ニーズの創造、絶えざるチャレンジ、人間性の尊重」としている。そして、ジョンソン・エンド・ジョンソンは「我が信条」を経営理念としている。

　これによると、オムロンの場合には“価値創造”、“チャレンジ性”と“人間性”という企業価値、そしてジョンソン・エンド・

図表14-1　企業文化の主たる機能

① 経営理念を互いに認めあうことで、企業内の人びとが一体感をもち、同じような行動がとれるようになる（社内的な機能）。
② ステイクホルダーに対して自社の存在理由を明示し、アピールできる（社外的な機能）。

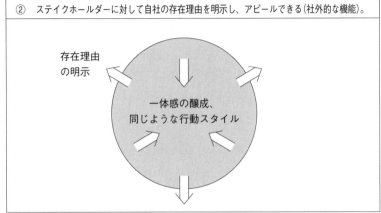

存在理由
の明示

一体感の醸成、
同じような行動スタイル

ジョンソンの場合には"顧客、従業員、株主への責任企業"と"地域貢献企業"という経営理念が打ちだされており、社内の人びとがこれを認めあい、共有化することで、これに従って同じように活動できることになる。

　別のいい方をすると、これらの考え方にもとづいて情報の収集や処理、意思決定や活動の選択が行われるようになる。そして、他の種々の観点は、副次的なものとなり、あまり重視しなくてもよいので、働く人びととしては、仕事がやりやすくなる。

　もうひとつの機能とは、いま述べた企業内部ではなく、外部に対するものである。企業内で互いに認めあった経営理念とか、価値は、ステイクホルダーや社会にも、自社の存在理由（「レーゾン・デートル」ともいう）を明示し、アピールするものになっていることである。それは、企業がどのような社会的役割を果たしていくのか、しかもどのような考え方や方法でそれを行っていくのか、

を対外的に示している。

　もっとも、第5章でも述べたが、経営理念は企業のあるべき姿や理想像あるいはビジョンであり、抽象的な表現になっている。それは比較的具体性のあるジョンソン・エンド・ジョンソンとちがってオムロンの事例をみても、明らかである。ここで抽象的というのは、あいまいさがあるということであり、経営理念はいろいろと読み直されてたり、解釈される可能性があることを示している。

2　企業文化の形成

⑴　企業文化の構成要因

　それでは、企業文化はどのようにしてつくられるのであろうか。ディール（T. E. Deal）とケネディ（A. A. Kennedy）の『シンボリック・マネジャー』（城山三郎訳、新潮社、1983年、30 - 32頁）での著名な考え方によると、以下の5つの要素がそなわることで、つくられるとしている（図表14 - 2）。

　① 企業をとりまく環境——企業が直面する環境、とくに市場でぶつかる現実にどのように対処するかが企業文化づくりにかかわっている。

　たとえば、競争がきびしい市場環境で活動している企業は、安定的に市場を確保している企業に比較すると、タフなセールス活動や研究開発を重視するような攻めの企業文化をつくっている。

　② 価値——これは経営理念のことであり、企業のあるべき理想像あるいはビジョンをさし、第5章でも述べたが、日本企業の社是、社訓などにあたるもので、成文化されている。それは、働く人びとの行動のルールや企業としての成功の尺度を示すものである。前述の日清食品の“食創為世”、オムロンのOur Valuesやジョン

ソン・エンド・ジョンソンの「我が信条」が、それにあたる。

　③英雄——英雄とは、②の価値を実現した社内の人物（創業者など）であり、社内で働く人びとにとっての理想の人間である。「自分もあのような人間になりたい」といったシンボル的な人間であり、このような経営理念の具現化してきた体現者が企業文化づくりにはどうしても必要になる。

　④儀礼と儀式——これは、社内で組織的定期的に行われる慣例やイベントのことで、これによって経営理念と、それにもとづく一定の行動のルールを反復的に学習・習得させることである。

　これによって社内で働く人びとに経営理念と行動のルールを定着・浸透させることができるようになる。たとえば、社長の年頭挨拶や日常的なメール発信、職場の朝礼、周年記念イベントの会合などが、その事例となる。

　⑤文化のネットワーク——これは②の経営理念と③の英雄の活動をうわさやクチコミといったインフォーマル（非公式）な情報の

図表14‐2　企業文化の形成要因

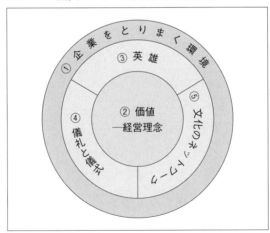

伝達方法を活用して、企業全体に浸透させることを意味している。

歴史のある企業には、創業者やそれを陰で支えた人びと、「中興の祖」といわれる人間などがいるが、これらの人びとに関する神話とか、物語をつくり、経営理念を長期にわたって社内に根づかせることが大切である。歴史上の英雄とは、歴史の教科書にでてくる人物だけでなく、ある程度の社歴のある企業には必ずいるといってよい。

ディールとケネディによると、この要因が組みあわされ経営理念は、長期にわたって維持される。これによって、働く人びとは経営理念を互いに認めあい、それにもとづいて一定の行動ができるようになり、企業文化がかたちづくられる。

(2) 企業文化の問題点

企業文化がつくられ、それが作用しはじめると、前に述べた機能が発揮される。そこで、企業文化をヒト、モノ、カネ、情報につづく第5の経営資源であるとも主張されてきた。

企業文化がつくられることで、当初に考えられた機能が達成されることは望ましい。しかし、機能が果たされる過程で、マイナスの作用（逆機能）も生じるというおそれがある。

一例として個人重視を経営理念として、その定着・浸透をはかり、"個尊重"の企業文化をつくってきたとしよう。その結果、個人主義的な行動のルールができるだけでなく、個人の能力発揮や個人ベースの業績評価を大切にするような文化が生まれる。しかし、それが強くなりすぎると、これまで大切にしてきた職場仲間の協力関係や和が悪化するおそれが当然のことながらでてくる。

かつての日本企業は、個人の尊重よりも集団や組織の成長とか発展のほうを重視する「集団主義的な企業文化」をつくり、これに

図表14‐3　日本企業のこれまでの企業文化の事例

キーワーズ	意　味
集団主義	個人より集団や組織といった全体のほうが優先される。自分とちがった人間を排除しようとする。
年功主義	年長者や勤続年数の長い人間を評価しようとする。
強過ぎる上下意識	上司と部下は対等ではなく、上司は部下に対して支配的になろうとする。
助けあい主義	仕事の進行がうまくいかない担当職場を支援しようとする。
他責主義	自分の責任で処理せず、後任の人間や他の部門の責任にしてしまう。
先のばし	問題があるのがわかっていても、改革や解決をしようとせず、ずるずると先送りしてしまう。
あいまい化	問題を明確にしたり、そのためにしっかりとした議論や対決を行うことを避けようとする。

　よって企業への忠誠心や一体化を得てきた。しかしながら、それは個人の組織への依存とか埋没、個人よりも全体の利益が優先されるような事態を招いてきた（図表14‐3）。

　また、規模が拡大し、従業員数が多くなるにつれて、「組織の構造」をしっかりつくり、仕事の分担関係が明確に決められるようになる。パイオニア（先進）的な製品をたえず開発し、革新的、創造的な企業文化をつくることで、成長を遂げてきた企業も、規模拡大とともに、いま述べた構造化の進んだ組織に変化してくる。

　小規模のときには個人がいろいろな仕事を担当でき、自分の能力を発揮して生き生きと働いていたのに、規模拡大とともに自分の狭い守備範囲（責任と権限）を決められて、そのなかで仕事を行うように仕向けられる。組織部門間でも高い壁ができるようになり、相互のコミュニケーションも悪くなる。そして、自分の担当している限定された仕事さえこなせば、それでいいという意識や行動がみら

れはじめ、「大企業病」だけでなく「セクショナリズム」の傾向が
はびこってくる。これによって、革新的・創造的な企業文化のほう
が少しづつ影響をうけ、徐々にその姿を失うようになる。

　さらにいえば、企業文化はいったんできあがると、固定化してし
まい、変えにくい。環境が変化して、企業に対してもとめるものが
大きく変わってしまっても、企業文化は以前のものと同じであるた
めに、環境の激変に対応できないことになる。

　日本の企業は、総じていえば依然として勤続年数の長い男性を重
視する企業文化をもち、それに対応した人材活用や人的資源管理
（ヒューマン・リソース・マネジメント）を実施してきた（第13
章も参照）。

　しかし、現代では若者や女性を対等公平に取り扱う企業文化のほ
うが企業に成長をもたらすであろう。年功序列的な企業文化の変更
は、むずかしいのも事実であるが、この企業文化は変えなければな
らない。

⑶　企業文化の変更

　環境の激変に企業文化が対応できないことがある。つまり、いっ
たんできあがった企業文化は変えづらいのである。このような場合
には、企業文化をどのようにしたら変えることができるのか。

　環境の激変に対して、経営戦略を変えるとすれば企業文化がマッ
チしているかどうかを検討する必要がある。そして、マッチしてい
ない場合には、企業文化を変更する必要がでてくる。

　この場合、経営者は変更の原因を従業員によく説明し納得させ、
現状のままでは会社が遠からず危機的な状況に陥ることを強く訴え
る必要がある。

　従業員を含めて変更のポイントを議論し、従業員に"変えなくて

は、変わらなくては”という意識をもたせることが必要である。そして、経営者はその陣頭にたってみずから変わることを身をもって示すことになる。それは、まさに昔からいわれてきた「率先垂範」である。

これによって、働く人びとの考え方が変わると、企業文化も変化へのステップに入ることになる。企業文化は人的資源と大きくかかわっているので、この変更のプロセスでは人材活用の方法や処置も変わるという姿勢をつづける必要がある。

(4) 創造性を発揮できる企業文化へ

企業文化は変えることは確かにむずかしい。とはいえ、変えなければならない場合には変える必要がある。現在の日本企業にとってどのような企業文化が大切になるのであろうか。

第1章では、企業は「生産性」と「創造性」が重要なシステムであるとした。今後もこのふたつは企業経営にとって不可欠であるが、創造性に力点をおく必要があるだろう。伝統的に生産性は、まさにコスト・ダウンをもたらすことと考えられてきたが、変化の時代にあっては企業は新しい製品やサービスの開発のほうを重視しなければならない。それは、生産性という言葉でいうならば、新しい価値をつけくわえることができる「付加価値生産性」を創りだすことである。

たとえば、堀場製作所を学生時代に創業した堀場雅夫は、研究開発型の企業を発展させたが、彼の経営理念は「おもしろおかしく」であった。これは好きなことをやりぬいていく姿勢を示している。それと人マネという模倣ではまく、どこまでもオリジナルなオンリーワン商品を開発することを重視しているという。それは、後述する研究開発部門の文化である。

　要するに同社は、好きなことをとことんやりつづけて、オリジナルなものを創造できる企業文化への志向を示している。そして、おそらく堀場は年功のあるベテランの経験よりも若い人材の発想に期待をかけたものと思われる。

　リクルート社も学生のサークル活動などに創造性の源泉をみていたようである。メンバーは対等で、上下関係の意識が少なく、なにものにとらわれずに自由かつ柔軟に発想し、活動する企業文化がつくられてきた。

　デジタル（DX）化やテック化といった、これまでにないほどの変化の時代には、このような若者の文化がフィットしている。大企業のように経営理念に創造性の発揮を高らかに主張しても、組織の構造がしっかりできており、担当する職務も明確に決められている企業では、創造性の発揮はむずかしい。

3　企業で発生する文化問題

(1)　職能部門の文化

　従業員数の少ない企業では経営者自体が自分の思いを反映させた企業文化をつくっているが、企業が規模を大きくしていくと、経営者の思いだけでなく、組織の構造をつくることによる職能部門の文化ができてくる（第5章参照）。製造部門、営業部門、研究開発部門、情報システム部門、人事部門、財務部門、法務部門などが、主な職能部門である。

　トップの経営者のもとに、これらの部門が位置し、それぞれの担当業務をこなしている。経営者は全社的な企業文化の形成に大きくかかわっているが、それぞれの職能部門も業務を行うなかで、独特の職能部門の文化（職能文化）をつくりだしている。

図表14 - 4　主な職能部門の文化

主要な部門	文化を特徴づけるもの
製造部門	モノづくり、能率向上、コスト削減、納期厳守、安全・安心な作業、製品の検査などを重視する文化
研究開発部門	製品開発のシーズやアイデアの発見や長期的な創造性の発揮と成果を重視する文化
営業部門	売りこみ活動、売りこみ方法の調査、販売高の増加、消費者や取引業者の信用向上を重視する文化

　たとえば、図表14 - 4 に示されるように、製造部門は、"能率的に生産する"、"コストを削減する"、"納入業者の指定した納期には絶対に間にあわせる"、"遅刻はしない""働く人びとが事故を起こさないように安全や衛生に注意する"ことなどが重視され、そのような文化がつくられる。それは働く人びとにとっては、比較的きびしさを感じさせるが、そのような文化をつくることで、円滑なモノづくりと安全がはかられる。

　他方、研究開発部門は、将来の事業を左右する"シーズ"（種子）を発見したり、開発できる文化を大切にしている。すぐには成果はでないので、短期的よりも長期的な観点を重視するとか、研究テーマにむけて働く人びとの創造性を発揮させるようにする。アイデアをつくるために、他企業との協働だけでなく、大学や学会などへの参加も大切であり、製造部門とちがって、かなり自由な雰囲気になっている。

　そして、営業部門は、消費者や顧客と直接接して自社の製品やサービスを販売している。この部門では売りこみを成功させるために、顧客を新たにさがしたり、これまでの消費者の信用をさらに高めることがもとめられる。そこで、人と交渉したり、説得することが重要となり、「コミュニケーション能力」がネット・ビジネスの

時代とはいえども、大切である。

　このような３つの部門だけでも、それぞれの職能部門は担当する仕事の性格やおかれている環境のちがいから、異なる文化をもっていることがわかる。そして、この部門文化のちがいは、企業内に発生する各種の問題への対応において生じ、きびしい場合には対立を生みだしかねない。問題に対する考え方や処理のちがいについて上位にいる経営者などが「調整」（コーディネート）にあたらなければならない。

(2)　同一部門内の文化

　しかし、同じ職能部門の内部においても、小さなちがいがみられることであろう。工場の現場で実際に部下を指揮して製品をつくっているマネジャーと、原材料や部品を調達するマネジャー、さらに完成品を検査したり、包装したりするマネジャー、AIを使って工場の現場作業の無人化をはかろうとするマネジャーとの間には、少しずつであるが、問題に対する考え方や処理のしかたがちがうことが予想される。

　また、日本企業の組織上の特徴となってきた「総務部」は、各部門が内部では扱いきれないような雑多な業務を担当し、「なんでも屋」的な部門であった。これは別のいい方をすると、種々の異なった文化をそのなかにかかえこんでいることを示している。

(3)　多角化した企業の文化

　さらにいえば、異種の事業部門をかかえている、多角化企業の場合にも、事業部門ごとに異なった文化がつくられている。たとえば、ゼネコン（大手建設会社）ではビル建設の建築部門と公共道路づくりの土木部門内では明らかに違うという。そして、ある食品

メーカーが食品の総合メーカー・グループをめざすとともに、薬品などの他の事業分野（「ドメイン」ともいう）に進出するとすれば、それぞれの分野が異なった文化をもつであろう。

　薬品ということになれば、いわゆる業種的にはちがうし、科学技術の要素は、食品よりも多くなることが予想される。そして、薬品の研究開発は、食品よりも投資額が多いだけでなく、開発に要する時間も長くなる。このようなちがいは当然のことながら、事業部門の文化に反映し、文化の相違を生みだすことになる。

⑷　合併後の企業文化

　買収などで吸収される側の企業は、買収する相手側の企業と合併するといっても、対等な関係ではない。そこで、買収する企業の文化を押しつけられる可能性は多くなる。しかし、対等合併の場合には、当然のことながら企業文化を調整する必要性が発生してくる。もっとも、業種が同じものどおしの合併であるならば、同じような業務を行っているから、その辺のちがいはあまりないといってよい。あるとすれば、まさに企業文化であり、経営理念や企業としての歴史や伝統などであろう。

　かつて都市銀行であったわが国のメガバンクといわれる巨大銀行は、金融業界の再編成のなかで少数のものに集約されてきた。この再編成のなかで合併が行われてきた保険（生命保険・損害保険）業界などでも同じような集約化が合併によって実現してきた。

　しかし、合併はできても、経営がうまくいくとはかぎらない。経営理念や企業文化がちがっているからである。とくに合併される企業が３社以上になると、いっそうのむずかしさが予想される。たとえば、損害保険会社の大手・損保ジャパンは、安田火災、日産火災、大成火災、日本火災、興亜火災が源流であり、これらの会社が

合併を重ねてきた会社である。

　ということはいろいろな企業文化がミックスされ、しかもその過程で、このむずかしさを克服してきたことを示している。この克服の理由は、これらの会社が共通してもってきた企業文化の良さを残しながら、他方で時代にマッチするような企業文化を創造する決意と実行する覚悟をもってきたことにある。もっとも、新しい企業文化定着への努力を怠ると、もとの会社の企業文化に逆もどりすることにもなりかねない。

⑸　グローバルな企業の企業文化

　このようにみてくると、文化のちがいは企業にとっては一種の分裂状態というべき事態であるが、つねに発生しているといってよい。

　そして、グローバル企業は、国籍、人種、宗教、文化だけでなく、法的制度などを異にする国々や地域で活動を行われている。したがって、同じ企業内であっても分裂やちがいはつねに存在している。いうまでもないが、現地の人びとの文化を尊重することが大切になる。そこで、本社は自社へ経営理念や企業文化を重視した経営を実施するが、現地の文化との調整も当然として必要となる。

⑹　経営者による「統合力」の重要性

　そこで、重要となるのが、ちがいを解消するための経営者による統合の努力である。このような状態をコーディネートして、ある方向に企業の全体的活動をまとめあげ、導いていくことが必要である。これは「統合力」であり、経営者は統合にむけた努力と責任を遂行しなければならない。そして、これによって分裂状態を回避し、力強い企業文化をつくることが大切になる。

《おさらい（Review and Challenge）コーナー》

1　企業文化の意味、機能、形成を整理してください。

2　企業が合併した場合、文化の調整がむずかしいといわれるが、その理由を考えてみて下さい。

3　あなたの関心のある企業がどのような企業文化をもっているかを調査してみてください。

4　ICTベンチャーの起業家を具体的にとりあげて、どのような企業文化をつくろうとしているのかを調査してください。

5　日本企業の企業文化の問題点と改善策を検討してください。

● トレンド：新しい経営 ●

日本企業は企業文化の改革を！

　日本企業における最大の問題点は図表14-3にある「あいまい化」です。しっかり議論し、検討して、なにが本当に問題なのかをはっきりさせないことです。そこで、表面的な解決に終始しています。そして、問題がわかったとしても、ずるずると先送して、対処しないことも行われています。年齢や性別などに関係なく、"YES"、"NO" の意思表示をいえるようになるとともに、その理由をはっきり発言できる人間になれるようにしましょう。そして、いろいろな考えを認めあう「多様性」（ダイバーシティ）を尊重することも大切でしょう。それが日本企業の企業文化を改革し、日本企業の発展につながります。

（齊藤毅憲）

クローズ・アップ

大企業のビジネスパーソンと起業家のちがう文化！

　経営学関係の学会に、大企業の経営者や起業家が参加して、プレゼン（発表）することが多くなりました。

　学会は大学の教師や研究機関の研究者がほとんどであるが、実学である経営学関係の学会は、実務と遊離してはならないので、経営者や起業家を招へいしています。そして、学会に入会する実務家も多くなっています。また、実務家のなかから大学の教師になるケースも普通に見られるようになりました。

　比較すると、大企業の経営者と起業家の「文化」がかなりちがっています。大企業の経営者は、立派な背広姿で、ネクタイをしっかりつけています。これに対して、起業家として活躍している人は、上着は着用していても、ネクタイをしておらず、フリーな姿が多いのです。

　立派な背広姿は、組織のなかで生きていることを示しているのでしょうか。フリーな姿の起業家とのちがいは、明らかです。そして、大企業のビジネスパーソンは、やはり組織で生きている行政官僚に近似しているようにも思えます。

　プレゼンの内容は、大企業の経営者の場合、まとまっていて、よく整理されています。しかし、あまり個人的な主張を話すことはなく、抑制的です。これに対して，起業家の場合、失敗を含めて、自分の体験を中心にレポートするので、実務経験のない大学の教師には刺激的で好評であるようです。そして、活躍している中小企業の経営者はプレゼンがうまく、起業家に近似しています。

　あなたが関心をもっている起業家はどのようなイメージの人でしょうか。

（齊藤毅憲）

285

クローズ・アップ

大谷翔平選手と日本スポーツの文化

　日本のスポーツ選手のイメージは、文武両道とはいえず、"武"中心であり、スポーツ・オンリー（一辺倒）の感じがありました。スパルタ式の訓練方法のもと、徹底的にがんばりつづけることが大切という人びとの集まりであったような気がしています。

　日本人にとってスポーツ・チームは、軍隊組織のように上官のもと、きびしい規律のもとで一糸みだれず目的にむかって活動するものと考えられてきたのかもしれません。鬼コーチは"しごき"を行い、選手はこれに絶対的に従わなければならないものでした。そして、学校教育の科目である体操や体育にも同じようなイメージがありました。

　2023年夏の甲子園の高校野球大会では慶應義塾高等学校が優勝しました。同校は"エンジョイ・ベースボール"（野球を楽しもう！）をモットーにしており、選手の自主性を尊重したもので、実に新鮮でした。確かに、スポーツを英和辞典で見ると、"娯楽"や"楽しみ"という意味が書かれており、日本人の考えてきたものとはまったくちがうものです。

　さて、大谷翔平選手のメジャーリーグでの活躍は、とてつもないほどの記録であり、バッターと投手の二刀流は世界をおどろかせています。彼はすごい選手ですが、本当に野球が好き、野球を楽しんでいる雰囲気（野球愛）をもっています。そして、勝利へのひたむきなほどの執念とチーム愛、戦っている相手選手へのリスペクト、堅実なライフスタイルとマナーの良さなどには、だれもが好感をもっています。

　やはり名選手であったイチローさんは、孤高の古武士のような雰囲気でしたが、大谷選手にはだれでも人をうけいれてくれる人のよさを感じてしまいます。日本のスポーツ選手の文化はおそらく日本企業の文化にも関連していると思いますが、今後、どのように変わっていくのでしょうか。

（齊藤毅憲）

【第1章】

システム（system）

　システムとは、複数の種々の要素が相互に関係しあい、全体としてま
とまった機能を発揮する要素の集合体（組織・系統・仕組み）のことで
ある。現代経営学のひとつの重要なアプローチとして、企業や経営を
「システム」としてみる考え方がある。それはシステム論とか、システ
ム（ズ）・アプローチともいわれる。

リターン（return）

　帰る、返すこと、戻ってくること、などが、もともとの意味である
が、ここでは企業の活動の成果として企業にもたらされる「利益、売上
高、収入」などを意味している。

ビジネス（business）

　一般には「事業」を意味するが、もともとは「busy（忙しい）＋ ness
（状態・性質）」からきており、忙しい状態にするもの、あるいは忙しい
状態のものとして、ビジネス（事業、企業、商売、営業、職業など）の
意味が派生してきた。

イノベーション（innovation）

　企業経営の現状を打破するための各種の革新的な試みのことである。
「技術革新」も含まれるが、技術の領域だけでなく、広く企業活動のあ
らゆる部面での革新を意味している。新しい製品やサービスの開発、
マーケティング・販売面での革新、組織の編成や意思決定における革新
などが含まれる。環境変化の状況下にある企業や組織体にとっては、現
状に甘んじることは衰退や滅亡を招くので、たえずイノベーションを実
行しなければならない。

デジタル化

　パソコン、スマホ、インターネット、IoT、AI、プラットフォーマーなどの出現に生みだされている変化をいう。DX（デジタル・トランスフォーメーション）ともいわれる。膨大なデータ（ビッグ・データ）をAI（人工知能、人と同じように高度な認識能力や判断能力をもつコンピュータ・システムのこと）などのICT（情報通信技術）を活用して解析し、業務遂行の効率化・能率向上に役立てることである。もっとも、DXのトランスフォーメーションのトランスは変化・変革の意味であり、英語ではXと表記されることがあるために、DXと略称されている。そこで、DXの場合にはこれによってビジネス・モデルを変革するとか、企業文化を改革するなどという意味あいをもっている。ICTの発展はICT企業・産業の成長をもたらし、他の企業・産業の経営を変化させており、「企業・産業×テック（テクノロジー）」といった状況をもたらしている。

プラットフォーマー

　ネット上の検索、通販、決済、交流サイト（SNS）などのサービスの基盤（環境、土台）のことをプラットフォームというが、それを提供する企業をプラットフォーマーという。たとえば、アメリカのグーグル（現在はアルファベット傘下）、アップル、フェイスブック（2021年にメタと社名変更）、アマゾン、マイクロソフトの5社（頭文字をとってGAFAM；ガーファム）や、中国のアリババ、テンセント、ファーウェイなどの巨大化・多国籍化したICT企業のことである。

モノ離れ

　企業組織は生活者のニーズ（欲求・必要）の変化に対応できねば存続できない。生活者の暮らしが貧しいときには、食べもの、着るもの、住む家など、モノを中心にした最低限のニーズを重視するが、社会が成熟してモノの充足が進み、生活者の暮らしが豊かになると、モノというよりサービスのような目に見えないニーズを重視するようになる。

スタート・アップ型人材

　ビジネス・チャンスをみつけて、企業をたちあげる起業家のことをいう。起業計画から会社設立までの時期、つまりスタート・アップには、いろいろな困難にぶつかる可能性が多く、安定志向の強い日本ではスタート・アップ型人材はあまり多くない。したがって、そのような人材やスタート・アップ期の企業への支援が大切になる。

【第2章】

小さな政府

　政府の経済活動への介入を控え、政府の役割をできるだけ小さくしたほうが、経済発展や国民生活の向上にもよい、という考え方。日本でも近年の一連の規制緩和、民営化など市場経済の重視策として展開されている。これに対して、「大きい政府」のほうがよいという議論もある。

バーチャル・コーポレーション

　情報ネットワークを媒体にして構築されるWeb上の仮想（バーチャル）企業体（コーポレーション）のことである。仮想といっても、ビジネスの実態は存在する。

格差問題

　第2次世界大戦後、豊かになった日本人の間では「一億総中流意識」が支配的であったが、1990年代初頭のバブル経済崩壊後に、富の分配に大きな格差が目立つようになった。そして、一方における少数の「勝ち組」とは別に、他方において、失業者、廃業者、ワーキングプア、ホームレス、ネットカフェ難民など多数の「負け組」が生まれて、所得格差が拡大し、社会問題化している。政府は「底上げ戦略」に着手してはいるが、格差の解消にはほど遠い。

人間尊重型経営

　今日の成熟した社会では、物質的豊かさの追求という価値観を基礎にした企業中心主義ではなく、企業と働く個々人が共存し、人間を基軸にすえたマネジメントがもとめられている。これからの企業は、働く人び

との職業生活・家庭生活・社会生活・自分生活という4つの生活の充実を保証するなかで、発展の道をもとめる必要がある。現在では、人権尊重の考え方も浸透しはじめている。

CSR（企業の社会的責任、Corporate Social Responsibility）

企業は、市民社会の一員（企業市民）でもあるので、自社の利益だけをもとめて社会的ルールや公共の利益を無視したり、反社会的な行動をしてはいけない。とくに巨大企業の行動は各方面に及ぼす影響の範囲が大きいだけに、株主、従業員、顧客、取引先、地域社会、競争会社などのさまざまなステイクホールダー（利害関係集団）の権利や立場を尊重し、責任ある意思決定と行動をし、情報公開することが強くもとめられる。

環境保全型経営

企業は大規模化するにともない、意図せざる結果として地球環境を「破壊」するようになった。そこで、地球との共存を図り「持続可能な発展」をするために、公害防止、資源保護、自然保護など環境保全の活動を企業経営システムに組み込むことが求められている。

グローバル企業

企業の活動が国際化するなかで、多国籍企業（Multi-national Corporation, MNC）が生まれるが、それが高度に発展すると、企業は世界をひとつの市場としてとらえ、世界的規模で統一的・戦略的に事業を展開するようになる。このように、一国レベル、地域レベルを超えて全地球的な規模で、統一的な戦略を展開する企業をグローバル企業という。

グローバル・スタンダード（国際標準）

世界的規模で通用している基準・規格のことで世界標準ともいう。国際標準化機構（ISO）の定める基準とは別に、市場に受けいれられて標準化した基準（事実上の標準）もある。

【第3章】

企業社会

　企業とくに大企業が、一国の重要なポジションを占めて、政治・経済・文化に大きな影響力を行使している社会のこと。「企業」偏重ではなくて、個人・企業・社会の調和のとれた発展が望まれる。アベグレン『日本の企業社会』が刊行されてから、広く定着した用語である。経済学でいう「資本主義社会」とは、基本的にほぼ同義である。

集団主義

　集団の論理に個人を同化させる滅私奉公の意識や行動のこと。それは、永い間、日本人の特性とされ、高度経済成長の時代に「会社主義」、「会社人間」という姿をとった。近年では、個人の生活や価値観を重視する意識と行動も増加しつつあり、その姿を変えてきた。

エンプロイアビリティ（employability）

　「雇用されうる能力」のこと。近年の企業は職業能力ある即戦力型人材をもとめているので、個人の側には、この能力が不可欠である。また、個人の側もひとたび就職しても、なんらかの職業的な能力を修得していないと転職もできない。そこで「転職できる能力」の意味もある。

日本型経営（Japanese Management）

　かつては「終身雇用・年功序列・企業別組合」に代表される制度のあり方が「日本型経営」の特徴とされてきたが、現在では、その姿を大きく変えてきた。

自己啓発（self development）

　自分の成長・発達のための知識や能力・スキルを自分で増やす努力をすること。個々人の自由と自己責任が厳しく問われる時代になり、自己啓発が重視されている。

おみこし型経営

　夏祭りの「おみこし」は、みんなで同じハッピを着て、ワッショイワッショイと参加者全員が同じ掛け声で町内を練り歩いている。それになぞらえて日本型経営は、しばしば画一的な横並び主義で、集団主義的

に運営され、責任や権限の所在が曖昧である。

集団主義的な長期ストック型雇用

いわゆる「終身雇用・年功序列の慣行」が典型である。ひとまず正規社員として採用されると、定年までの長期雇用を前提にして、人材をストックし処遇すること。

個人主義的な短期フロー型雇用

雇用の流動化のなかで、派遣社員、契約社員、アルバイトなど短期の労働移動（フロー）を前提にした人材を雇用し、個々人の多様性にマッチした柔軟なマネジメントをすること。

雇用の流動化

「人材の流動化」ともいうが、定年を待たずに、退職・転職したり、他方で中途採用したり、労働力が特定企業に長期に固定することなく、たえず移動することをいう。企業側からの解雇や出向などの側面もあるが、働く側がみずから退職し、起業したりする、いわゆる「スピンアウト」の側面もある。

裁量労働制

「みなし労働時間制」ともいう。工場労働者と異なり、企画・立案・調査など非定形的な（プログラム化されていない）仕事に従事する人びとの労働時間は、測定が難しい。そこで、実際に働いた時間に関係なく、一定の時間の労働をしたとみなして賃金を支払う制度。

フラット型組織

フラットとは、平べったいという意味だが、コンピューター・ネットワークを活用した情報の共有化が進展すると、中間管理職の役割も変わり、組織全体も従来のような垂直的ピラミッド構造でなくても機能するようになる。そのようなICT化のもとでの階層の少ない組織を特徴づけた概念であり、「ナベブタ型組織」ともいう。

ネットワーク型組織

ICT化が進展し、情報ネットワークが国際的な規模で拡大すると、組織メンバーの情報共有も進展し、組織全体のあり方が、水平的フラット

型の民主主義的な形態のものになる。

キャリア開発（career development）

　キャリアとは、自分の「職業人生」のことを意味するが、いかなる道を選ぶのか、そのための能力をいかに修得するか、などの諸活動をキャリア開発と呼ぶ。雇用が流動化する労働移動の時代になり、自己責任によるキャリア開発がもとめられている。

【第4章】

株主主権

　株式会社では、「主権」（最終的に決定する権力、企業の統治権）は株主（ストックホルダー）にあるとされる。つまり、出資者である株主全体からなる株主総会が最高の意思決定機関となり、その場で株主の代理人として取締役を選任し、取締役会が経営の方針、戦略をきめ、経営者に実行させるとともに、これを監督する、というタテマエになっている。

持株比率

　会社の総発行株数に対して各株主の持分が何パーセントになるかという割合のことである。それに応じて各株主の会社に対する諸権利や出資義務負担の割合などを決めている。株主総会は、「一人一票」ではなくて、「一単元株一票」の原則で運営されるので、相対的に持株比率の高い大株主が議決を左右する。

法人

　生物としての人間は「自然人」と呼ばれ、種々の法的権利を有して諸活動を行うことができるが、それと同様に、法律によって権利能力が与えられ、自然人のように活動できる組織体のことをいう。それは、社団法人、財団法人、公益法人、学校法人などに分類される。

経営者支配（management control）

　現代の大企業では、中小企業の出資者兼経営者（所有経営者、オーナー型経営者）とは異なり、専門経営者（プロの経営者）が企業の経営

にあたっている。かれらは、形式上は株主総会で任命されるが、実態的には逆に、形骸化した株主総会を操り、企業の最高の意思決定だけでなく、後任者の選任・解任についても、事実上決定するようになっている。

ステイクホールダー（利害関係集団、stakeholder）

企業に利害関係を持っている関係者のこと。株主、従業員、顧客、取引先、債権者、債務者、地域社会、競争会社、政府や地方自治体など、多様である。

コーポレート・ガバナンス（企業統治）

株主主権のタテマエからは、企業の統治権（最終的に決定する権力）は株主にあるが、現実には専門経営者（プロの経営者）が支配しており、株主の影響力は薄い。このことから、企業統治のあり方が株主主権の復権として問題となった。しかし、株主が利害関係集団のひとつとして企業外部に位置づけられている今日では、企業統治のあり方を広くとらえて議論すべきだとする考えもある。

少数株主権

株主の議決権の行使は「一人一票」ではなく「単元株一票」である。つまり、保有株式数（持株数）に比例して議決権が行使されるので、相対的多数を保有する大株主が、株主総会の意向を決める。少数株主は、株主総会に参加する権利はあっても議決で負けるので、少数株主たちが集まり、株主総会に影響を与える運動が起きる。日本では「一株運動」として展開された。

労働者の経営参加

労働者の代表や労働組合が、経営の意思決定に参加すること。具体的には、団体交渉・労使協議制・労働者重役制・利潤分配制度などの方式がある。ドイツでは1920年以降、法制化されている。この制度は、「産業民主主義」の考えに根ざすという側面もあるが、労働者を意思決定の過程に参加させることで、仕事へのモチベーションを向上させるという側面もある。

【第5章】
「利益追求の学」としての経営学からの解放
　ドイツでは経営学は、誕生する時期に、利益を追求する企業（Unternehmung）を研究対象にすると「利益追求の学」になってしまうというので、それをさけたいことから、製品やサービスを合理的につくる経営（Betrieb）を対象にすべきという主張が強かった。
大学における経営教育
　大学などの高等教育機関における経営教育は、アメリカやドイツでは、19世紀末から20世紀初頭に成立して発展してきた。日本では、少し遅れるが、大正期（1912年〜）から昭和の初期（1926年〜）に大きな発展がみられた。そして、とくに第2次世界大戦後（1945年〜）の高度経済成長期に、多くの大学にて経営学部、商学部などが設立されて、経営教育は飛躍的に進展した。その後、情報化や国際化の進展にともなって、経営情報学部や国際経営学部も誕生してきた。現在では、福祉、観光、地域、スポーツ、アート系の学部・学科でも経営学が教えられている。
専門的な職業（プロ、プロフェッション）としての経営者
　経営者という職業が、社会的に高く評価される「専門的な職業」（プロ、プロフェッション）になるには、一定の条件がある。①その職業に関する学問・科学が存在し、②それを教育する高等教育機関が発展しており、③その職業独自の倫理が確立し、遵守されていることである。
CI（コーポレート・アイデンティティ）
　コーポレートは、会社のことである。アイデンティティとは、自分自身とか、自分の存在を示すことを意味しているので、CIとは会社の存在価値を示すことである。少数の製品やサービスを扱う小企業の場合には、アイデンティティはわかりやすいが、多くの人びとを雇用し多様な製品やサービスを扱う企業の場合には、アイデンティティがわかりづらくなる。そこで、会社の存在価値・特徴・個性を社内外に広くアピールするために、ロゴマーク、シンボルカラー、キャッチフレーズなどで統

一的なイメージづくりを行っている。

【第6章】

人的資源（human resource）

経営資源のうちで、いわゆる「ヒト」（人材、人財）といわれる部分。企業は、かつてのようにヒトを「使い捨て労働力」として働かせるのではなく、近年では、ヒトの創造性・積極性・自律性を重視し、新しい価値・効用を生む経営資源として扱う人的資源管理（人材マネジメント）を行うようになった。

物的資源

経営資源のうちで、原材料、仕掛品、生産設備、機械、工場建物などの、いわゆる有形の「モノ」といわれるものである。

無形の経営資源

企業の保有する経営資源には、土地・本社ビル・従業員・機械設備など有形のモノもあるが、ノウハウ・ブランドや、さらに企業文化・組織風土のような目には見えない無形のモノもある。

テクノストラクチュア

大企業において、豊富な知識や経験をもち、高度に組織された専門家集団のこと。経済学者J・K・ガルブレイスによれば、企業を実質的に支配しているのは、大株主など個人の企業家ではなくて、テクノストラクチュアである、という。

経営戦略

企業は、経営資源の集合体であるから、これをどのように環境適応して、企業目的を達成するかが重要となる。経営戦略とは、企業が環境要因の分析にもとづいて、経営資源をどのように獲得・蓄積し、どの事業領域に重点的に投下するかなどを、長期的な視点から意思決定することである。

ドメイン

企業が事業活動を行う際の展開領域であり、いわゆる「本業」とする

事業の範囲・領域のこと。経営者は自社のドメインを明確に設定する必要がある。それによって、経営者は適切に判断・意思決定し、効果的な資源配分を行うことができる。

アンソフ（H. I. Ansoff, 1918-2002）

経営戦略論の代表的な開拓者であり、多角化戦略を重視した主張を展開した。彼が1965年に『企業戦略論』を刊行して以来、経営学のなかでの経営戦略論の位置が高まり、第9章で述べるように、多くの研究成果が生みだされてきた。

【第7章】

組織と個人

組織は、バーナード（C. I. Barnard）によると「ふたり以上の人びとの意識的に調整された活動または諸力の体系」と定義される。すなわち、人間行動に関する目的・目標・欲求・動機・意欲・貢献などの諸要因を、特定の観点から調整することで成立する非人格的な諸力の体系である。

ここでは、「動く組織」、「目的を達成する組織」が前提であるから、「組織」と「組織活動」は同義である。また個人も目的を達成する行為主体（自律人）として動態的に把握するので、組織メンバー（個人）とは共通目的の達成に貢献する「貢献者」である。したがって、組織活動なくして個人なく、個人なくして組織活動はない。

個人（貢献者）は、組織から受ける誘因（利益・魅力・メリット）が、自分の組織に提供する貢献（労働・負担・犠牲）と比べて等しいか、あるいは大きいと感じなければ、自分の動機は満足せず、共通目的に対する貢献の意欲や活動も生まれない。この「誘因と貢献」の均衡・バランス（「組織均衡」）を図ることが、経営者の役割である。

誘因と貢献

組織活動の目的達成には、組織メンバー（個人）の貢献が不可欠であるが、それを獲得するために誘因を提供することになる。誘因には、金

銭・モノなど有形物だけでなく、承認・尊敬・名誉さらに生きがい・やりがい・自己実現などの無形のものもあるが、それらはメンバーの欲求・動機に適応した時にのみ貢献意欲や貢献活動を引きだせる。組織活動の目的達成の視点からいえば、少ない誘因の提供で多くの貢献を獲得することが課題である。逆に組織メンバー（個人）からいえば、少ない貢献で多くの誘因を享受できたと思えることが、動機の満足であり、貢献意欲になる。このように「誘因と貢献」のバランスを維持・確保することを「組織均衡」という。

自己実現人モデル（self actualization model）

政治的な民主主義が成熟し、経済的にも豊かな先進国では、成長欲求・自己実現欲求に強く動機づけられる自己実現人モデルの人間が多くなる。この人間モデルを前提にすれば、個人を共通目的に貢献させるには、誘因として、生きがいややりがいなどの自己実現の機会を提供して動機づけ、共通目的に対する貢献活動を獲得することになる。

内的均衡

組織活動が始動するには、コミュニケーション、共通目的、貢献意欲という、3つの要因が不可欠である。つまり、相互に意思・情報・伝達を交換できる人がおり、それらの人びとが組織目的を共有化して、その達成に貢献したいという協働意欲が必要である。これら3つの要因を確保・調整することを「内的均衡」という。

有効性（effectiveness）

組織活動の目的達成の程度のこと。いかなる組織活動も、存続・発展するためには、共通目的を継続的に達成することが不可欠である。それには環境要因との適応が必要であり、環境を変えるか、目的を変えるか、その調整が求められる。共通目的を達成できなければ、組織活動は存続しないので、たえず変化する環境に適応する目的を選択し、それを達成することが不可欠である。

能率・効率性（efficiency）

組織メンバーの動機満足の程度のこと。共通目的の達成には組織メン

バー（個人）の貢献意欲・貢献活動が不可欠であり、それには個人の動機の満足が前提になる。そのためには、個人の欲求・動機に適応する誘因を提供して貢献を引き出すことが課題である。ここでも環境要因との適応が必要であり、適応のためには、環境を変えるか、目的を変えるか、その調整がもとめられる。

組織メンバー（個人）の視点で言えば、自分の動機が満足しなければ組織活動に貢献することはない。それには自分の貢献に比較して組織から享受する誘因の方が大きいと感じることが不可欠である。つまり、少ない貢献で多くの誘因を得られることは「能率的だ」、「効率が良い」となるので、組織メンバーの動機満足のことを「能率・効率性」と呼んでいる。

外的均衡

組織活動が存続・発展するためには、有効性と能率・効率性の2つが不可欠である。いずれも環境適応の問題であり、うまく適応して有効性と能率・効率性を確保すること、つまり「外的均衡」が、組織の存続・発展の条件である。

組織道徳

組織活動を支配する道徳性・倫理性は、経営者の思想や哲学によるが、それが高潔なものでなければ、組織メンバーを貢献活動に動員できないし、組織活動は長期的に存続・発展することはない。したがって、組織活動の存続・発展の条件は、有効性と能率・効率性とともに「道徳性・倫理性・社会性」が不可欠である。

【第8章】

バーナード（C. I. Barnard, 1886-1961）

近代組織論の創始者、アメリカの実業家、1938年刊行の主著『経営者の役割』において、古い考え方とは異なる新たな組織概念を提起し、組織均衡論、権威受容説などの重要な理論を展開した。その学問的な影響は経営学・行政学など幅広く、またアメリカ国内にとどまらず世界的

である。その理論体系は、現代の経営学および行政学のグランドセオリーになっており、経済学におけるケインズ理論に匹敵するとされる。

サイモン（H. A. Simon, 1916-2001）

バーナード理論をふまえ、組織における意思決定プロセスを解明して組織論の発展に多大な貢献をしたアメリカの経営学者。主著『経営行動』などでノーベル賞を受賞した。その学問的な影響は、経営学のみならず経済学、行政学、情報科学などと幅広く、また国際的である。

人間観

従業員や顧客など企業経営に関係する人間をいかなるものとして把握するか、それにより経営者の対応は変わってくる。たとえば、従業員を自律した自己実現人であると見るのなら、かれらの自主性に任せた経営をすればよいが、他方、成熟度の低い他律人と見るのなら、厳密で細部に及ぶ指揮・指図・管理・監督が不可欠になる。このように「人間観」の差異は企業経営のあり方の差異につながっている。「人間モデル」や「人間仮説」ともいう。第13章も参照。

MIS（Management Information System）

経営における情報システムのこと。コンピュータを利用した情報技術の発展を基礎にした経営管理の全体的システムのことである。ふつう「ミス」と呼ぶ。

DSS（Decision Support System）

意思決定サポートシステムのことである。大企業の経営者が意思決定をするには、膨大な情報（ビッグ・データ）を前提にするが、その際にコンピュータによる情報処理で得られたデータを基礎にして、経営者の意思決定を敏速かつ効率的に支援するシステムのこと。

ICT（Information and Communication Technology）革命

情報通信技術（ICT）の革新・進歩により、世界中のコンピュータ端末機がインターネットにより結びつき、その結果、個々人の生活スタイル、企業の内部システムさらに産業の構造が変わるなど、社会全体のあり方が根本的に変革したことをいう。

【第9章】

ブランド（Brand）

　商品の価値には、機能・品質・性能などの製品のもっている物理的な価値とは別に、顧客から与えられる評価、好意的態度などのブランド価値がある。具体的には、その商品のデザイン・商品名・シンボルなど、それを持っていることに誇りを覚える、格好良く見られる、など無形の価値のことである。

フルラインの戦略

　たとえば、自動車のトップ企業が、高級車から軽自動車、そしてトラックに至るまで、すべての価格帯や車種のクルマを製造・販売するように、製品の構成（プロダクト・ライン）つまり製品のラインナップを目一杯に広げて、多様な消費者ニーズに応えようとする戦略のこと。

戦略定石

　各企業がとる戦略的な常套（じょうとう）手段は、市場における各企業の競争上の地位によって異なる。たとえば、差別化戦略、同質化戦略、低価格戦略、非価格競争戦略、「選択と集中」戦略、多角化戦略、攻撃戦略、逆手戦略など、さまざまである。各企業は、これらの戦略定石に基づきながら、自分のポジションを守るために、あるいは上位のポジションを奪いとるために、競争戦略を展開している。

囚人のジレンマの理論

　共犯の囚人が別々に取り調べを受けているとき、仲間の囚人がどのように対応したのか分からないために、ある囚人は自白すべきか、黙秘すべきか、については、決めかねる。このように相手の行動のいかんにより自分の利益に違いが生じるという条件のなかで、相手の行動が予測できないために、自分はどのように行動すべきか、判断に苦しむことがある。これを「囚人のジレンマ」という。ゲーム理論の代表モデルである。

OEM（Original Equipment Manufacturing、オーイーエム）

　「相手先（生産の依頼をうけた企業の）ブランドによる製造」のこと

である。企業はさまざまな思惑から、同業他社に自社ブランドでの製品の生産を発注することがある。その際、品質を確保するために、自社の技術の提供、技術指導、さらには資金提供やマネジメント（経営）指導などを行っている。

ファミリー企業

新製品の規格をめぐって、業界標準となる「デファクト・スタンダード」の奪いあいが起こる場合、同一規格の製品が市場で多数を占めれば、競争に勝てる。そのために、同一規格をとる企業を「ファミリー企業」と呼び、自陣営に取り込む競争が行われる。これとは別に、同族企業や家族企業の意味としても使用される。

タイムベース競争

「時間」は、企業間競争の勝敗を決する重要な要因のひとつである。企業活動に要する時間の早さ（スピード）をめぐる競争、先行有利の競争のことをタイムベース競争という。

コ・ペティション（Co-petition）

コンペティション（Competition）とは競争を意味している。これに対して、Co-petitionとは、協力や協働を意味するコオペレーション（Cooperation）の"Co"と、コンペティションの"petition"を結びつけた造語であり、その意味は「競争しながら、協力しあう関係」を示している。

資源ベース論（resource-based view）

企業の強み（「競争優位性」（competitive advantage）ともいう）をつくるのは、企業のもっている固有の経営資源を事業活動に活かすことである。そのためには他社にまねされない技術、能力、スキル、ノウハウなどの開発が重要であるという見解。

フランチャイズ戦略

本部（フランチャイザー）と加盟店（フランチャイジー）というふたつの独立企業の契約関係で、本部は加盟店に経営上のノウハウを提供・支援し、加盟店のほうはそれに対して報酬を支払うという戦略である。

直営店を増やすことができない本部は、加盟店を募集することで店舗を拡大することができる。代表的な事例はコンビニであるが、サービス業ではこれ以外にも多様に展開されている。

【第10章】

ネット広告

ウェブ上に掲載する広告のこと。近年、ICTを媒介にした情報ネットワークが拡張・進展するなかで、きわめて有効な広告媒体として注目されている。

業　態

「業態」とは、売り方・販売方法のちがいによる店舗の区分（百貨店、専門店、ネット販売、コンビニなど）のことである。これに対して、「業種」とは、販売する商品のちがいによる店舗の区分（昔ながらの文房具店、酒屋さん、米屋さん、薬屋さんなど）のことである。

市場調査

企業が新しい製品を開発する際には、消費者・顧客がなにをもとめているのか、広く市場について調査を行い、そのデータに基づき、企画・立案・設計する。どんな製品でも、消費者のニーズ（欲求・必要）に応えるものでなければ、売れることはない。「マーケット・リサーチ」ともいう。

営業力

会社のモウケは、製品を市場にて販売し、顧客・消費者の手に移り、貨幣と交換された時に得られる。営業力とは、製品をお金と交換しうる能力のことである。自社のモウケだけを考えた売込みは、短期的には有効だが、近江商人のように自分も相手も世間も「三方よし」となる取引が、長期的に有効な営業力のモデルである。

コンビニ（エンス・ストア）

「コンビニエンス（便利な）ストア（お店）」の略語、多くの学生がほとんど毎日利用している小型スーパーマーケットである。日本では

1970年代以降より急成長し、現在に至っている。フランチャイズ・チェーンで展開される事例が多い。

行動科学

人間の行動を、心理学、社会学、文化人類学などの学問の壁をこえて学際的に解明することを目的とする科学の総称であり、企業経営においては、働く人びとや消費者の行動を分析するために使用されている。

物的流通

工場において生産された製品などを、消費者・顧客へと流通させる際に必要とされる包装・荷役・輸送・保管などの諸活動をいう。「物流」と略されることが多い。関連用語にロジスティクス（ロジ）などがある。ネット販売やネット・ビジネスの成長によって流通量が急速に拡大したために、物的流通の整備と革新がもとめられる。

【第11章】

規模の経済

同じ製品でも、巨大工場にて大量生産すれば、その製品一単位当たりの平均コストは大きく低下し、結果として市場において有利な立場に立てる。そのように、生産規模の大きさがもたらす経済性のことをいう。ただし、技術開発の競争が激しく、ライフ・サイクル（寿命）の短い製品の場合は、逆に生産規模の「大きい」ことが制約になる。

アウトソーシング

外部（企業や個人など）の経営資源に依拠するという意味である。まず外部から重要部品を調達するという外注の意味で使用される。また、会社の業務の一部を外部に委託すること、外部委託という意味でも使用される。委託する業務は、情報システム構築、給与計算、福利厚生、教育研修など、多様である。

知識の陳腐化

現代のように、技術の進歩や知識の創造・革新がたえず行われる時代にあっては、知識の新陳代謝が行われている。新しい知識、技術やノウ

ハウなどが出現するたびに、これまでのものが古くなって、使われなくなってしまうことをいう。

ソフト

ソフトウェアの略語。ハード（ウェア）がコンピュータの機械部分とすれば、その使い方や具体的な機能のための方法・マニュアルのことをソフトウェアという。

デザインの重要性

技術的な性能や機能がよい製品を開発しても、それが消費者（顧客）にアピールするデザインでなければ購買意欲を刺激しない。そこで、研究開発と製造部門との間にて、デザイン（設計）を担うデザイナーやクリエイターが重要な役割を果たすことになる。

【第12章】

代表的な財務諸表

貸借対照表と損益計算書が代表的な財務諸表といわれてきたが、本文でも述べたがキャッシュフロー計算書も現在では大切になっている。

キャッシュフロー（cash flow）

キャッシュフローとは、文字どおり現金の流れのことであり、流入（増加）と流出（減少）を把握できれば、資金づくりをうまく行うことができる。

減損

現在、所有している資産のうち、あまり収益を獲保できないものについては、その評価価値を低下させる会計処理のこと。

のれん

企業を買収・合併（M&A）する際に発生するもので、被買収企業の純資産額と、実際の買収額との差額として資産に計上される。ブランド価値のようにステイクホールダーから高い信頼を得られる無形の資産である。

起業と資金調達

　起業する際に直面する大きな問題は、ビジネス化できる製品やサービスがあっても、いかに必要な資金を調達するかである。そこで、資金調達のために、具体性のある良好なビジネス・プランをつくり、金融機関などにアピールする必要がある。近年では、関係諸機関からの起業支援の動きも大きくなっている。「クラウドファンディングの展開」を参照のこと。

会計不正を見つけるAI監査

　これまでの会計上の不正や誤りの財務諸表をAIに学習させておくことで、監査対象の財務諸表の不備や誤りを発見することが可能になる。そしてAIを利用することで監査業務の省力化をはかることができる。

【第13章】

人財

　企業にとって、ヒトは「宝」であるという意味を強調するために、材料（経営資源）の「材」を使わずに、財産の「財」を使う事例も多い。これにはヒトを大切にしたいという企業経営者の思いが反映されている。第6章の「人的資源」も参照されたい。

ヒューマン・リレーションズ（HR）

　人間が集団の中での気分・感情に大きく規制されて行動することに着目し、組織貢献の確保のために、よい人間関係の構築を唱えた理論のこと、および良い人間関係をつくる技法のこと。アメリカのメイヨー、レスリスバーガーなどの人間関係論者が、この主張の創始者である。日本には、1950年代半ば以降に、その理論と技法が広く紹介・導入・普及した。

4Lの充実

　「職業生活、家庭生活、社会生活、自分生活の4つのライフ（Life）の並立・充実」のことであり、24時間を職業生活（仕事）のみに捧げる生活とは対極にある。近年の会社主義の崩壊過程において、「4Lの充

実」に動機づけられ、意思決定し、行動する人間（社会化した自己実現人）が増加しつつある。したがって、経営者の側も働く人びとを「4Lの充実」で動機づけ、組織目的に対する貢献の意欲や活動を獲得・強化しようとする。ワーク・ライフ・バランスは、その典型例である。

職務充実

　細分化された機械的な労働・仕事を反復すれば、働く人の勤労意欲は減退するが、それを避けるために、複数の質の異なる職務を組みあわせて仕事内容を充実させ、生きがい・やりがいを提供して、モラール（ヤル気・仕事）を引き出す方式のこと。

職務拡大

　職務充実とほぼ同じ概念であり、現実には区別しがたいが、職務・仕事の量的範囲を拡大して、勤労意欲の減退を防止する方式である。

目標管理（Management by Objective, MBO）

　職務上の数値目標などを、上司が部下に押しつけて遂行させるのではなく、むしろ部下の自主性・自発性を重視して、本人に目標を立てさせ、その遂行を自己管理させ、勤労意欲を高める方式である。ドラッカーやマグレガーなどが理論化した。

選択定年制

　個々人の生き方は、ライフプランのちがいにより多様であるから、企業は定年を画一に設定しないで、本人の希望・選択にまかせる制度である。通常、前倒しで早期退職すると、退職金が上積みされるというメリットがある。企業からみると人員調整の意味もある。

CDP（キャリア・ディベロップメント・プログラム）

　従業員が企業内でどんな仕事をして生きていくか、それを個人の職業意識・自己啓発さらに人生観などを尊重しつつ決める制度であり、それらを通じて個人からの貢献意欲・貢献活動を確保・強化する。ここでは、個人の自立性・自律性が前提になり「自由と自己責任」が厳しく問われている。

【第14章】

個尊重の企業文化

個人の自立性・自発性を重視したマネジメントを行う企業文化のことである。ベンチャー型企業・研究開発型企業など、個人の自由な発想・アイディア・企画力などが不可欠な前提になる企業では、とくに個人尊重の企業文化をもつ事例が多い。

セクショナリズム

セクションとは、企業の組織を構成している単位（部門、課、係など）のことである。それぞれのセクション担当者は、自分の守備範囲の目的達成を最優先するから、しばしば他のセクションとの間に高い壁ができて、連係もうまくいかなくなってしまう。その結果として、企業全体の業務遂行がうまくいかず、その結果、顧客・消費者などが犠牲になる弊害のこと。

成果主義

人事評価を行う際に、当人の勤続年数や年齢あるいは潜在的な能力を基準にするのではなく、職務遂行の具体的な成果（割り当てられた仕事の目標達成のレベル）を基準にするという考え方である。しかし、タクシードライバーのように職務の範囲や質量が明確で自己管理で仕事をする場合には成果主義は有効であるが、大規模組織の場合には「分業にもとづく協業」で職務を遂行するので、具体的な個人の「成果」の程度を明確にすることが困難である。

率先垂範（そっせんすいはん）

「率先」とは、人びとの先に立って物事を行うことであり、「垂範」は模範になること、範を垂れることを意味している。つまり、上司は、みずから先頭に立って仕事を行い、部下にそれをみせ、モデルを示すべきという。上司は、部下に「やってみせる」ことも大切である。

大企業病

企業が自己管理能力の限界を超えて大規模化し、その結果、本来の組織運営が硬直化し、個人のモチベーションが低下し、不健康な組織体に

なること。あたかも人間が自己の生理的機能の限界を超えて肥満になると循環器系が故障して全身疾患の原因になるが、それにたとえている。

あいまい化の問題点

　日本企業の企業文化の問題点に「あいまい化」がある。これは問題を明確にしたり、そのためにしっかりとした議論や対決を行うことを避けようとすることである。組織内での対立（コンフリクト）をおそれるあまり、あいまいにしてしまう、問題がなにかをはっきりさせないので、対応策が本当に有効であるかがわからなくなってしまう。そこで、しっかり情報を集めて、十分に話しあい、問題をはっきりさせることが大切である。

クローズ・アップ

経営学の任務——経営学は「不完全な経営」からの脱却を支援しよう！

　「完全な健康」という人はいなく、人間は病気にかかっていても生きていることが多いのです。同じように企業の経営も少々の課題をかかえていても、おおむね活動をつづけています。

　「完全な経営」を実践している企業も確かにあるかもしれません。「完全」の意味を明確に説明するのはむずかしいのですが、たとえば第7章や第8章で述べた「能率・効率性」と「有効性」の双方を満足させるような経営を行うことを、「完全な経営」と考えることにしましょう。

　病気にかかっていない「完全な経営」を実践している企業はわずかであり、圧倒的な多数派は、課題（病気）をかかえる「不完全な経営」を行っています。つまり、ムダなことをしたり、働く人びとが不満になることをしたり、経営理念を意識しないような企業行動を行い、不完全な経営の状態になっています。そして、これがむしろ企業のごく普通の実態だと思います。企業の経営は、いろいろな「課題」をかかえ不完全ですが、それでも経営を行い、なんとか生きつづけています。

　さて、企業経営が本当のピンチをむかえるのは、①売れる商品がなくなり、売上高が大幅に減少する、②短期の借入金を銀行に返済できない、③有能な人材の退社が継続している、④工場で爆発事故を起こしてしまい地域住民に大きな被害を与えている、⑤経営者が会社の資金を自分の都合のために使用した、などといったケースであろう。これらのケースは「不完全な経営」の結果であり、これらの状況から脱却するためには、経営学の力をかりることが必要になります。

　経営学をしっかり学習し、能率・効率性と有効性の充足の観点から考察すれば、なんの病気かという不完全な経営の理由がはっきりして改善の方法が見つかることでしょう。ここに経営学の任務があります。

　経営学の果たすべき任務は、これとは別にも考えることができます。それぞれの企業は、はげしい環境の変化を意識しようとしまいと、なにを行っていくべきかという将来の展開をめぐって「課題」（目標の明確化）をかかえながら「不完全な経営」をしています。

　この課題を明確にし、それがさらにどうしたら解決できるかの具体的なプランをたてて企業に提供していくことが経営学にはもとめられています。そして、環境が変化すると、また同じことをくり返すことになります。

(齊藤毅憲)

　以下では、経営学を学ぶための手がかりとなる本を紹介します。いずれも2000年以後に発行された本の中から、入手しやすく、値段も手頃なものをあげています。

　比較的やさしく書かれているもの（レベルA）、それよりはやや高度なもの（レベルB）という2種類に分類しています。ただし、分類は相対的なものです。

レベルA（著者50音順）

1. 井原久光『テキスト経営学（第3版）』ミネルヴァ書房、2008年
2. 上林憲雄・奥林康司・團泰雄・開本浩矢・森田雅也『経験から学ぶ経営学入門（第2版）』有斐閣、2018年
3. 齊藤毅憲（編著）『経営学を楽しく学ぶ（第4版）』中央経済社、2020年
4. 齊藤毅憲（編）『新　経営学の構図』学文社、2011年
5. 齊藤毅憲・渡辺峻（編著）『個人の自立と成長のための経営学入門』文眞堂、2016年
6. 齊藤毅憲・渡辺峻（編著）『自分で企業をつくり、育てるための経営学入門』文眞堂、2017年
7. 齊藤毅憲・渡辺峻（編著）『農山漁村地域で働き生きるための経営学入門』文眞堂、2018年
8. 高橋伸夫『コア・テキスト 経営学入門（第2版）』新世社、2020年
9. 三戸浩・勝部伸夫・池内秀己『ひとりで学べる経営学（改訂版）』文眞堂、2021年
10. 片岡信之・齊藤毅憲・佐々木恒男・高橋由明・渡辺峻『はじめて学ぶ人のための経営学入門ver.2』文眞堂ブックス、2018年

レベルB（著者50音順）

1. 伊丹敬之・加護野忠男『ゼミナール経営学入門（新装版）』日本経済新聞出版、2022年
2. 岡本康雄『現代経営学への招待（第2版）』中央経済社、2003年
3. 片岡信之（編著）『要説経営学（新版）』文眞堂、2011年
4. 金原達夫『やさしい経営学（第5版）』文眞堂、2019年
5. 小松章『基礎コース経営学（第3版）』新世社、2016年

6. 坂下昭宣『経営学への招待（新装版）』白桃書房、2014年
7. 佐護譽・渡辺峻『経営学総論』文眞堂、2004年
8. 総合基礎経営学委員会『ベイシック経営学 Q&A（第3版）』ミネルヴァ書房、2007年
9. 中野裕治・貞松茂・勝部伸夫・嵯峨一郎（編）『はじめて学ぶ経営学—人物との対話』ミネルヴァ書房、2007年
10. 百田義治（編著）『経営学基礎』中央経済社、2006年
11. Joseph Boyett, Jimmie Boyett（金井寿宏監訳・大川修二訳）『経営革命大全—世界をリードする79人のビジネス思想（新装版）』日本経済新聞出版、2014年
12. 深山明・海道ノブチカ（編著）『経営学の基礎（改訂版）』同文舘出版、2006年
13. 片岡信之・齊藤毅憲・佐々木恒男・高橋由明・渡辺峻（編著）『アドバンスト経営学—理論と現実』中央経済社、2010年

経営学の辞典（編者50音順）
1. 片岡信之・齊藤毅憲・佐々木恒男・高橋由明・渡辺峻（編著）『ベーシック経営学辞典』中央経済社、2004年
2. 経営学史学会（編集）『経営学史事典（第2版）』文眞堂、2012年
3. 佐久間信夫（編集）『現代経営用語の基礎知識（増補版）』学文社、2005年
4. 吉田和夫・大橋昭一（監修）深山明・海道ノブチカ（編集）『最新基本経営学用語辞典（改訂版）』同文舘出版、2015年

経営学の研究・調査の仕方・論文の書き方（著者50音順）
1. 片岡信之・齊藤毅憲・佐々木恒男・高橋由明・渡辺峻『経営・商学系大学院生のための論文作成ガイドブック（改訂版）』文眞堂、2010年
2. 小池和男・洞口治夫（編）『経営学のフィールド・リサーチ』日本経済新聞社、2006年
3. 藤本隆宏・高橋伸夫・新宅純二郎・阿部誠・粕谷誠『リサーチ・マインド経営学研究法』有斐閣、2005年
4. 須田敏子『マネジメント研究への招待—研究方法の種類と選択—』中央経済社、2019年

著者紹介
（あいうえお順）

片岡　信之（かたおか しんし）

龍谷大学名誉教授、経済学博士
第2、4、6章担当

齊藤　毅憲（さいとう たけのり）

横浜市立大学名誉教授、商学博士
第1、5、10、11、14章担当
第9章2（3）担当
第8、9、12章補訂

佐々木恒男（ささき つねお）

青森公立大学名誉教授、商学博士
第9章担当

高橋　由明（たかはし よしあき）

中央大学名誉教授、商学博士
第8、12章担当

渡辺　峻（わたなべ たかし）

立命館大学名誉教授、経営学博士
第3、7、13章担当

はじめて学ぶ人のための経営学　ver.4（第4版）

2000年9月15日　第1版第1刷発行	検印省略
2006年3月10日　第2版第1刷発行	
2015年3月10日　第3版第1刷発行	
2024年4月15日　第4版第1刷発行	

著　者　片　岡　信　之
　　　　齊　藤　毅　憲
　　　　佐　々　木　恒　男
　　　　高　橋　由　明
　　　　渡　辺　峻

発 行 者　前　野　隆
東京都新宿区早稲田鶴巻町533

発 行 所　株式会社　文　眞　堂

電話　03（3202）8480
FAX　03（3203）2638
URL.https://www.bunshin-do.co.jp
〒162-0041　振替 00120-2-96437

印刷・シナノ印刷　製本・松島製本
ⓒ2024
定価はカバー裏に表示してあります
ISBN978-4-8309-5092-6　C3034